编纂委员会名单

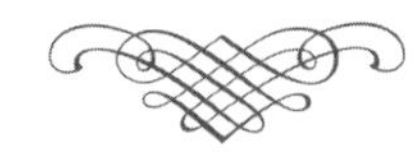

2021

人才蓝皮书

TALENTS BLUE BOOK

宁波人才发展报告

A REPORT ON THE DEVELOPMENT OF

TALENTS

IN NINGBO

主　编　林崇建

副主编　金　戈　王明荣

中国发展出版社
CHINA DEVELOPMENT PRESS

图书在版编目（CIP）数据

宁波人才发展报告．2021/林崇建主编．—北京：中国发展出版社，2021.8

ISBN 978－7－5177－1236－7

Ⅰ．①宁…　Ⅱ．①林…　Ⅲ．①人才培养—研究报告—宁波—2021　Ⅳ．①C964.2

中国版本图书馆 CIP 数据核字（2021）第 168593 号

书　　名：宁波人才发展报告（2021）
主　　编：林崇建
出版发行：中国发展出版社
联系地址：北京经济技术开发区荣华中路 22 号亦城财富中心 1 号楼 8 层（100176）
标准书号：ISBN 978－7－5177－1236－7
经 销 者：各地新华书店
印 刷 者：北京市密东印刷有限公司
开　　本：787mm×1092mm　1/16
印　　张：21.5
字　　数：289 千字
版　　次：2021 年 8 月第 1 版
印　　次：2021 年 8 月第 1 次印刷
定　　价：88.00 元

联系电话：（010）68990625　68990692
购书热线：（010）68990682　68990686
网络订购：http：//zgfzcbs.tmall.com
网购电话：（010）68990639　88333349
本社网址：http：//www.develpress.com
电子邮件：121410231@qq.com

前　言

今年是《宁波人才发展报告》连续出版的第十六年。经过多年的努力和探索，《宁波人才发展报告》已经成为宁波人才研究工作中具有显著特点的品牌，是宁波人才工作的一张“金名片”。今年的《宁波人才发展报告》力求客观反映宁波人才发展基本情况，系统总结宁波人才工作实践做法，全面展现宁波人才研究创新成果。本书编写和组稿主要围绕四个方面开展。一是围绕宁波整体人才开发情况，总结提炼宁波2020年以来人才工作中的好经验好做法，突出人才工作特色亮点，尤其是聚焦于宁波建设青年友好城、推进甬舟人才一体化、领军和拔尖人才培养等方面的工作探索。二是围绕各区县（市）人才工作实践，集中展现各区县（市）人才工作实践创新特色，搭建展示交流平台。三是围绕市委人才工作决策部署，对重点人才政策创新、重点人才队伍培育、创新主体活力释放等方面开展理论研究，坚持问题导向，深入分析原因，提出解决对策。四是围绕宁波最新人才政策规划，收集整理了2020年市级相关部门出台的重点综合人才政策和专项人才规划，为人才研究工作做好资料整理和研究参考。

本书由宁波市委人才工作领导小组办公室（简称“市委人才办”）和市政府发展研究中心共同组织力量编辑出版。市委组织部常务副部长、市委人才办常务副主任金彦，市委组织部副部长、市委人才办副主任黄荣程等都十分关心本书的出版工作。本书由宁波市政府发展研究中心主任林崇建担任主编，副主任金戈和人才资源研究所所长王明荣担任副主编，二级调研员廖绍云担任执行编辑。市委组织部部务会议成员、办公室主任，市委人才办专职副主任高云成，市高层次人才发展专项办公室主任华建广以及李宁、郑高平、杜愚、邵子阳等同志都全力支持本书编纂工作。

本书编辑出版工作还得到国务院发展研究中心、中国人事科学研究院、中国人才研究会和浙江省委组织部（省委人才办）、浙江省政府研究室、浙江省人才发展研究院等部门领导和专家的精心指导。宁波市委组织部、市委宣传部、市委统一战线工作部（市侨务办公室）、市发展改革委、市经济和信息化局、市教育局、市科学技术局、市公安局、市人力资源和社会保障局、市农业农村局、市地方金融监督管理局等相关部门，各区县（市）和重点开发区组织部门（人才办），以及在甬相关高校给予了大力支持和帮助。在此，一并表示衷心感谢！

今后，我们将继续坚持“服务决策、服务发展、服务人才”的理念，进一步提升人才研究工作水平，力争多出成果、快出成果、出好成果，为宁波人才工作改革创新作出更大的贡献。

囿于水平，本书难免存在不足之处，恳请大家批评指正。

编　者

2021 年 8 月

目　录

人才工作篇

区域实践篇

研究探索篇

政策规划篇

人才工作篇

2020年宁波人才工作综述

2020年，宁波市按照“六争攻坚”行动要求，聚焦“246”“225”“3433”“4566”等重大产业工程建设[①]，积极应对挑战，主动抢抓机遇，实现稳中有进、逆势增长的良好态势。2020年入选国家“杰青”、国家级人才培养工程数均居浙江省第1；入选国家级、省级引才工程数均创历年新高；16个团队入围年度省两创团队走访环节，同比增长60%，居浙江省首位，有5个团队入选；新引进大学生16.6万人，同比增长20.3%；新增硕博士首次超万人；新引进海外留学生同比增长24.7%；《2020中国城市人才生态指数报告》发布显示，宁波人才生态排名居全国（不包括港澳台，全书同）各大城市第6、第二梯队城市榜首。

一、“审势”谋发展，深耕顶层设计

（一）应对新挑战

聚焦新冠肺炎疫情和海外引才形势变化，迅速组织力量对385家

---

① “246”是宁波发力建设的“246”万千亿级产业集群的简称，也叫“246”产业集群；“225”是“225”外贸双万亿行动的简称；“3433”是“3433”服务业倍增发展行动的简称；“4566”是“4566”乡材产业振兴行动的简称；“246”“225”“3423”“4566”合称宁波“四梁八柱”。

市级以上人才企业进行全覆盖走访，并随机选取40家制造业人才企业进行重点专题调研，形成调研报告并提出针对性破解举措，及时协调解决企业困难，获浙江省委组织部领导批示肯定。提前预判、超前部署，第一时间出台《疫情防控期间关心关爱人才服务人才企业十二条举措》（简称“关心关爱人才12条”），推出“简化人才项目经费拨付方式、放宽海外工程师工作地域要求、优化人才政策线上办理制度、强化人才企业金融支持”等一揽子突破性举措，全力助推人才企业防疫、复工“两战赢”。

（二）紧盯新定位

深入贯彻落实市委十三届八次全会精神，围绕对标“打造高素质人才发展重要首选地”的新定位，第一时间明确52项具体任务清单、责任清单和目标清单，并召开专题会议部署推进，全力服务保障高水平创新型城市建设。高站位谋划人才发展“十四五”规划，协同开展12个专项子课题研究，密集听取高层次人才、重点企业、高校院所、区县（市）、有关部门意见建议10余次，初步完成总体规划编制工作，全面强化“十四五”时期人才发展顶层设计。研究推进人才驿站、人才发展集团组建工作，加快整合资源，适应新时期人才工作发展需要。

（三）凝聚新合力

坚持党管人才原则，出台市委人才工作领导小组2020年度工作要点及百项重点任务，优化市县两级人才工作目标责任制考核细则，明确重点任务牵头单位、配合单位和完成时限，健全完善“每月督促、季度上墙、半年通报、年度评议”工作机制，进一步形成各方协同抓人才的工作格局。从人才发展体制机制改革着手，深化“3315系列计划”，整合推出“甬江引才工程”，实现引才条件更开放、引才方式更灵活、青年导向更突出，以更强合力广揽天下英才。

二、“逆势”聚人才，广蓄发展动能

（一）快步引聚高端人才

全面实施顶尖人才集聚计划，正式启用东钱湖院士之家并纳入首批省级建设单位，挂牌成立镇海、余姚、宁海三地“院士之家·青英荟”，新纳入顶尖人才支持计划 4 人、累计支持 8 人，入选省首批“鲲鹏行动”2 人。新一批国家级引才工程、人才培养工程和省级引才工程、人才培养工程建议入选数分别为 24 人、12 人、50 人、32 人，均为历年最高。“3315 系列计划”主动延长申报窗口期 1 个月，首次新设短期海鸥人才专项，累计吸引包括 32 名海内外院士、143 名国家级领军人才在内的 1923 个高端人才项目申报，逆势增长 27.9%，撬动民间资本投资 24.7 亿元，同比增长 38%。充分发挥全球引才网络平台 530 家引才机构、41 家海外人才合作中心、12 家驻国内重点城市人才联络服务站等觅才网络优势，全方位推送宁波引才信息，联络站 2020 年以来联系对接各类人才 2000 余名，牵线引进各类人才项目（平台）155 个，全球引才网络平台汇集高端意向人才突破 1.5 万名，实现精准锁定招揽。

（二）快步引聚青年人才

持续打响“与宁波·共成长”品牌，按照“线上 + 线下”思路创新务实举办宁波人才日、人才科技周活动，继续向全球人才发出“谷雨之约”“金秋之约”，其中人才日期间首发全球引才形象片、主题推广曲，在“战疫”背景下凝聚尊才爱才重才浓厚氛围，全网参与热度超 6500 万人次，吸引 2.4 万名青年人才对接，达成意向 6500 余人，宁波“青年友好城”形象进一步深入人心。在浙江省内创新实现青年人才线上招聘、高端人才云端招聘、基础人才线下招聘等“三个率先”，组织“在浙里 · 甬抱你”系列品牌招聘活动 460 余场，推出优质岗位 26 万余个，帮助企业引进青年人才等超 6 万人。

（三）快步引聚产业人才

突出“不拘一格用人才”，创新开辟“揭榜挂帅”引才模式，依托“科技创新 2025”重大专项，聚焦产业链补链强链，发布 150 余项企业关键核心技术需求，面向全球引用高端人才智力攻关“卡脖子”难题。全市每万名就业人员中企业研究与开发（R&D）人员居全省第 1。围绕“246”等重点产业领域打造“技能宁波”，成功承办首届浙江技能大赛，宁波市技能人才获首届全国职业技能大赛金牌数、浙江技能大赛项目冠军数均居全省第 1，全年新增高技能人才 6.7 万人，产业基础支撑人才队伍进一步壮大。制定出台新材料、数字经济产业人才发展三年行动计划，首次编制宁波人才开发指引，细化明确“246”“225”所涉 13 个产业 992 个职业类别的具体岗位人才紧缺程度，助推精准招引产业人才。

三、“强势”建平台，厚植人才沃土

（一）着力做强科研型平台

主动融入、合力推进国家自主创新示范区、甬江科创大走廊等发展建设，参与制定加快甬江科创大走廊建设实施方案，明确甬江实验室布局，推动新引进北京大学宁波海洋药物研究院，国家电投宁波氢能产业研究院、诺丁汉大学灯塔计划（宁波）创新研究院完成签约，西北工业大学宁波研究院、大连理工大学宁波研究院正式开园，全市产业技术研究院累计达71家，集聚各类人才3万多名，其中研发人才占比超70%，产业创新关键人才近700名。

（二）协同打造一体化平台

深度融入长三角一体化发展战略，以前湾新区为核心载体制定沪甬人才合作先锋区建设行动方案，2020年“3315系列计划”吸引上海高层次人才申报数同比增长46%。会同省委人才办、舟山市委联合印发实施甬舟人才一体化发展方案，明确10项重点指标、32项重点任务，启用首块甬舟人才一体化发展飞地，举办首场甬舟青年人才联合招聘会，合作设立11家领军人才工作室，明确景区、酒店民宿、体育场馆等首批50余个服务场景对两地高层次人才优惠开放，全力打造省域人才均衡发展先行示范。持续提升浙江创新中心服务全省功能，开工建设二期项目，累计集聚市内外人才企业、平台机构119家。

（三）创新建设特色性平台

着眼推动重点特色产业转型升级和企业共性技术“痛点”化解，揭牌运行宁波高端装备海外工程师协同创新中心并纳入省首批试点，集聚海外工程师255名，服务企业457家次，解决问题210个。突出“产业集聚、人才抱团”理念，在持续做大做强余姚、中官路两大省级人才创业园的基础上，新建海曙、鄞州、慈溪3个市级园区，集聚国家级领军人才72名、省级领军人才41名，产业特色明显、产业链条完备、人才协同引进的创业集聚体优势进一步凸显。大力支持高校院所、企事业单位建设博士后工作站，2020年以来，新建国家级、省级站点分别为14家和35家，数量均居全省第一。新增国家级制造业单项冠军企业（产品）12家，总数达45家，居全国首位，其中近1/3由省级以上领军人才创办。

四、“聚势”优服务，共筑暖心生态

（一）全面革新服务体系

以“最多跑一次”改革为牵引，开发“甬智通”人才创业创新全周期“一件事”改革服务平台，上线人才安家补助、购房补贴、就业补助等32项高频服务事项，变人才服务“串联办理”为“并联办理”，进一步提升便利性和精准度。在全省率先推进人才服务综合体建设，全域规划布局“宁波人才之家”，2020年先后在江北、奉化、海曙、鄞州、慈溪等地启用5家，其中位于文创港的宁波人才之家（江北）已集成创业辅导、融资对接、人力资源、科技转化等10大类126项全要素、全周期、闭环式服务，吸引入驻83家人才社团、67家科技平台、23家投融资机构，联系服务高端人才2万余人次。

（二）全链保障发展要素

实行重点人才企业“一企一策”，对市县两级人才企业开展一对一服务，开通1条服务总线和15条服务分线提供24小时服务，3月17日即实现人才企业“战疫”百分百复工。实行外籍高层次人才“一人一档”，对入选人才计划的外籍专家、持工作许可证的外国人才建立专人对接制度，点对点提供防护指导、返程对接、抵甬安置等暖心服务。实行人才问题需求“一事一议”，推出“百家机构助力疫情防控紧缺用工行动”“共享员工”等特色服务，解决用工难问题；制定金融支持人才创业创新专项政策，延迟天使和创投基金退出时间，解决融资难问题；新选聘助创专员、法务专员、财务专员等“三员”服务人员89名结对联系319家人才企业，解决发展难问题，全要素精准帮扶体系不断健全。

（三）全力解决“关键小事”

围绕破解人才迫切关注的安居问题，建成青年人才驿站 12 家，实现区县（市）全覆盖，放宽人才购房补贴政策申报时限，延长人才公寓、人才安居专用房租期 3 个月，明确人才“无房家庭”可在市六区优先认购商品住房。持续协调保障高层次人才子女就学问题，对符合条件的 89 名高层次人才子女落实优质教育资源。连续第 3 年放宽户籍准入条件，在长三角城市率先实现社保缴纳年限同城化累计，新政实施仅 3 个月，新增落户数同比增长 17. 5%。制定外籍高层次人才在华永久居住证推荐申请细则，为人才来甬扎根提供最大便利。持续落实专家服务办法，全市人才专家累计享受公交出行、场馆健身、景点游览等“十项全免费”服务 77 万余人次，惠才服务覆盖面不断扩大。

中共宁波市委组织部

宁波打造全球青年友好城共建人才重要首选地

一、范例背景

拥有一大批创新型青年人才，是国家创新活力之所在，也是科技发展希望之所在。宁波市委组织部紧紧围绕市委“打造高素质人才发展重要首选地”的目标定位，坚持“青年决胜未来”理念，积极发挥牵头抓总作用，聚焦青年人才创立专属节日、创新专项政策、创设专题活动、创优专有服务，全力建设近悦远来的青年友好城，加快集聚优秀青年人才，为宁波当好浙江建设“重要窗口”模范生提供坚强人才支撑。

二、主要做法

（一）创立专属节日，打响“与宁波·共成长”人才工作总体品牌

为进一步营造尊才爱才浓厚氛围，将每年“谷雨”设为宁波人才日，将“雨生百谷、生机勃发”美好寓意与人才专属节日结合起来，推出“与宁波·共成长”人才工作总体品牌，展现宁波对青年人才的最高礼遇和最大诚意。着眼吸引更多青年人才认知宁波、选择宁波，

连续2年举办宁波人才日活动，创新推出引才形象片《选择宁波·选择未来》《一次击掌·一种力量》和人才主题曲《唱给未来的歌》，策划推出《谷雨之约·爱上这座城》《你好，青年》《在宁波，都挺好》人才成长故事分享，相关话题点击和播放量突破1亿人次，引起广大人才和社会各界的广泛关注和强烈共鸣。

（二）创新专项政策，打造"立体式·全链条"人才支持体系

着眼构建覆盖青年人才"引育用留"全链条政策支持体系，集成推出人才生态建设"1＋X"系列举措，创新出台集聚全球青年才俊打造青年友好城实施意见，实行先落户后就业、长三角地区社保缴纳年限累计计算等"零门槛"人才落户新政，大力集聚"青·英""青·归""青·创""青·苗""青·匠"等为重点的优秀青年人才。2020年9月，重磅推出"甬江引才工程"，打破了唯论文、唯职称、唯学历、唯奖项"四唯"倾向，设立青年人才引进专项，创新青年人才举荐制、认定制等引才模式，为青年人才来甬创业创新开辟"绿色通道"，给予最高2000万元项目支持。在2019年新增就业大学生13.7万人、同比增长65.2%的基础上，2020年新增就业大学生16.6万人实现20.3%逆势增长。

（三）创设专题活动，拓展"多领域·全方位"人才招引模式

坚持以用为本、实效为先，连续举办中国浙江·宁波人才科技周、高层次人才智力引进洽谈会、全国高校巡回招聘、海外留学人才创业行等人才招引活动，助力青年人才与企业精准对接、高效匹配。2020年宁波人才科技周吸引3.2万名青年人才参与，达成合作意向3563人。积极应对疫情影响，会同有关部门于2月7日创新推出毕洽会网上对接、2月24日推出"在浙里·甬抱你"云端招聘周、2月29日举办"225"外贸人才现场招聘专场，在全省实现大学生线上招聘、高端人

才云端招聘、产业人才现场招聘“三个率先”。新冠肺炎疫情以来，累计举办云端招聘400余场，帮助企业引进人才6.6万人。

（四）创优专有服务，营造“精准化·全覆盖”人才发展生态

精准聚焦青年人才所需所盼所急，实施“关心关爱人才12条”、《宁波市专家服务管理办法》（简称“专家服务办法”）、人才“关键小事”协调解决机制等人才服务举措，以贴心暖心的人才服务，助力人才舒心生活、安心发展。全力打造浙江创新中心、“院士之家·青英荟”、工程师协同创新中心等创新平台，为青年人才发展提供广阔舞台。实施青年人才安居工程，打造国际青年人才社区，建成12家7天免费入住青年人才驿站，实现区县（市）全覆盖，推出见习生活补助、最高3万元生活安居补贴、60万元购房补贴、100万元安家补助，覆盖青年人才实习、就业、工作、生活全过程。建设人才服务综合体，已建成5家宁波人才之家，实行“一站通办”清单服务、“一本集成”优化服务、“一人一策”精准服务，让青年人才感受“最暖温度”。截至目前，青年人才等各类专家已累计享受公交出行、场馆健身、景点游览等“十项全免费”服务77万余人次。

三、实践成效

（一）“与宁波·共成长”品牌深入人心，人才认同感、归属感显著提升

宁波市委、市政府主要领导在宁波人才日、人才科技周期间向全球英才发出“谷雨之约”“金秋之约”，在所有人才活动中将“与宁波·共成长”作为统一标识、统一品牌进行冠名，全面扩大品牌的知名度和影响力，充分激发了广大青年人才扎根宁波，与宁波同发展、共成长的热情和信心。2020年宁波人才日期间，“谷雨之约”成为微

博、抖音等新媒体平台热门话题，据不完全统计，仅抖音就发布人才日相关话题视频7613条，播放量超4500万人次，“与宁波·共成长”人才工作官方抖音账号不到1周时间粉丝量超13万人，获点赞32.8万次。人才纷纷表示：“宁波，就是这么一座值得人才选择扎根、奋斗成长的城市。”

（二）“青年友好城”建设彰显成效，人才集聚力、承载力不断增强

坚持把集聚青年人才作为厚植城市竞争力和未来发展潜力的关键一招，推出一系列打动青年、吸引青年、激励青年的实招硬招。2019年，宁波全市新增常住人口34万人，跃居全国城市第4位。据第三方专业机构数据显示，宁波人才净流入率居全国城市前列、人才生态指数位列全国第6位。

（三）“最优人才生态”构建基本成形，人才成长性、创造性充分激发

通过政策创新、体制改革、平台建设、服务优化，人才引进、培养、评价、激励机制不断健全，青年人才创新活力竞相迸发、创造能量充分涌流。2020年，新入选国家杰出青年科学基金建议资助项目申请人（简称“杰青”）2名，新建国家级、省级博士后工作站14家、28家，数量均居全省首位，自主培养国家级领军人才、省级领军人才连创新高，连续4年每年有1家国家级领军人才创办企业上市。

中共宁波市委组织部

宁波全力推进甬舟人才一体化发展

浙江省委明确，推进甬舟一体化发展，首先要推进人才一体化发展。在省委组织部有力指导下，宁波市会同舟山市坚持“优势共享、合作共赢”总调，紧扣“一体化”“高质量”两个关键，以问题需求为导向，以开放合作为路径，以改革创新为动力，合力推进人才一体化发展，打造了省域人才均衡发展先行示范。

一、主要做法

突出规划协同，构筑人才一体化发展大格局。为充分发挥比较优势，找准合作契合点，宁波、舟山两地市委主要领导围绕人才一体化相关议题进行3次深入会商，两地组织部部长对具体合作事项逐一面商研究。在此基础上，经充分对接、深入论证，省委人才办、宁波市委、舟山市委联合印发实施甬舟人才一体化发展行动方案，明确了10项重点指标、32项重点任务，并联合组建人才工作专班，建立常态化工作对接落实机制。

（一）突出平台合作，建强人才一体化发展大载体

着眼提升人才平台的协同性、承载力，高起点研究甬舟合作区人才发展专项规划，高标准建设宁波舟山“人才飞地”并给予入驻的舟

山人才项目无须改变注册地、3 年免租等优惠政策，以“双核引领”平台格局促进创新资源高效配置。同时，通过领军人才工作室、院士专家工作站、人才之家等“多点联动”，促进两地产智对接。目前，宁波舟山“人才飞地”已入驻舟山人才项目 10 个，共建 11 家领军人才工作室。

（二）突出资源共享，打造人才一体化发展大品牌

以共同打响青年友好城品牌为目标，联动举办宁波人才科技周、宁波人才日、舟山海洋经济创业大赛等重大人才活动，开展宁波舟山青年人才云端招聘会等近 10 场联合招聘，累计联动甬舟 500 余家企事业单位，发布岗位需求 7000 余个。成立甬舟绿色石化产业发展专家委员会、浙东中医内分泌专科联盟，开展名校长带徒、联合教研等近 10 场教育人才一体化活动，互派 100 余名专业人才对接交流，共享 10 万余台（套）科学仪器设备、4 万余项技术创新服务，全方位推进优势互补。

（三）突出服务同城，优化人才一体化发展大生态

着眼提升人才获得感、服务均衡度，上线甬舟人才专家服务一体化平台，推出“一库一网一码”，“一库”即集成式人才数据库，“一网”即同城化人才服务网，“一码”即互通型人才识别码，推动两市优质人才服务资源共享。同时，率先对舟山社保实行累计计算，组建人才市场合作联盟，推动企业注册“甬舟通办”、职称互认，以服务协同进一步促进人才优化资源配置。

二、实际效果

通过推动甬舟人才一体化发展，两地人才竞争力实现了协同提升，

有力引领了经济社会高质量一体化发展。在7月10日省委组织部贯彻落实省委十四届七次全会精神人才工作专题会议上，相关特色经验做法做了典型交流，新华网、《浙江日报》、浙江新闻等重点主流媒体累计报道200余次。

（一）一体化引才品牌深入人心，人才引育量、质协同提升

通过联动办会、共同招聘等，宁波—舟山引才共同体逐步形成，打响了近悦远来的青年友好城“甬舟”品牌，宁波舟山青年人才云端招聘会吸引了900多所高校1.1万名青年人才云端对接，2020年两市共新增就业大学生17.9万人，逆势增长20.8%。

（二）人才发展共同体日趋紧密，人才承载能力协同提升

通过人才平台、科创资源、专家服务等同城化，有力提升了人才“引、用、育、留”全链条要素保障，人才干事创业的舞台更加广阔。如宁波舟山“人才飞地”主动共享资源，有效破解了舟山企业招聘、融资、市场拓展等难题，舟山汇洋科技公司入驻后短时间就招聘到7名高级研发人才；舟山中科立德新材料公司通过从宁波“借”人才，攻克了研发瓶颈。

（三）人才机制创新持续深化，人才引领效能协同提升

职称互认、服务共享等的深入推进促进了人才资源有序高效配置，人才创新引领作用进一步提升。目前服务一体化平台50余个服务场景实现互通共享，服务两地人才1.4万名。舟山科鑫重工公司依托宁波薛群基院士专家工作站实现了相关钢管桩高精度制造工艺达到国际先进水平；宁波捷胜海洋公司与舟山协同推进船舶综合服务电子平台项目，取得了积极进展。

三、特色亮点分析

甬舟人才一体化发展突破了行政分割、制度壁垒，有效整合了两地创新资源，以人才一体化高质量发展促进了经济社会一体化高质量发展，打造了省域人才均衡发展先行示范。主要有以下三方面特色亮点。

（一）以统筹谋划促整体推进

以一盘棋理念，统筹推进甬舟人才资源一体化开发、人才平台一体化建设、人才制度一体化创新、人才生态一体化优化，形成了相互依托、相互促进的生动局面，促进了两地人才工作整体推进、协同创新。

（二）以开放共享促互惠共赢

主动开放共享平台、服务、资本等资源，推动优势互补、差异发展，实现了两地人才的高度融合、共赢发展。如宁波舟山“人才飞地”主动共享创新要素以及一站式人才服务专窗、项目中试空间和人才生活服务，推动形成了“注册在舟山、研发在宁波、转化在舟山”的高效双赢模式。

（三）以制度保障促落实落细

立足现实急需和远景展望，由浙江省委人才办公室、宁波市委、舟山市委联合出台了规划至2025年的行动方案，清单化、条目式明确了34个方面重点任务和2020年15项具体工作，层层压实责任、强化协调督促，确保了落实落细出成效。

中共宁波市委组织部

宁波市“246”重点产业人才现状及需求分析[①]

一、宁波市“246”重点产业人才队伍建设情况

（一）宁波“246”产业人才总体概况

产业人才建设是产业技术创新、转型升级的重要支撑和保障。2020年，宁波市“246”产业规模以上（简称“规上”）企业从业人员达到111.5万人（见表1），受2020年初新冠肺炎疫情影响，“246”产业中多个行业减少用工人数，总体用工人数同比下滑5%，仅石化、生物医药产业受下游需求端带动，用工人数小幅上升。2019年“246”产业总体人均劳动生产率为27.0万元/人，与全市工业劳动生产率27.5万元/人基本持平。“246”产业体系中用工人数较多的行业是高端装备、电子信息、时尚纺织服装。其中高端装备产业作为宁波市的传统优势产业，产业规模大、企业数量众多，成为全市规上企业中用工数量最多的产业，平均用工人数达49.8万人，占全市规上企业用工人数的34.5%。宁波市电子信息业包含细分领域众多，覆盖范围广，2020年全行业规上企业用工人数达20.6万人，占全市的14.3%。其次是劳

① 注：除另有标注外，本文图表中的数据均来源于宁波市经济和信息化局，或由其提供数据经计算得出。

动密集型的时尚纺织服装产业，全行业规上企业用工人数为16.7万人，用工数量易受市场变化影响，较2019年同比下降9.2%，是"246"产业体系中降幅最多的行业。

表1　宁波市"246"产业规上企业从业人员分布情况

产业分类	行业名称	2019年规上工业增加值（亿元）	企业数	平均用工人数					2019年劳动生产率（万元/人）
				2020年（人）	同比增减（%）	2019年（人）	用工人数占比（%）		
万亿级产业	汽车行业	675.1	715	151790	-8.1	165225	11.2		40.9
	绿色石化	846.3	300	48968	1.6	48214	3.3		175.5
五千亿级产业	高端装备	936.8	2899	498557	-2.2	509561	34.5		18.4
	新材料	342.5	254	—	—	65000	4.4		52.7
	电子信息	453.4	961	206314	-2.1	210822	14.3		21.6
	软件和信息服务业	819①	555	—	—	135013	9.1		60.7②
千亿级产业	关键基础件	241.1	789	116488	-3.3	120422	8.1		20.0
	时尚纺织服装	250.1	810	167646	-9.2	184591	12.5		13.5
	智能家电	207.1	469	95584	-6.0	101669	6.9		20.4
	文体用品	152.2	503	85802	-7.3	92517	6.3		16.5
	生物医药	40.4	37	7600	2.1	7443	0.5		54.3
合计	"246"产业合计	3170.7	5921	1115119	-5.0	1173513	—		27.0
	宁波市	3991.5	8290	1404432	-5.0	1477976	—		27.5

注：①软件和信息服务为主营业务收入。②以主营业务收入为分子

2019年"246"产业体系中劳动生产率较高的行业是绿色石化、生物医药、软件和信息服务；高端装备、时尚纺织服装、文体用品的劳动生产率有待提升（见图1）。石化行业属于重资产的流程型产业，用工人数少，规上企业用工人数仅占全市的3.3%，劳动生产率达175.5万元/人，位列"246"产业体系首位。宁波市生物医药产业规模较小，

规上企业仅37家，主要分布在体外诊断试剂、磁共振医学影像设备、光学仪器和医用高分子材料等领域。受行业规模体量影响，从业人员少，仅占全市规上企业从业人员总数的0.5%，新冠肺炎疫情持续推动生物医药行业的市场需求提升，全行业劳动生产率达54.3万元/人。宁波软件和信息服务近年来借助软件名城创建的契机，加速产业发展，连续三年产业规模增速国内领先。产业规模的高速增长带来就业人数的不断增加，2019年，软件和信息服务业用工人数为13.5万人，同比增长8.1%，作为高附加值的新兴产业，宁波市软件产业劳动生产率为60.7万元/人，位列“246”产业体系第二位。高端装备、时尚纺织服装、文体用品的劳动生产率分别为18.4万元/人、13.5万元/人、16.5万元/人，远低于全市的劳动生产率，存在较大的提升空间。

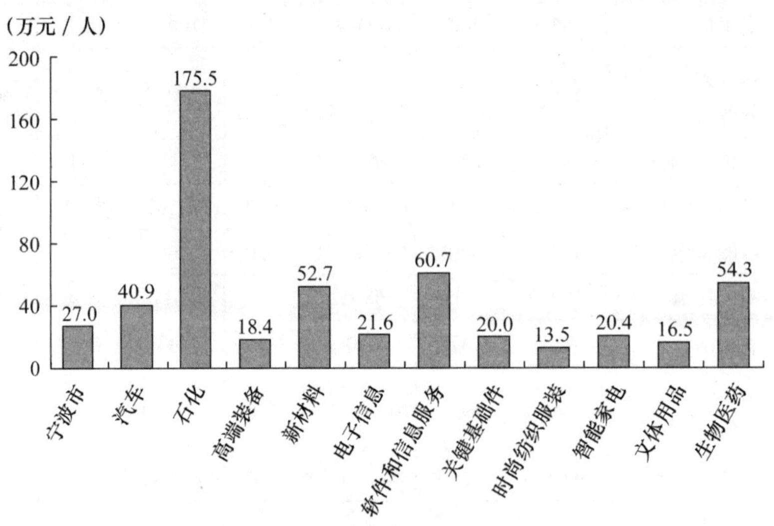

图1 2019年“246”各行业劳动生产率情况

（二）部分产业人才现状

本部分选取石化、汽车、新材料、软件和信息服务四个有代表性的产业，对各产业内部人才现状进行分析。其中，石化和汽车是宁波市“246”万千亿级产业集群的两大传统优势产业，产业规模大，对专业人才需求旺盛；新材料和软件信息服务为宁波市重要的新兴产业发展方向，产业发展迅速，人才需求迫切，供求矛盾突出。

1. 石化产业人才现状及特点

石化产业是国民经济的重要支柱产业，宁波石化基地是全国七大国家级石化产业基地之一。逐步建成宁波石化经济技术开发区、北仑经济技术开发区、大榭开发区的沿海石化产业带，经济总量在全市工业经济中比重占据第一。宁波绿色石化产业规模大，综合竞争实力强，2019 年，全市规模以上石油和化工企业 280 家，拥有千亿级企业 1 家，百亿级企业 7 家，十亿级企业 25 家；完成工业总产值 3609. 7 亿元，占全市工业总产值的 20. 39%；从业人员 56035 人，比上年增加 1988 人。石化产业人才呈现以下特点。

一是高端人才加速集聚。突出“高精尖缺”导向，加快推进更高水平的临港化工新材料产业链，结合化工主导产业需求，引进海外工程师及国外智力，如大榭开发区目前拥有市级 C 类以上专家约 20 人，高级职称 260 余人，市级企业技术创新团队 14 个。万华化学高性能材料研究院落户，将引进化工新材料专业博士和研发领军人才 60 余名、硕士 120 余名，高层次人才的队伍不断壮大。

二是“工匠”人才加快锻造。大榭开发区作为全市首个拥有化工专业中级职称自主评审权的功能园区和临港石化企业集聚区，培育化工专业技术人才 2200 多名。启动实施了“大榭工匠”培育计划，培养了一批省市级高技能人才劳模创新工作室领军人、市级首席工人等为主体的领军工匠，培育绿色石化、港口码头等特色产业的骨干 1000 余名，基本构建起一支与经济社会发展相适应的高技能人才队伍。

三是校企合作促进共赢。随着企业不断做大做强、产业链不断延伸，企业对化学工程工艺、石油储运、化工机械、仪表类石化产业人才需求较为旺盛，然而宁波乃至省内专门性的石化类高校数量较少，本地生源一般选择管理类、经济类专业，攻读石化类专业的较少，导致供求关系失衡。同时由于石化产业区位条件限制，一定程度上加大了人才引进难度。企业与浙江大学、华东理工大学、南京工业大学、兰州石化职业技术学院、山东化工职业技术学院、南京化工职业技术学院等知名高校、专业高校开展“订单式”校企合作，实现人才培养使用的无缝连接。

遇到的问题：随着开发区石化产业转型升级步伐不断加快，企业技术水平和技术密集程度不断提高，对一线员工、科技人员以及各级管理者的能力和水平提出更高要求，并急需一批紧缺技术及技能人才，但受周边地区竞争压力、区位因素限制、人才市场环境、企业人才激励机制不完善等因素影响，石化人才开发一度面临人才供求失衡、人才层次不高、人才流失率高三大难题。

2. 汽车产业人才现状及特点

宁波汽车产业起步于20世纪80年代初期，经过近40年的快速发展，宁波市凭借整车企业带动作用和汽车零部件产品齐全的先发优势，汽车产业成为宁波市第一大产业，占浙江省汽车产业的近半壁江山，是全国重要的汽车零部件生产基地。2018年，宁波现有汽车制造业企业超过4400多家，规上企业660家，全市汽车产业产值3169.8亿元。全年汽车产量80.27万辆，整车产值906.9亿元，占全市汽车产业产值的28.6%。宁波汽车零部件涵盖汽车动力、底盘、车身、电气设备全部四大类，涉及汽车各大总成及零部件，以均胜、华翔为代表的汽车零部件规上企业达到654家，奠定了宁波汽车零部件生产基地的全国地位。企业主体蓬勃发展，形成了整车与四大类零部件协同布局的产业体系。

一是汽车产业人才队伍规模迅速扩大。据不完全统计，汽车制造业规上整车和零部件企业的从业人数目前达到15.2万人，包括规下企业宁波汽车零部件行业约有产业员工23.7万名，规上企业中，研发技术人员的占比为23%以上；汽车人才结构日趋合理；汽车企业用人的方式更加多元化。

二是整车行业人才普遍优于零部件企业人才。根据调研，总的来看，整车企业的人才集聚度较高，本科毕业生和35岁以下的年轻人成为人才的主力；汽车产业中硕士人才约占5.5%，本科学历人才约占20%，而在整车行业，硕士人才占10%以上，本科学历人才占30%以上，在零部件行业企业生产人员占比高达70%，本科学历以下人员占比高达80%（见图2）。面向新技术革命及汽车产业迈进中高端的发展目标，生产人员比例过高、大多人才学历层次不高，让中小企业人才优化负担更大。

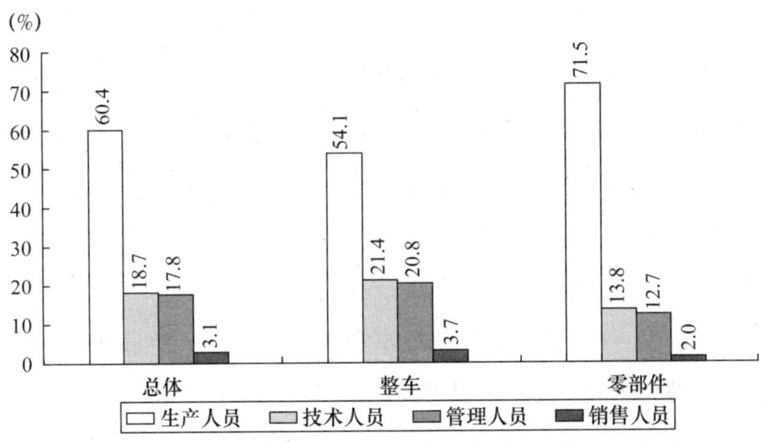

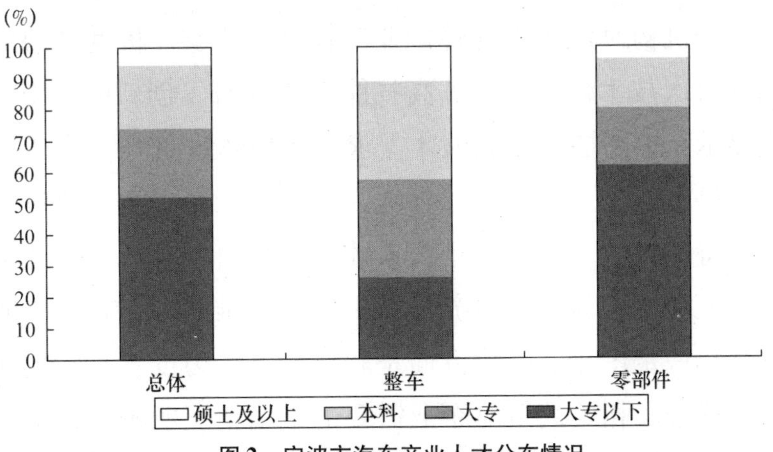

图2　宁波市汽车产业人才分布情况

三是人才培养载体建设不断加快。为提升汽车产业人才供给数量，打造产业高能级人才发展平台。宁波市先后引进北京航空航天大学、国防科技大学、浙江大学等一批重量级大学落户宁波市，帅特龙集团有限公司、拓普集团股份有限公司、圣龙（集团）有限公司等26家企业拥有省级企业技术中心，成为吸引汽车创新人才聚集的专业平台。而国家级汽车检测机构——卡达克机动车质量检验中心（宁波市）有限公司的落地、吉利汽车（杭州湾）研发中心的正式启动等加速了汽车零部件产业科技成果的转化效率。宁波杭州湾新区正加速成为宁波汽车产业人才集聚新高地，不仅有华东地区最专业的汽车检测中心——中国汽车技术研究中心华东分中心和省内唯一汽车专业学校杭州湾汽车学院，更有包括9家世界500强在内的150多家汽车关键零部件企业，例如国产汽车第一品牌吉利汽车的生产基地、研发中心和人才培养基地，以及德国大众汽车集团在全球布局的最先进的工业4.0标杆工厂，若干在建、筹建、规划的汽车智慧物流、企业大学、销售总部等项目。

遇到的问题：一方面是高端人才集聚度不足，专业人才的结构性短板凸显。宁波汽车零部件行业共有23.7万名产业员工，但专业技术人才和高技能人才依旧处于紧缺状态。高校缺乏相应的学科设置，大专院校、科研机构对汽车零部件产业支撑度还不够。极度紧缺的人才主要包括高层次技术研发人才、高技能人才等研发创新的骨干。根据问卷调查显示，中高层次专业人才需求占比均超过40%，由于本地对此类人才的供给能力尚未形成，外地人才引进数量较少，缺口随着企业发展壮大持续扩大。其次是销售人才以及项目管理人才，此类人才大多集中在上海等大城市，培养周期长，甄别难度大，对于一般企业而言引进存在一定困难。另一方面是软环境支持力度不足，现代化治理能力有待提升。相关政策对企业需要的市场情况明确、转型费用精准补贴等方面的针对性和影响力度还有一定的提升空间。对行业领军人才和专业技术人才的引进乏力，本地人才的培养和支持不足，人才供给的保障不到位，使得汽车零部件产业集群面临缺人少人的问题。园区管委会等机构职能不统一，相关社会、民生等职能缺乏，诸如培训认证、监督检验等职能难以下放，政府现代化治理能力需要提升。

从调研情况来看，除吉利汽车等个别企业外，宁波传统汽车企业对管理、人才等软件方面的重视和投入相对不足。对应届毕业生和普通研发人才的吸纳吸引能力，与企业规模、产业能级不相匹配，在薪资待遇、工作机制等方面也缺乏竞争力。汽车制造相关专业的高校毕业生在宁波已经颇为紧缺，如果企业也缺乏人才投资的意识，就容易形成研发方面的基础性短板。

3. 新材料产业人才情况及特点

宁波是全国首批建设的七个新材料产业国家高新技术产业基地之一，拥有磁性材料、化工新材料等 5 个国家级产业化基地。2019 年，全市新材料产业完成工业总产值 2077. 9 亿元，同比增长 1. 18%。其中，化工新材料完成产值 997. 0 亿元，同比下降 0. 96%；稀土磁性材料完成产值 134. 3 亿元，同比增长 15. 7%；金属新材料完成产值 741. 0 亿元，同比增长 2. 78%；电子新材料完成产值 96. 1 亿元，同比增长 0. 33%。细分领域特色优势突出，是国内主要的钕铁硼永磁材料生产基地和贸易中心，生产总量占全国的 1/3。新材料人才对产业发展发挥了较大支撑作用。

一是人才队伍稳步壮大。宁波市目前新材料产业从业人员约 6. 5 万人，其中按岗位性质分，管理人员约 0. 8 万人，研发人员约 0. 7 万人，技能人员约 2. 2 万人；按学历结构分，本科及以上从业人员约 1 万人，专科及高职人员约 2 万人。此外，宁波新材料产业集聚培育了一批高层次人才，拥有中科院院士 2 人，国家、省重点人才计划 120 人，有 162 名新材料领域海外高层次人才和 32 个高端创业创新团队入选宁波市“3315 计划”，分别占全市入选总数的 36% 和 23.1%。

二是培育能力稳步提升。形成了以中科院宁波材料所为龙头，以宁波大学、宁波诺丁汉大学、宁波工程学院、浙大宁波理工学院、宁大科技学院以及宁波职业技术学院等院校为支撑的人才培育体系。目前宁波新材料相关专业本科在校生约有 4000 人，硕士及以上在校生约 1600 人，每年毕业生约有 1500 人。其中，中科院宁波材料所拥有 6 个研究生培养点，2 个博士后流动站，在校研究生 1050 人，在站博士后约 120 人；宁波大学拥有省重点一级学科（材料科学与工程）1 个，本科在校生 300 人左右，研究生 350 人左右。中科院与宁波工程学院共建材料学院，建设材料学、材料物理与化学、材料加工工程等 3 个二级学科；中科院与诺丁汉大学共建新材料研究院，引进国际创新团队，推进新材料学科建设。

三是创新能力不断增强。拥有 5 家国家级重点实验室、工程实验室和工程研究中心，7 家国家级企业技术中心和 60 余家省级以上企业研究开发中心，成立了石墨烯、磁性材料两个省级制造业创新中心以及国家新材料产业测试评价平台区域中心，拥有清华长三角研究院宁波分院等各类创新载体，引进共建中星中东欧新材料研究院、乌克兰国家科学院材料问题研究所中国分所等一批国际合作机构，推进资源互补和产学研协同创新，形成了以科研院所为引领、龙头企业为中坚力量、孵化器为成果转移载体的新材料产业创新体系。

宁波市在新材料人才引培方面取得了一些成效，但还存在许多问题。一是人才供给不能满足企业需求。新材料产业作为高附加值的知识密集型产业，本地高校、科研院所及引进人才的整体数量较少，导致新材料企业的科研岗位、高层次科研人才缺口明显。二是细分领域专业人才储备不足。新材料产业包含磁性材料、高端金属、石墨烯、电子信息材料等多个细分领域，各领域专业性较强，但宁波市尚未形成对细分领域专业人才的精细化、规范化、全面化引进，引进渠道少，企业引进人才成本高。三是新材料产业人才发展环境有待优化。技术型人才和技能人才的继续教育平台较少，企业技术型人才与宁波材料所等科研机构的互动机会少，人才评价机制尚未完全建立，新材料产业人才生活环境、职业发展环境还需进一步优化。

4. 软件和信息服务人才现状及特点

宁波市软件和信息服务产业从无到有、由小变大，经过十多年的发展，产业规模持续快速增长，企业数量和质量不断提升，特色软件发展格局较为显著，产业集聚态势日益显现，软件和信息服务产业已成为全市经济的重要增长点。自 2000 年始，宁波市软件和信息服务产业持续保持较快增长势头，2019 年规模再创新高，全年软件产业实现业务收入 819 亿元，同比增长 25.1%，增速位于全国前列。从骨干企业看，行业第一梯队企业实力进一步增强，有力引领全市软件行业发展。

一是软件人员就业人数稳步增加。2019 年，全市软件企业从业人员达到 13.5 万人，同比增长 8.1%，平均超全国（4.7%）3.4 个百分点，本科以上软件从业人员达到 67490 人，同比增长 33%。近五年来，宁波市软件从业人员从 6.12 万人增加到目前的 13.5 万人，年均增长超 17%；本科以上软件从业人员从 25853 人增加到 67490 人，年均增长 21%。具体见表 2。

表 2　2015—2019 年软件就业人数情况

年份	本科以上（人）	从业人数（人）
2015	25853	61218
2016	25929	76103
2017	38611	106789
2018	50630	124858
2019	67490	135013

二是软件培养人才数量持续提升。2019 年，宁波市软件相关专业人数 16939 人，占在校生比例 10.22%（见图 3）。2015—2019 年，宁波市高校软件及相关专业在校生数量从 2015 年的 12826 人增加到 2019 年的 16939 人，年均增长 5.7%，占在校生比例从 2015 年的 8.23% 增加到 2019 年的 10.22%。

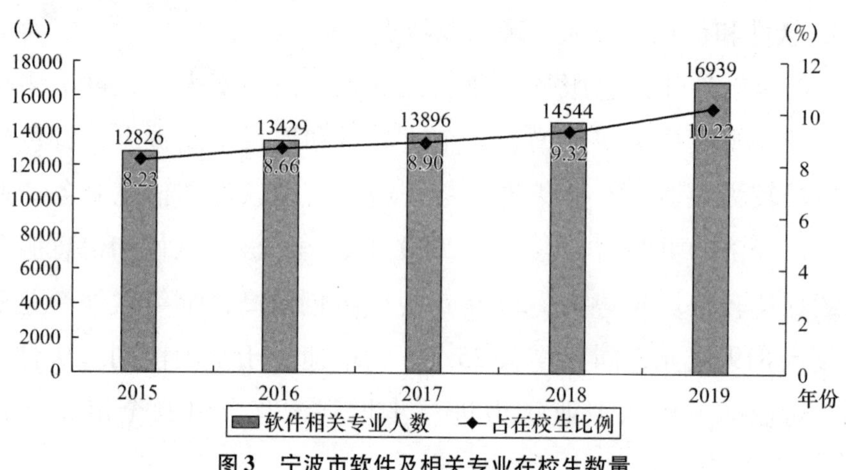

图 3　宁波市软件及相关专业在校生数量

三是鄞州区和高新区是宁波市软件产业人才主要集聚地。从区域分布看，宁波市软件产业企业主要集中在鄞州区和高新区，企业数量分别占比 32.09% 和 26.12%，两者合计超过 58.21%，是宁波市软件产业企业的主要集聚地；从软件产业从业人员数量看，江北区、高新区、鄞州区、北仑区位居前四，软件产业从业人员数量明显高于其他区域，分别占 25.11%、21.73%、20.73% 和 10.37%。须注意的是，软件产业企业数量占比居第一位的鄞州区，其从业人员数量占比仅为 20.73%，位居第三，这说明，鄞州区软件产业企业数量虽然多，但多为小微企业，从业人员数量少、企业实力弱，有很多企业员工规模仅为 1 人；相反，杭州湾新区、镇海、慈溪软件产业企业数量虽然不多，但单位企业员工规模较大。

四是宁波市软件产业人才引进以本科学历和初级职称为主。从 2018 年人才引进（招聘）情况的数据来看，宁波市共引进软件产业人才4840人。从人才学历层次上来看，共引进具有博士学历的员工17人、硕士学历的员工384人、本科学历的员工2428人、大专学历的员工2011人，占比分别为0.35%、7.93%、50.17%和41.55%；从技能人才分类来看，共引进高级职称员工88人、高技能员工305人、中级职称员工377人、初级职称员工4070人；从数字岗位分布看，2017年引进软件产业岗位人才2085人，其中以数字研发分析人员引进为主。2017年宁波市共引进数字战略管理人员162人、数字研发分析人员909人、数字技能制造人员521人、数字营销运营人员553人，分别占比为5%、44%、26%和25%。

宁波软件和信息服务人才发展也面临着一些问题：一是软件产业总量规模尚小，人才集聚产业承载空间有限；二是集聚的高层次人才偏少，硕士以上学历人才、高级职称和高技能人才占比均不到10%，数字战略管理人才较为缺乏；三是支撑数字经济发展的研发创新机构（园区）能级有待提升，许多都还处于初步建立阶段，需要加快发展。

二、人才队伍建设存在的问题

“246”产业结构的发展状况决定了人才的分布、类型、数量和质量，而人才的集聚，推动“246”产业集聚，实现产业链条就近延伸，推动产业发展。但与“246”万千亿级产业集群建设需要和制造业高质量发展要求相比，人才队伍建设在人才总量、载体平台承载力、人才引进培养机制、人才服务环境等方面还存在一些短板。

（一）人才总量不足，对产业支撑和引领作用发挥不充分

宁波现阶段人才队伍规模和结构难以支撑“246”万千亿级产业集群发展。在人才总量、高层次人才数量方面，与苏州、深圳、杭州等国内兄弟城市相比还有较大差距，高层次人才规模还需进一步扩大。从结构上看，宁波现有人才队伍结构性过剩与短缺并存，产业人才素

质提高和转岗转业任务艰巨，领军人才和大国工匠紧缺，“246”产业技术领域人才不足。《2018年宁波市“制造强市”建设相关产业人才指数及开发导向目录》显示宁波制造业人才储备、需求及发展趋势：“需求持续旺盛、高端智能引领、基础人才短缺”。高端装备、新一代信息技术、汽车制造、智能家电等产业人才需求指数处于红色区间，属于极度紧缺的产业。其中新一代信息技术、智能家电是2018年新进入“极度紧缺”行列的产业。随着智能制造、数字工厂等重点项目和工程的快速推进，专业技术人才、项目管理以及高技能人才需求呈现大幅度增长趋势，相关产业基础性研发人才和技能人才供给明显不足，三类岗位人才需求指数分别达到84.4、74.2和64.7；高层次技术人才需求指数只有42.6，但增长幅度在20个百分点以上，各产业对拥有自主知识产权或核心技术、能够引领新兴产业发展的领军拔尖人才、学科带头人、科技领军人才和优秀创新团队，均有强烈需求。从高层次人才来看，国际化人才集聚效应较弱，海外人才总量和占比远低于其他副省级城市。

（二）载体平台对高端产业人才承载力不足、吸附力不强

高层次人才的重大创新创业平台载体建设明显滞后。从科研人才集聚平台来看，宁波国字号科研平台不够强大，人才承载空间较为有限，全市仅有中科院宁波材料所、兵科院宁波分院2家国字号科研机构，而青岛仅蓝色硅谷就集聚了17家国字号科研机构；在国家重点实验室方面，宁波市尚未实现零的突破，而2016年成都已经有8家，杭州也有10家之多。从人才集聚产业平台来看，宁波有实力、有影响，能集聚大量人才的领军企业特别是世界500强企业不多，人才集聚能力相对偏弱。截至2018年，宁波还没有一家本土企业上榜世界500强，引进世界500强企业也仅62家，而杭州、西安、武汉、成都等城市都在100家以上。虽然宁波有15家企业列入2019年中国民营企业500

强，但缺乏像深圳的华为、杭州的阿里巴巴等具有国际创新引领的大企业，龙头企业对产业的引领示范带动作用未充分发挥。从青年人才集聚平台来看，宁波抢夺和引进优质高等教育资源的力度还有待加大，储备大学生人才数量相对不足。目前，在甬高校只有 16 所，与杭州、西安、武汉、成都等城市相比数量上有较大差距；在校大学生人数为 19.6 万，不到西安、南京、成都的 1/4；双一流学校 1 所、学科 1 个，比青岛还少 1 所和 3 个。

（三）人才引进培养机制不健全，存在引才难、留才难情况

宁波人才引进和培养政策体制与杭州、青岛和深圳等城市相比仍有差距，如何通过政策实施，更好地推动破解企业存在的引才难、育才难、留才难问题，相关体制机制仍需要进一步完善。现阶段，宁波市对人才引进和培养的政策覆盖范围与支持力度明显处于不对称状态，存在重外来人才引进、轻本土人才培养，重高层次人才、轻基础性人才，引不进留不住的怪现象。宁波并非青年人才就业创业的首选城市。近几年，宁波市年均接收大学毕业生仅 5 万名，而武汉仅 2017 年就接收大学生 30 万名。一方面，市外高校毕业生引不进，年均只有 3.2 万名来甬就业，且其中仅 1 万余名为市外生源；另一方面市内高校毕业生留不住，年均培养高校毕业生 4.5 万名，但留甬的仅为 1.7 万名，占比不到 38%。企业引才用才发挥主体作用的政策体系、保障体系还需进一步健全完善。在推动企业自主开展人才计划项目申报、高层次人才引进培育等工作中，更多依靠的是政策宣传、调研指导等手段，创新管用的方式方法还不够多，不同企业引才用才主体积极性的发挥情况存在较大差异，引领重点企业、龙头企业更好发挥示范带头作用还有待提升加强。

三、“246”产业人才未来需求预测

（一）根据“246”目标产值预测

根据宁波市“246”万千亿级产业集群2025年产值发展目标，根据各行业2019年人均产值预测2025年各行业人才需求量（见表3）。

表3 “246”产业人才需求预测数量 单位：亿元、万人

指标名称 产业	2019年产值	2019年从业人员	人均产值（万元/人）	2025年目标产值	2025年人才预期需求量	人才缺口
汽车	2675.1	16.52	161.9	10000	61.76	45.24
石化	3521.9	4.82	730.5	10000	13.69	8.87
高端装备	4126.2	50.96	81.0	6000	74.10	23.14
新材料	2071.7	6.50	318.7	5000	15.69	9.19
电子信息	2221.4	21.08	105.4	5000	47.45	26.37
软件和信息服务	819.0	13.50	60.7	2500	41.21	27.71
关键基础件	867.7	12.04	72.1	1300	18.04	6.00
时尚纺织服装	1201.1	18.46	65.1	1600	24.59	6.13
智能家电	1040.5	10.17	102.3	1500	14.66	4.49
文体用品	785.9	9.25	84.9	1100	12.95	3.70
生物医药	118.8	0.74	159.6	600	3.76	3.01

预测结果显示，2025年，宁波市“246”产业人才需求量达到327.9万人，相较于2019年，人才缺口为163.85万人。其中高端装备产业人才需求量最大，达到74.1万人；其次是汽车、电子信息、软件和信息服务，人才需求量分别为61.76万人、47.45万人、41.21万人。汽车产业人才缺口量最大，为45.24万人；软件和信息服务、电子信息、高端装备人才缺口量次之，分别为27.71万人、26.37万人、23.14万人。生物医药产业人才数量年均增速最高，达到38.3%；汽车、软件和信息服务、石化产业人才数量年均增速依次递减，分别为

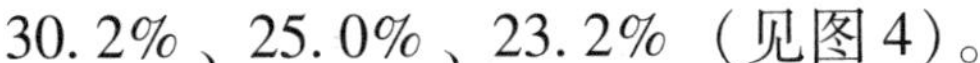

30.2%、25.0%、23.2%（见图4）。

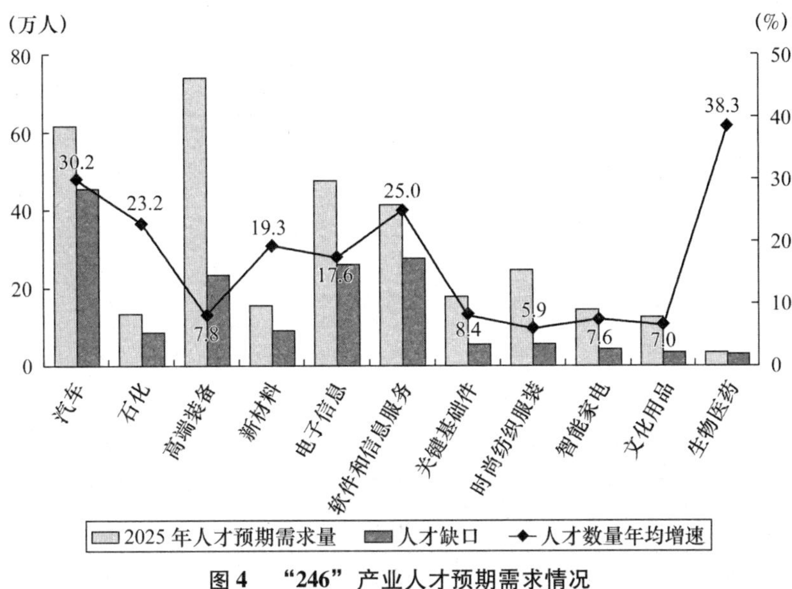

图4 “246”产业人才预期需求情况

（二）根据人均劳动生产率进行预测

随着产业结构升级，劳动生产率不断提升，基于2019年各行业人均劳动生产率为年均增速8%[①]，预测2025年人均劳动生产率，进而测算2025年“246”产业体系人才需求量（见表4、图5）。预测结果显示，2025年宁波“246”产业人才需求总量为206.6万人，人才缺口为42.6万人。其中高端装备、汽车、电子信息为人才需求量前三的产业，人才需求数量分别46.7万人、38.9万人、29.9万人。汽车、软件和信息服务、电子信息为人才缺口最高的三大行业，人才缺口数量为22.4万人、12.5万人、8.8万人。与此同时，随着产业人均劳动生产率的提高，测算结果显示高端装备、关键基础件、时尚纺织服装、智能家电、文体用品等产业的用人数量与2019年出现不同幅度的下降，分别为

① 人均劳动生产率8%是根据宁波市当前制造业“十四五”规划精神设置。

-4.3%、-0.7%、-3%、-0.9%、-1.1%，其中高端装备与纺织服装产业提升人才质量、优化人才结构的需求最为迫切。

表4　2025年“246”产业人才需求量预测

产业 \ 指标名称	2019年从业人员（万人）	2025年目标增加值（亿元）	2019年人均劳动生产率（万元/人）	2025年预期劳动生产率（万元/人）	2025年预期人才需求量（万人）	人才缺口（万人）
汽车	16.5	2523.6	40.9	64.8	38.9	22.4
石化	4.8	2403.0	175.5	278.5	8.6	3.8
高端装备	51.0	1362.2	18.4	29.2	46.7	-4.3
新材料	6.5	826.6	52.7	83.6	9.9	3.4
电子信息	21.1	1020.5	21.5	34.1	29.9	8.8
软件和信息服务	13.5	2500.0	60.7	96.3	26.0	12.5
关键基础件	12.0	361.2	20.0	31.8	11.4	-0.7
时尚纺织服装	18.5	333.2	13.5	21.5	15.5	-3.0
智能家电	10.2	298.6	20.4	32.3	9.2	-0.9
文体用品	9.3	213.0	16.5	26.1	8.2	-1.1
生物医药	0.7	204.0	54.3	86.1	2.4	1.6

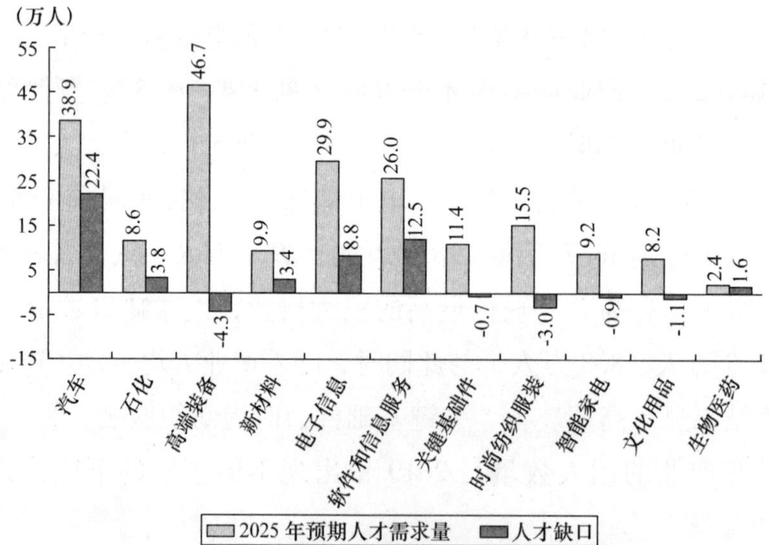

图5　2025年产业人才需求量预测结果

综上，在不考虑劳动生产率提高的情况下，2025年，宁波市“246”产业人才需求量达到327.9万人，相较于2019年，人才缺口为163.85万人。在考虑劳动生产率提高的情况下，2025年宁波“246”产业人才需求总量为206.6万人，人才缺口为42.6万人。在分行业人才结构看，目前全市“246”相关产业基础、人才结构和人才供求状况差异较大，石化、汽车、新材料、高端装备等4个产业已初具规模，正处于高质量快速发展阶段，当前主要以改善人才生态环境、集聚各类高层次创新创业人才为目标；智能家电、时尚纺织服装、关键基础件、文体用品等4个产业基础较好，正处于制造业和信息产业、文创产业融合发展关键时期，亟待优化产业人才结构，集聚高素质人才，尤其是集聚各类数字化、智能化、产业融合发展相关领域人才，完善全产业链布局；生物医药、电子信息、软件和信息服务等产业发展速度较快，但产业基础相对较弱，产业对人才的吸纳能力相对不足，产业面临提质扩量双重任务，当前第一要务是做大人才总量，为产业发展提供人才梯队支撑。

宁波市经济和信息化局

宁波市教育领域人才队伍建设现状调查与策略研究[①]

科技是第一生产力，人才是第一资源。要推进教育改革，提高教育质量，培养更多、更高素质的人才，同时为各类人才发挥作用、施展才华提供更加广阔的天地。这是我们做好人才工作的方向和遵循。教育领域是人才队伍的重要集聚地，教育人才是培养人才的人才。做好教育领域人才工作，有利于走好人才强教、人才强校之路，对于推动教育事业发展、加强人力资源开发，建设人才强国和创新型国家都具有重要的意义和价值。

长期以来，宁波市教育局党委不断增强做好人才工作的自觉性和紧迫性，把人才放到教育现代化战略的突出地位，坚持“一把手”抓“第一资源”。近年来，充分发挥高校作为高端人才蓄水池的功能，引进和培育高层次人才成效显著；加强管理创新和机制完善，中小学教师队伍建设呈现出全视角、多维度、高起点等特点；多渠道多层次开展教育宣传，助推毕业生留甬就业率稳步提升。但对标宁波“重要窗口”模范生的新定位新目标和宁波教育“两个走在前列”的高要求，从结构、素质、规模等维度来看，全市教育领域人才队伍尚不能完全适配需要。因此，深入调查宁波教育领域人才现状，总结归纳行之有

---

① 注：除另有标注外，本文图表中的数据均来源于宁波市教育局，或由其提供数据经计算得出。

效的经验，探索解决人才工作的问题短板是宁波教育工作者所面临的时代课题，也是本文试图初步探析的新课题。

一、调研的含义和意义

（一）概念界定

人才：《中国人才发展规划纲要（2010—2020）》对于人才的定义是："人才是指具有一定的专业知识或专业技能，进行创造性劳动并对社会作出贡献的人，是人力资源中能力和素质较高的劳动者。人才是我国经济社会发展的第一资源。"可见，人才具有较高的能力素质，且能推动社会的进步和发展。《宁波市人才目录（2018）》则把人才分为7类，即顶尖人才、特优人才、领军人才、拔尖人才、高级人才、基础人才和民间优才。

教育领域人才队伍建设：教师和学生是构成教育活动的基本要素。根据《宁波市人才目录（2018）》对各类人才的划分，"基础人才"指的是"普通高校毕业生"和"取得高级职业资格证书的高级技工学校和技师学院毕业生"。从宁波教育实际来看，目前宁波市专任教师基本都具备高等教育学历，符合"基础人才"定义，不少教师还属于其他更高层级的人才。因此，本文所指的教育领域人才队伍主要包括全市各类学校教师和普通高校应届毕业生。教育领域人才队伍建设指的是党委政府等主体通过协调学校、市场、教师个体等诸要素的关系，运用一定的规则，达到促进教育领域人才质量、数量进一步发展的目的。

（二）调研背景和重要意义

当前，新一轮科技革命和产业变革加速演进，新冠肺炎疫情蔓延促使世界经济政治秩序重构。我国经济转入高质量发展新阶段，正加快形成“国际国内双循环”发展新格局。区域竞争与合作越来越聚焦科技创新提质赋能，城市优势塑造越来越取决于人才这一战略变量。宁波要建设“重要窗口”模范生，必须着力打造高端人才蓄水池，培育大规模产业人才。加强教育领域人才队伍建设势在必行。

首先，加强教育领域人才队伍建设是促进教育高质量发展的重要保障。2019 年 3 月，市委召开全市教育大会，提出要“优先推动教育高质量发展”，努力做到“两个走在前列”。“功以才成，业由才广。”实现这一目标需要以人才作为支撑。教师是促进教育发展的第一资源和根本力量，承担着传播知识、传播思想、传播真理的历史使命，肩负着塑造灵魂、塑造生命、塑造人的时代重任。“大学者，非大楼之谓也，乃大师之谓也。”“一个好教师会影响几代人，带出一大批好学生。”必须提高教师队伍的质量和水平，做好引才、育才和用才工作，形成人才辈出、人尽其才的生动局面，推动宁波教育大发展、大跨越。

其次，加强教育领域人才队伍建设是加快宁波高水平创新型城市建设的有效途径。当前，宁波在创新人才集聚、企业效能提升、关键核心技术自主、新兴产业培育等方面还存在不少薄弱环节，迫切需要一支高素质的人才队伍，打造高水平创新型城市。教师是培养人才的人才，也是知识、技术创新的重要力量。只有加强教育领域人才队伍建设，充分发挥高校跨学科交叉融合、教科研紧密结合的优势，才能为宁波创新发展提供强有力的人才支持、科技支撑和知识贡献。

最后，加强教育领域人才队伍建设是提升宁波文化软实力的有力举措。文化软实力是一座城市长远发展的命脉和最深层的底蕴。目前，全市有在校教职工近 12 万人，高校应届毕业生约 4 万人，在校学生总数 130 余万人。加强教育领域人才队伍建设，有利于汇聚大批哲学社会科学人才，提升市民素养，培养好社会主义建设者和接班人，激发文化创新创造活力，提升城市综合竞争力，筑牢宁波发展的“根”和“魂”。

加强教育领域人才队伍建设具有重要的政治价值、教育价值和社会价值。我们必须准确把握教育领域人才工作的规律和特点，打好人才的“引、育、用、留”组合拳，努力形成适配宁波城市发展定位要求、办好人民满意教育的人才工作新局面。

二、宁波教育领域人才基本情况

（一）高教领域教师人才基本情况

截至2019年底，全市共有全日制普通高校16所，在校生15.6万人，教职工总数1.26万人。其中专任教师8976人。统计显示，近年来宁波高教领域教师人才总量持续增长，队伍结构不断优化。由表1可知，2015—2019年全市高校专任教师具有博士学历和硕士学历的规模和比例都有所增长。相同地，由表2可知，2015—2019年全市高校专任教师中拥有正高级职称和副高级职称的人数有所提高，其中正高级职称的比例也有一定提升。

表1　2015—2019年全市高校专任教师学历比较　　单位：人，%

年份	博士学历人数	博士学历比例	硕士学历人数	硕士学历比例	专任教师总数
2015	2063	24.51	2754	32.72	8417
2016	2230	26.89	2841	34.26	8292
2017	2568	29.61	2988	34.45	8673
2018	2877	33.20	2982	34.41	8665
2019	3123	34.79	3106	34.60	8976

表2　2015—2019年全市高校专任教师职称比较　　单位：人，%

年份	正高级职称人数	正高级职称比例	副高级职称人数	副高级职称比例
2015	933	11.08	2537	30.14
2016	996	12.01	2511	30.28
2017	1079	12.44	2673	30.82
2018	1175	13.56	2679	30.92
2019	1219	13.58	2705	30.14

表3、表4是全市高校专任教师与全国、全省平均水平的横向比较。在学历方面，全市高校专任教师的高学历比例明显高于全国平均水平，与全省平均水平大致相当。在专技方面，全市高校专任教师的高级职称比例与全国平均水平相当，正高级比例略低于全省水平。

表3　2019年全国、全省与宁波关于高校专任教师学历比例横向比较

	全国	全省	宁波
博士学历比例	27.07%	36.11%	34.79%
硕士学历比例	36.68%	34.06%	34.60%

资料来源：中华人民共和国教育部、宁波市教育局。

表4　2019年全国、全省与宁波关于高校专任教师职称比例横向比较

	全国	全省	宁波
正高级职称比例	13.08%	15.06%	13.58%
副高级职称比例	30.21%	30.18%	30.14%

资料来源：中华人民共和国教育部、宁波市教育局。

在引进和培育高层次人才方面，宁波成绩突出。2017—2019年全市范围全职院士从2人猛增到23人。在教育领域，目前拥有全职院士11人，教育部“长江学者奖励计划”特聘教授5人，省“钱江学者计划”特聘教授17人，市“甬江学者计划”特聘教授27人、讲座教授20人，市“3315计划”专家31人，市高端创业创新团队14个，市“泛3315计划”创新个人22人、创新团队3个。

可以认为，近年来宁波高教领域人才队伍量质齐升，有力地推动了高等教育内涵发展。在高层次引才聚才方面也驶入了“快车道”。同时也应看到，宁波高教领域人才队伍整体素质与先进地区相比仍有差距，在学历、职称等方面与全省平均水平相比并没有领先优势。对于院士、“国家级引才工程”等高端人才、高水平学科带头人和高层次创新团队的引进仍处于点上的突破，主要集中在少数几所高校，没有形成面上的集聚。因此，高教人才队伍建设趋势向好，但仍需付出长期艰辛的努力。

（二）基础教育领域教师人才基本情况

目前全市共有中小学教职工63692人，其中专任教师59217人，构成了基础教育人才的主体。根据表5、表6显示，在学历方面，2015—2019年全市小学专任教师和初中专任教师拥有“本科及以上学历”的人数及比例均逐年上升，且横向比较均高于同期全国、全省平均水平。2019年，普高和中职学段拥有“本科及以上学历”的全市专任教师比例分别为99.65%和98.19%，也高于全国、全省平均水平。在研究生比例指标上，宁波虽仍高于全国水平，但在省内没有领先优势。即教师队伍整体学历素质较高，但高学历人才数量仍有不足。

表5　2015—2019年小学专任教师本科及以上学历与全国、全省比较　单位：人，%

年份	宁波本科及以上学历小学教师数	宁波本科及以上学历小学教师比例	全国比例	全省比例
2015	19665	77.55	45.93	71.24
2016	21030	80.36	50.42	74.38
2017	22295	82.46	55.07	77.56
2018	23562	84.51	59.12	81.03
2019	24577	86.35	62.51	83.58

表6　2015—2019年初中专任教师本科及以上学历与全国、全省比较　单位：人，%

年份	宁波本科及以上学历初中教师数	宁波本科及以上学历初中教师比例	全国比例	全省比例
2015	14148	95.36	80.23	93.88
2016	14362	95.86	82.47	94.57
2017	14895	96.46	84.63	95.44
2018	15484	97.04	86.22	96.33
2019	15924	97.54	87.35	96.92

由表7—表10可知，2015—2019年，基础教育学段专任教师（小学、初中、普高、中职）获得高级职称的人数及比例也逐年提升。另外，目前在职在岗中小学正高级教师达87人、幼儿园正高级教师5人，共计92人。关于名优骨干教师，目前已评出市级教坛新秀（专业教师技术能手）5227人。在职在岗学科骨干523人、双师型教师84人、名教师309人、专业首席教师37人、省特级教师156人。

表7　2015—2019年全市小学专任教师高级职称人数及比例　单位：人,%

年份	高级职称教师数	高级职称教师比例
2015	984	3. 88
2016	1100	4. 20
2017	1277	4. 72
2018	1442	5. 17
2019	1563	5. 49

表8　2015—2019年全市初中专任教师高级职称人数及比例　单位：人,%

年份	高级职称教师数	高级职称教师比例
2015	3437	23. 17
2016	3638	24. 28
2017	3915	25. 35
2018	4152	26. 02
2019	4264	26. 12

表9　2015—2019年全市普高专任教师高级职称人数及比例　单位：人,%

年份	高级职称教师数	高级职称教师比例
2015	2988	34. 87
2016	3104	36. 12
2017	3243	37. 37
2018	3251	37. 60
2019	3357	38. 24

表 10　　2015—2019 年全市中职专任教师高级职称人数及比例　　单位：人,%

年份	高级职称教师数	高级职称教师比例
2015	1536	27. 11
2016	1470	27. 23
2017	1545	29. 11
2018	1622	30. 70
2019	1715	32. 31

目前，宁波基础教育教师队伍质量总体上居于全国、全省前列，但在研究生学历教师比例等个别指标上仍不够理想。需加大高学历人才的培育和引进，努力打造出一支高素质专业化的教师队伍。

（三）在甬高校应届毕业生留甬情况

据统计，在甬高校招生数从 2000 年的 12952 人增至 2019 年的 50506 人，毕业生数从 3701 人增至 41885 人，在校学生数从 25918 人增至 156455 人。2000 年至今在校生数的年均增速达 9. 92%，最近几年趋于稳定。可观的高校学生数量为宁波人才提供了充沛的来源。

要发挥人才效应，关键是把人才留在宁波、服务宁波。数据显示，近年来在甬高校毕业生留甬就业比例逐年提升。2016—2019 年分别为 40. 56%、42. 01%、44. 93% 和 46. 67%。这体现了高校在对学生宣传教育、就业引导工作的不懈努力和持续进步。从全省范围横向比较，2017 届在浙高校毕业生 300428 人，其中省内就业的人数为 249956 人，占 86. 61%，省内毕业生流向主要集中在杭州、宁波、温州三地，占总体的 51. 62%。其中，杭州达 83968 人，占 29. 10%；宁波达 36669 人（含宁波高校留甬人数），占 12. 71%；温州占总数的 9. 82%。可见，宁波的城市魅力和“引才留才”环境在省内居于前列，但同杭州以及省外发达城市相比差距仍然明显。

（四）人才发展平台建设情况

由于“名校名院名所名人”引进工程的深入推动，宁波市同多所高校签署了合作协议或开展共建，高教短板正在逐步补齐。与中国科学院大学签约共建国科大宁波材料工程学院已动工建设，预计 2021 年建成启用。揭牌成立浙江大学宁波研究院，签约引进了智能制造等 20 个浙大高端科研团队（3 个团队的负责人为两院院士）。揭牌成立西北工业大学宁波研究院，与天津大学签约共建天津大学浙江研究院。推动大连理工大学宁波研究院于今年 12 月顺利落地开园。宁波财经学院与北京电影学院签约共建北影影视艺术学院，宁波工程学院、宁波职业技术学院与固高公司李泽湘教授团队签约共建机器人学院、中德智能制造国际学院。

在宁波高教新一轮发展规划中，既注重“外引”，也注重“内育”。2018 年 5 月出台《关于支持宁波大学加快建设“双一流”高校的若干意见》，致力于把宁波大学建设成高端人才集聚地。加大“国家级引才工程”外国专家聘请力度，加大专项经费投入，支持引进、培养顶尖人才、“3315 人才”和“泛 3315 人才”。2019 年 3 月制发《关于加快高水平大学建设　推进高等教育跨越式发展的若干意见》，引导在甬高校在综合研究型、应用型、中外合作、高职高专等不同层次、不同类型争创一流、办出特色。该意见提出从 2018 年到 2022 年，宁波投入高水平大学建设经费不少于 150 亿元，其中市财政投入不少于 50 亿元。2020 年全日制研究生达到 1 万名。2035 年，市高等教育机构达到 30 所，全日制在校生达 25 万名。

除了高端院校，一批学科平台也加大建设力度。《高校学科专业能力提升计划》于 2018 年正式启动实施。着力于培育一批科研能力强、与宁波重大发展战略和产业契合度高的市级重点学科、专业。建成 11 个宁波市级试点特色学院、7 个“三位一体”行业特色学院、8 个职业教育行业指导委员会以及24个省市协同创新中心，推动产教供需双向对接、精准服务。让人才在宽阔的院校和学科平台上发挥作用。

总体来看，由于宁波市高教建设起步晚、起点低，整体实力不强，层次结构偏低。高层次、优质高教资源仍相对缺乏，因此长期以来不能为高端人才提供足够高足够多的发展平台。通过和国内高水平大学合作共建一定程度上能缓解这一矛盾，但彻底解决还有着较长的过程。

三、加强教育领域人才队伍建设的策略

综上分析，宁波教育领域人才队伍在高端人才数量、引才留才环境、发展平台层次等方面存在短板。要有的放矢、精准施策，坚持引、育、用、留并举，有力推动人才队伍建设，满足高质量发展的需求。

（一）不拘一格，让人才“进得来”

在人才“入口”上，要紧把一个“高”字。一方面，着力提升教师队伍整体素质；另一方面，要多渠道、多手段引进高层次人才，大力构筑人才高地。

一是进一步完善中小学教师招聘和准入制度。着力提升中小学新教师入职标准，在逐步将幼师学历提至专科、小学初中教师学历提至本科的基础上，鼓励更高学历者应聘教师。为此，应积极推动各区县（市）根据自身经济实力和社会发展需求，制定教育优秀人才引进政策。进一步扩大各地教育行政部门和学校的用人自主权，破除引才的体制机制壁垒。建议深入研究深圳、杭州等地部分中小学新聘教师清一色“清北毕业生”现象背后的经验做法。让最优秀的老师引领更优秀的学生。

二是进一步加大对师范教育的支持力度，在源头做好教育人才提质工程。支持提升宁波大学师范类专业和宁波幼儿师范高等专科学校的办学水平。重视培养教育类硕士、博士生，提高在甬高校师范生的

经费标准。进一步优化、推广师范生定向委培制度，扩展提升与省外、市外定向委培合作的师范类高校的数量和质量。深化“一专多能”小学全科教师培养模式改革和“双学科”复合型高中教师培养试点，拓宽非师范类学生的从教通道。

三是进一步优化高校高层次人才结构。加大对在甬高校引才的经费支持，重点引进顶尖人才、特优人才和领军人才。用足用好现有的人才政策，积极实施高等学校学科创新引智计划（简称“111”计划）、甬江引才工程、宁波市教育人才“海纳百川”支持计划等人才项目。同时，保持政策灵活性，对于特殊人才实行一事一议。在此基础上，注重依托高端人才引进高端团队。条件成熟的，可实行首席科学家负责制，由其自主选聘、自主定酬。

（二）搭梯建台，让人才“上得去”

在引进人才的同时，更要注重培养。要通过构建成长梯队、搭设发展平台，使一大批人才脱颖而出，成为宁波教育发展的中流砥柱。

一是进一步筑巢引凤搭好高校人才发展平台。认真落实相关文件精神，支持宁波大学“双一流”建设支持宁波职业技术学院国家“双高”校建设，支持浙江纺织服装职业技术学院等宁波高职院校省“双高”校建设。同时，支持其他在甬高校人才工作和平台建设。有效利用高校对人才的虹吸效应，以学科专业建设为载体充分发挥人才服务经济社会的能力。

二是进一步健全中小学名优骨干梯次成长体系。打造“教坛新秀、学科骨干、市名师、省特级教师”的教师成长阶梯，推动具有优秀专业能力的教师脱颖而出。同时注重做好“传帮带”。以名师工作室建设为载体推进专业引领，锻造先进教学团队；以绩效考核为抓手督促名优骨干教师培养教师队伍、带动学科成长；以完善退出机制为保障维护名优骨干教师队伍的高质量，对不具备相应能力的名优骨干教师取消其荣誉称号。确保教师队伍始终保持奋发向上的精进动力。

三是进一步加强卓越教师培训。实施新锐教师夯基启航工程，加强对青年教师教学基本功的训练和学历提升扶持；实施名师骨干拔节扬帆工程，深化特级教师带徒活动，实施走名校访名家计划，努力培养本土化的学科教育家；实施甬派教育家领军工程，建设研修基地、组建项目团队、推动课题研究和项目领班，持续提升培养对象的竞争力和影响力；实施乡村教师扶持计划，以“名师乡村工作站”为载体提升乡村教师的水平。

四是进一步加强中职优秀双师型教师队伍建设。推进中职教师培优提质，落实“素质提高计划”“校企共建双师型教师培训基地”和“教师企业实践基地”；做实技能大师工作室、访问学者项目，努力打造一批专业教师领军人；做深校企合作平台，发挥中职与企业“双主体”办学效应，推动校企协同育人，校企师资双向交流。

（三）激励引导，让人才“吃得开”

人才工作的成效最终取决于人才作用的发挥和对社会的贡献度。通过建立完善激励机制，提高人才地位，发挥人才作用，使广大人才有“用武之地”，无“后顾之忧”，才能在教育乃至经济社会各个领域“吃得开”。

一是创新推进专业岗位晋升办法。畅通正高级岗位晋升通道，开展中小学教师专技三级岗位竞聘；探索教育科研机构岗位晋升“双通道”，其专技岗位实行结构比例控制和条件标准，控制“双通道”晋升办法，解决教科研专技岗位晋升难问题；完善专技岗位设置管理，适当提高中小学副高级、中级专技岗位结构比例控制标准；深化职称评审改革，使高级职称、中初级职称自主评聘学校的范围进一步扩大。

二是适当提高教育人才工资待遇。严格落实“义务教育教师的平均工资水平应当不低于当地公务员的平均工资水平”要求，健全教师和公务员工资长效联动机制。落实好农村特岗教师津贴。健全高校教师科技成果转化奖励制度，横向项目劳务报酬和财政科研项目绩效支出、高层次人才绩效工资等可按规定单列，不计入单位绩效工资总额。

三是积极营造爱才留才氛围。认真落实人才政策，做好服务保障。除了全市范围的共性政策，在教育系统内部可实施医疗互助保障、教师“疲劳假”“晚到早归假”等人性化制度，让教育人才感受到城市的暖意。对于毕业生留甬引导工作，可通过各类课程、活动和平台载体，全方位、多渠道加强教育宣介，推动“宁波帮”文化、宁波城市精神浸润学生就业观，引领学生毕业后留甬就业创业。鼓励高校与行业企业建立长期稳定的合作关系，推进现代学徒制试点。使毕业生能力得锻炼、干事有舞台。

宁波市教育局

宁波市领军和拔尖人才培养工程实施工作回顾

为深入实施人才强市战略，2011 年宁波市委组织部、市人力资源和社会保障局、市财政局等八部门联合印发《宁波市领军和拔尖人才培养工程实施意见》（甬人社发〔2011〕245 号），启动实施宁波市领军和拔尖人才培养工程。2014 年，八部门印发《宁波市领军和拔尖人才培养工程实施补充意见》（甬人社发〔2014〕195 号），对政策进一步作了调整完善。经过多年建设，培养造就了一批引领宁波市经济社会发展的领军拔尖人才，在学术、科研和技术等领域取得了许多创新性成果，探索建立了人才工程选拔、培养、考核体系和机制，初步形成了以“一圈四平台”为抓手的人才工程“宁波模式”，有力地推动了宁波市高层次人才队伍建设、人才生态培育和科技能级提升，成为宁波市人才工作的一项精品工程。

一、主要工作成效

（一）建立了比较完善的工作机制和工程体系

在宁波市委人才工作领导小组领导下，市领军和拔尖人才培养工程建立了由市委组织部、市人力社保局、市财政局等八部门组成的联席会议制度。联席会议及时研究制定有关政策措施，协调解决工程实施中的重大问题；成员单位各司其职，密切配合，共同推进工程建设。联席会议办公室设在市人力资源和社会保障局，牵头组织工程的实施。各地各部门把这项工作作为加强高层次人才队伍建设的重要举措，纳入各级党委政府的人才工作年度考核内容，从而形成了统分结合的人才培养工作机制。工程按5年一个培养周期，每2年选拔一次，分三个层次进行选拔培养。选拔工作坚持"公开、平等、竞争、择优"的原则，制定了分类量化标准，先后组织了四期选拔。同时坚持以业绩和能力为导向，按照分级负责，分类考核，量化打分，动态管理的要求，建立了人选考核制度，先后完成了2012期的中期和期满考核、2015期和2017期的中期考核。截至2020年，市级财政累计投入人才工程培养经费5000余万元，有力地保障了人才培养工作。

（二）打造了一支可持续发展的高层次人才队伍

工程着眼长远，共选拔培养优秀中青年专业技术人才2301人次。从层次看，第一层次316人，第二层次583人，第三层次1402人；从年龄看，入选时平均年龄为39岁，其中第一层次为40岁，第二层次为39岁，第三层次为35岁；从学历和职称看，入选时博士学位占47.72%、硕士学位占28.9%，高级职称占72.05%；从领域分布看，企业占26.81%，高校理工类占19.73%，科研院所占12.82%，医疗卫生占10.34%，高中及以下基础教育与职业教育占7.26%。由此打造了一支潜力大、后劲足、层次有序、结构合理的可持续发展的高层次人才队伍。

（三）促进了人才在培养中得到更好成长更快发展

工程十分重视人选的成长和发展，历次选拔中，先后有354人次培养层次得到了晋升，其中晋升第一层次的有153人次，晋升第二层次的有 201 人次。工程实施中，先后有 10 人入选百千万人才工程国家级人选，256 人次入选省“151”人才工程（其中重点资助 9 人次、第一层次 29 人次、第二层次 71 人次）。工程实施以来，先后有 21 人获评国务院政府特殊津贴专家，9 人获评国家突出贡献专家，9 人获评省突出贡献专家，59 人获评市突出贡献专家；有 1 人列入市顶尖人才，66 人列入市特优人才，83 人列入市领军人才。

（四）在创新发展中起到了重要的引领支撑作用

人选不仅在科技成果数量上相当可观，而且在质量上也占据着宁波科技发展的制高点，成为领航宁波市经济社会高质量发展和创新发展的重要引擎。

据 2012 年人选期满考核、2015 年及 2017 年人选中期考核成果统计，培养期内共获国家科技奖一等奖 1 项、二等奖 9 项、三等奖 2 项，省部级科技奖一等奖 53 项、二等奖 140 项、三等奖 152 项；承担或作为主要成员参与国家科学基金项目 624 项，国家重点研发计划项目（含原国家重大科技项目、973 项目、863 计划等）325 项，省部级项目 1635 项，1000 万元以上横向合作项目 100 项；获授权国际发明专利 124 项，发明专利 2762 项；为主或参与制定国际标准 7 项，国家标准 160 项，行业标准 396 项；为主或参与开发农业植物新品种 73 个，新品种推广面积 359 万亩；发表国际期刊论文 9038 篇，国内核心期刊论文 3971 篇；出版著作 974 部；为主或参与开发市级及以上新产品 445 个，开展医疗新技术 163 项。

据 2017—2019 年宁波市科技奖项统计，人选共获得科技进步奖 170 项，占总数的 70.8%。其中一等奖 26 项，占总数的 86.7%，人选为第一完成人的项目 16 项，占比为 53.3%；二等奖 47 项，占总数的 78.3%，人选为第一完成人的项目 33 项，占比为 55%。

二、探索与创新

工程实施中，不断探索完善选拔、培养、考核体系，特别是围绕“培养”环节，积极开展创新性实践，初步形成了以“一圈四平台”为抓手的人才工程“宁波模式”。

（一）搭建学习提升平台，拓展人才格局视野

根据人选专业结构，工程组建了智能制造与工程技术学科组、医学与生命科学学科组、教育与社会科学学科组、综合学科组等四个学科组，针对性开展本学科或跨学科学习培训及学术、技术、科研等活动。打造名师讲座或名师指导、名校进修、名企参访的“三名”工程：对第一层次人选实行以两院院士及相关一流专家为导师的结对培养制度；邀请知名学者或企业金牌讲师举办讲座 18 期，2700 人次参加；组织人选赴浙江大学、武汉大学、南开大学、东南大学等知名高校进修 12 班次，660 人次参加；组织赴深圳华为技术有限公司、腾讯计算机系统有限公司、比亚迪集团，北京京东集团、百度集团、小米集团等知名企业开展对标学习 12 期，400 人次参加。一系列活动促进人选在学习、领受、汲取中进一步跟踪前沿，拓展思路和视野。许多人选在培养中得以迅速成长提升。如：2012 期第一层次人选杨为佑，2019 年当选乌克兰国家工程院外籍院士；2012 期第二层次人选吴爱国，2015 年晋升第一层次，2020 年获国家杰出青年科学基金资助；2015 期第一层次人选葛子义，2019 年获国家杰出青年科学基金资助；2017 期第二层次人选彭昕，2019 年晋升第一层次，并获评“宁波市有突出贡献专家”。

（二）搭建合作交流平台，推动产学研深度融合

发挥多领域人才集聚优势，工程注重引导人选积极参加交流和合

作，组织开展同行或跨界交流活动、产学研合作活动。为更好聚焦宁波经济社会发展重点领域，工程还以项目为龙头，以产业为链条，搭建了智能技术产业链、区块链产业链、大健康产业链、新材料产业链、乡村振兴产业链等五大产业链合作平台。通过学术交流、技术交流、产业化交流，引导人选跨界合作，联合开展科研攻关、技术攻关，有效推动了产学研深度融合，涌现了一大批成功案例。如：来自高校的徐年军与来自研究院所的段维军在藻类养殖方面开展科研合作，相关研究获得浙江省及宁波市科技进步奖；来自企业的刘永跃和来自高校的张学昌两位人选针对汽车制造业关键技术开展联合攻关，研究项目入选2019年度宁波市“科技创新2025”重大专项；来自医院的郑建军与高校建立了“医疗大数据与智能化服务联合实验室”；来自企业的朱文荣与庞利民合作，共同推动稻渔养殖、稻蟹养殖、植物数字工厂等技术和产业落地。

（三）搭建服务社会平台，强化人才初心意识和使命感

立足人才培养要求，工程注重把初心教育和实践纳入人选培养的重要内容，大力弘扬奉献担当精神，积极回应社会关切。近4年来，发挥人选专业优势组织开展了一系列以“领军初心”为品牌的服务活动。先后组织“领军初心—走进企业”活动8次，为15家企业开展问题诊断和技术解难服务；组织赴结对扶贫协作地区开展“领军初心—科技帮扶”活动1次，派出18位人才开展定向技术和产业服务；组织“领军初心—天使践行”活动5次，为边远山区、基层社区、特殊群体（烈军属）等开展大型义诊活动，累计服务近千人次。

（四）搭建成果展示平台，加强人才正向激励

结合中期考核和期满考核，建立人选档案，特别是优秀案例档案；通过媒体专栏对人选在创业创新中的优秀事例进行宣传，特别是

在抗击新冠肺炎疫情中对逆行英雄作了系列报道；联手宁波交通广播、甬派、宁聚，开辟了“领军探秘”访谈节目，讲述人生故事，分享成功秘诀，展现领军风采，已累计播出62期；结合学科组活动，陈列人选创业创新成果，组织学术和科研成果分享；发挥“领军之家”微信群作用，及时推介人选在各自岗位上取得的进步。以此推动榜样引领、相互激励，进而在宣传中展示领军风采，并推动成果合作和转化。

（五）打造“人才朋友圈”，切实增强人才归属感

为促进人才尽快熟起来、热起来、动起来，更好推动人才跨界融合，一方面线上建起了“领军之家”微信群，超过80%的人选入群，线上微信群已成为人选日常交流共同的“家”。另一方面线下还搭建了“领军格物”活动平台，利用业余时间组织开展以文化、教育、健康、科技等为内容的、形式多样的趣味活动，目前已累计开展活动23次；同时结合人选专业特长、兴趣爱好，先后组建了“领军之家”合唱团、天文社、健跑团、朗诵团等活动社团。由此鼓励和引导人选跳出各自领域“圈子”，广交各路精英朋友，广开各方信息渠道，让“人才朋友圈”真正走进生活，促进人才个性成长，增强人才归属感，助力人才生态建设。

三、思考与建议

为贯彻新发展理念，服务新发展格局，持续推进宁波市人才和创新“栽树工程”，加快造就一批领军型、创新型、赋能型高层次人才，积极构建更优人才生态，集聚更多创新资源，催生更强发展动能，全面推动经济社会高质量发展，建议在总结提炼实施工作经验基础上，出台新一轮实施意见，加大选拔、培养、考核、保障力度，加强探索和创新，进一步深化实施宁波市领军拔尖人才工程。

（一）重视本土人才培养，进一步提振创新发展驱动力

要坚持引育双轮驱动，在加强引才工作的同时，重视做好人才的培育工作。要让存量人才和新引进的人才得到持续的培养和发展，让宁波的人才不仅在量上“扩容”，更在质上“提能”，真正培养造就一批能面向科技前沿和经济主战场，能引领、支撑宁波经济社会高质量可持续发展的特优人才、领军人才、拔尖人才。

（二）重视人才培养环节，进一步探索立体式人才培养路径

要坚持人才工程的“培养”目的，把“培养”环节放在突出位置，协调推进人才工程建设。要加强探索和创新，进一步完善学习提升平台、合作交流平台、服务社会平台、成果展示平台，立体式推进培养体系建设。要立足宁波新经济发展格局，聚焦重点领域、关键领域、前沿领域，加强人选学习培训和学术交流，引导人选积极拓宽视野、跟踪前沿，推动产学研深度融合，进一步提升人选创新能力，提增宁波科技能级。

（三）重视人才生态建设，进一步增强人才归属感、幸福感

要坚持人才成长发展规律，结合人才工程实施，有机推进人才生态建设。要加强“领军之家”建设，不断丰富活动内容，创新活动形式，让“人才朋友圈”真正成为助力人才生态建设的乐“圈”。要加强信息链接，不断扩大信息互联，推动学术互通，留好人才，用好人才，让宁波真正成为人才创业创新的首选地、起航地、扎根地。

宁波市人力资源和社会保障局

宁波市人力资源服务业行业发展报告（2019）[①]

一、宁波市人力资源服务业发展现状

（一）宁波市人力资源服务业总体发展情况

据统计，2019 年宁波市人力资源服务行业的总产值为 663.22 亿元，相比 2014 年增长 494.60%；纳税总额为 34.59 亿元，相比 2014 年增长 16 倍之多（见表 1）。数据显示，宁波市人力资源服务业在 2014—2019 年表现出强劲增长的态势，行业规模和纳税额度全面高速增长。2019 年地区生产总值 11958.1 亿元，按可比价格计算，较 2018 年增长 6.8%。人力资源服务业的增长幅度明显高于宁波 GDP（国内生产总值）的增幅，总营业收入占全市其他营利性服务业的 55%，成为支撑宁波市现代服务业发展新的增长点，在社会上得到了相当广泛的关注和认可，发展前景十分广阔。

表 1　　宁波市人力资源服务业 2014—2019 年产值及纳税情况　　单位：亿元,%

年份	2014	2015	2016	2017	2018	2019	增幅
产值	111.54	124.60	226.21	292.43	449.66	663.22	494.60
纳税	1.99	2.39	6.43	9.54	26.04	34.59	1638.19

据区县（市）人力资源服务行业统计数据显示，伴随着产值和纳

① 注：除另有标注外，本文图表中的数据均来源于宁波市人力资源和社会保障局，或由其提供数据经计算得出。

税处于快速上升的通道中，机构总数、从业人员也在稳步上升中（见图 1）。从产值角度分析，产值排名前六位的分别为保税、鄞州、北仑、江北、海曙和奉化。从机构总数分析，机构总数排名前六的区分别为鄞州、海曙、保税、北仑、慈溪和余姚，从从业人员数量分析，从业人员数量排名前六的区分别为鄞州、保税、海曙、北仑、江北和慈溪，从纳税角度分析，纳税总额排名前六的区分别为保税、北仑、海曙、江北、鄞州和大榭。其中，保税区在全市率先实现行业产值突破 100 亿元，纳税总额突破 10 亿元，4 家企业入围行业产值 10 强榜单，成为全市行业发展的领先区域；江北区同比增长 160.93%，该区 2 家企业新入围行业产值 10 强榜单，表现出迅猛增长的势头（见图 2）。

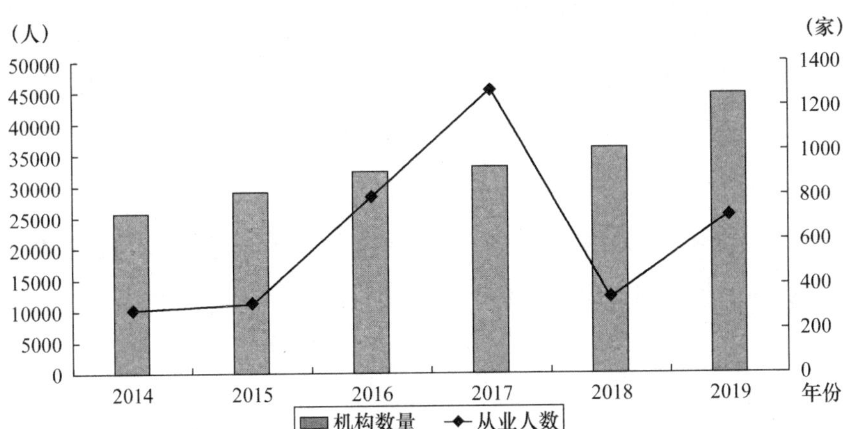

图 1　宁波市人力资源服务业 2014—2019 年从业人数和从业机构数量的统计

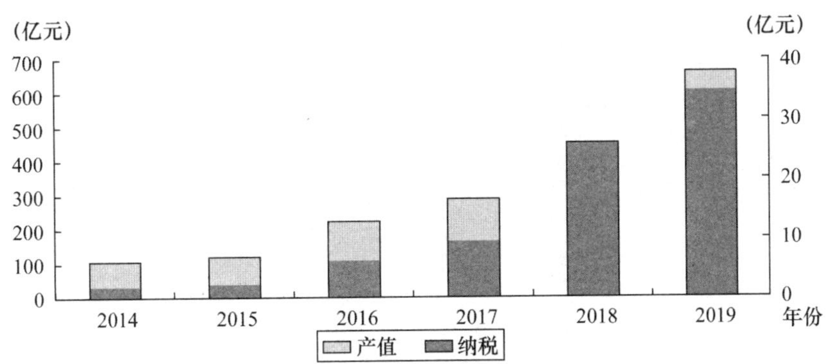

图 2　宁波市人力资源服务业 2014—2019 年产值及纳税情况比较

与此同时宁波市人力资源服务机构的专业化水平、市场拓展能力不断提升，机构均产值呈现较快增长，2019 年机构均产值 5276.21 万元，同比增长 19.34%，相比 2014 年增长 241.53%，人力资源服务行业创造价值的绩效处于较高水平，行业的社会贡献度远远高于社会平均水平（见表2）。

表2　宁波市人力资源服务业 2014—2019 年从业机构的统计

年份	2014	2015	2016	2017	2018	2019
产值情况（亿元）	111.54	124.60	262.21	292.43	449.66	663.22
机构数量（家）	722	820	912	930	1017	1257
机构均产值（万元）	1544.88	1519.51	2875.11	3144.41	4421.43	5276.21

受统计口径调整等因素影响，2019 年宁波市人力资源服务行业从业人员的数量相比 2018 年呈现上升趋势。随着行业的快速发展，对知识、专业技能的要求也越来越高，借助 2018 年宁波市出台大力鼓励大学生人才来甬就业的一系列利好政策，本科及以上学历的从业人员占比达 36.2%，相比 2014 年有了较大幅度的提高，累积增长 5.2%，同时持证人员比例相比 2017 年较大幅度的提升，但是 2019 年本科及以上学历的从业人员和持证人员占比呈现下降趋势，仅分别有 21.24% 和 16.40%（见图 3）。

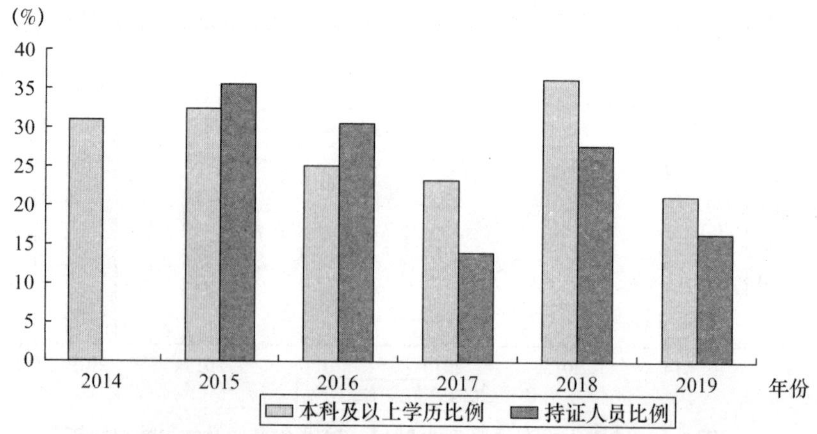

图3　宁波市人力资源服务业从业 2014—2019 年人员学历素质情况

（二）宁波市人力资源服务业各业态运行情况

2018 年全市人力资源服务行业合计直接服务各类人才 3325920 人次，其中登记求职和要求提供流动服务的为 1564936 人次，共帮助实现就业和流动人数人次 751592。

参加招聘会求职人员 844397 人次，登记要求派遣 251718 人次，服务派遣人员 376801 人次，提供依托档案服务 336845 人次，培训服务 110098 人次，人力资源测评服务人员 35403 人，猎头服务成功推荐人员 4190 人。

服务用人单位共计 148396 家次，按照服务内容来统计，招聘会参会单位 86849 家，劳务派遣服务单位 9804 家，人力资源外包服务单位 9416 家，管理咨询服务单位 11935 家。

在登记及要求提供流动服务的人员中，大专及以下学历占比 70. 11%%，本科学历占比 25. 88%，研究生及以上学历占比 4. 01%。人力资源服务行业共帮助实现就业和流动人数 751592 人次，同比增长 26. 19%，超过了登记求职和要求提供流动服务的人次。与往年的比较如表 3 所示。

表 3　宁波市 2014—2019 年人力资源服务对象人员统计　单位：人次

年份＼服务人员情况	服务人员总数	登记及要求提供服务人数	共帮助实现就业和流动人数
2014	—	—	—
2015	1905974	1447325	—
2016	3232854	857232	1065853
2017	4578921	1912282	595622
2018	3325920	1564936	751592
2019	—	—	1329220

注：部分数据未查找到或未更新（其中 2019 年部分数据未更新）。

随着“互联网 +”人力资源服务的推进，加之宁波市人力资源服务机构积极主动提供优质服务，2018 年服务对象总人数和登记及要求提供服务人次较往年有了较大幅度的下降。但在服务绩效方面，宁波市人力资源机构帮助实现就业和流动人数较去年有较大幅度的上升。

人力资源服务行业在 2018 年度对解决宁波就业问题及各单位用人问题起到了至关重要的作用，缓解了社会就业压力。尤其在人才培训服务、企业管理咨询服务等两个方面为服务单位提供了发展的助推力。

二、宁波市人力资源服务业与国内各省区市对比

（一）宁波与全国总体对比

全国范围而言，人力资源服务行业目前是朝阳产业，正处于快速发展时期，但总体而言，行业集中度较低，行业内单位市场份额均不高。据人社部数据，截至 2018 年底，我国共设立各类人力资源服务机构 35700 家，人力资源服务从业人员 641400 人，行业全年营业总产值为 17177 亿元。2014—2018 年的数据比较如表 4 所示。

表 4　全国与宁波市人力资源服务行业机构数、从业人数、总产值比较分析

2018 年数据	机构数量（家）	从业人数（人）	总产值（亿元）
全国	35700	641400	17177
宁波	1017	12247	437
所占比例	2. 85%	1. 90%	2. 54%
2017 年数据	机构数量（家）	从业人数（人）	总产值（亿元）
全国	30002	583700	14400
宁波	930	45532	292
所占比例	3. 10%	7. 8%	2. 03%
2016 年数据	机构数量（家）	从业人数（人）	总产值（亿元）
全国	26695	552828	11850
宁波	912	28214	226
所占比例	3. 42%	5. 10%	1. 91%

续表

2015 年数据	机构数量（家）	从业人数（人）	总产值（亿元）
全国	27100	451000	9680
宁波	820	10993	124.6
所占比例	3.03%	2.44%	1.29%
2014 年数据	机构数量（家）	从业人数（人）	总产值（亿元）
全国	—	—	—
宁波	722	10171	94.16
所占比例	—	—	—

资料来源：全国人力资源市场统计数据。

从表4 可见，2014—2019 年宁波市人力资源服务机构数量在全国范围内是比较多的，从业人员也较多，机构数量、从业人数和总产值呈逐年递增。

（二）宁波与国内一线城市对比

宁波市人力资源服务业总体上在全国是居于领先地位的，虽然与一线城市相比相对落后（见表5），但其发展趋势和前景在新一线城市中是位于前列的（见表6）。

表5　　宁波与国内主要城市人力资源百强品牌的数量对比

城市	深圳	上海	武汉	杭州	宁波
百强品牌数量	4	44	0	2	0

资料来源：全国人力资源市场统计数据。

表6　宁波与国内一线城市人力资源服务机构数量、从业人数和总产值对比

2018 年数据	机构数量（家）	从业人数（人）	总产值（亿元）
深圳	531	30000 左右	289
上海	1389	—	3658
武汉	150（仅为规上）	30000 左右	—
杭州	605	14600	405
宁波	1017	12247	437

资料来源：全国人力资源市场统计数据。

（三）宁波与省内城市对比

在浙江省内，宁波市人力资源服务行业的整体实力较为突出，2017年机构总数、从业人员及总产值均在省内位居第一。2017年浙江省内人力资源机构总数为2279家，宁波机构数占比40.81%，省内从业人员共63576人，宁波占比71.62%，省内人力资源机构总营业收入636.85亿元，宁波占比45.85%，三项数据均占有较高比重。具体情况见表7。

表7　　2017年浙江省人力资源服务业统计调查表

序号	城市	机构总数（家）	从业人员（人）	营收（亿元）	平均每家机构营业收入（亿元）
1	宁波	930	45532	292	0.31
2	杭州	503	9547	279	0.55
3	丽水	17	88	0.55	0.03
4	嘉兴	160	1503	4.3	0.03
5	台州	73	626	9.5	0.13
6	金华	182	2192	21	0.12
7	温州	200	2163	10	0.05
8	衢州	68	344	7.2	0.11
9	绍兴	54	404	4.3	0.08
10	舟山	14	221	2.8	0.20
11	湖州	78	956	6.2	0.08
汇总		2279	63576	636.85	

资料来源：2017年浙江省人力资源市场统计数据。

另外，宁波市人力资源服务行业多家机构企业获评浙江省人力资源服务星级企业、全国人力资源诚信服务示范单位、中国（宁波）人力资源创业创新大赛奖项、浙江省服务品牌称号等荣誉。

三、现阶段发展存在的问题

在宁波市人力资源服务业实现快速发展的同时，还应看到，在行业实力、园区建设、业态结构、从业队伍建设、信息化建设、服务需求开发等方面还存在一定不足。

（一）产业总体实力有待提升

宁波市人力资源服务业虽然有了较快发展，但与周边的上海、苏州相比，总体实力还具有一定差距。2017 年宁波市人力资源服务业营业收入 292 亿元，占全市 GDP 的 3.0%，而苏州为 668 亿元，占全市 GDP 的 5.9%；上海的仅上海外服一家单位 2017 年产值已逾 1100 亿元。

（二）产业园区面临创新提质挑战

宁波市人力资源服务产业园建设初见成效，整合资源、集聚产业、拓展服务、孵化企业、培育市场等功能逐步完善，但是还面临诸多挑战。第一，人力资源服务产业园规模较小，集聚效应尚未完全发挥。目前宁波产业集聚面积不足 7 万平方米，算上人才公寓社区、江东、北仑二期和县市区的零星面积也不足 20 万平方米，相比之下，苏州规划用地 300 亩、产业集聚面积 200 万平方米。2017 年，宁波产业园区的营业收入超过 100 亿元，而苏州产业园区营业收入突破 280 亿元。第二，从园区的持续健康发展来看，基于产业园区自身的运行规律，园区还需创新园区运营模式、优化园区空间布局、提升园区服务环境、提高产业集中度。第三，从服务区内企业发展和提升产业集群发展活力的角度看，园区还需进一步加强企业关联度、提高产品需求匹配度、扩大服务范围等。

（三）服务产品结构有待进一步优化

宁波市人力资源服务产品已经较为丰富，较大地满足了企业和劳动者的需求。但是，在满足客户差异化需求、应对国家有关规制性政策对服务产品升级要求还存在一定差距。目前，宁波市人力资源服务主要集中在招聘、劳务派遣、人力资源和社会保障公共事务代理等方面，而人力资源服务外包、人力资源管理咨询、人才测评、人力资源培训、高级人才寻访、人力资源服务整体解决方案等中高端服务总体还比较薄弱，能够满足个性化需求的服务较少。2014 年颁发的《劳务派遣暂行规定》，要求用工单位应当严格控制劳务派遣用工数量，这客观上要求目前以劳务派遣为主的宁波市人力资源服务业转型升级。

（四）从业人员素质尚需提高

宁波市人力资源服务业从业人员素质还不能完全满足行业发展的需要，人力资源服务相关专业背景、工作经验丰富的从业人员数量相对不足。从从业人员学历结构看，2017 年宁波市人力资源服务业的从业人员中，研究生及以上学历的占 4%；本科学历的占 19%。从取得职业资格的人员比例看，2017 年宁波市人力资源服务业的从业人员中，约有 14% 的从业人员获得职业资格，而全国平均约有 1/3 的从业人员获得了职业资格。

（五）信息技术应用水平发展任重道远

宁波市人力资源服务机构在结合互联网、大数据、云计算等新一代信息技术上做了有益探索，但是信息化建设还较为薄弱。比如，宁波市目前还没有建立统一成熟的人力资源服务信息管理系统，缺乏全市性的信息共享平台；不少人力资源服务企业自行开发了一些人力资源服务软件和管理信息系统，但由于开发缺乏统筹谋划，兼容性较差等原因，市场化价值较低。

四、对策与建议

（一）实施人力资源骨干企业培育工程

鼓励人力资源服务企业改善人力资源业态、细化专业分工，向价值链高端延伸。大力支持人力资源服务机构开展品牌建设，加大自主品牌推广，加强知识产权保护。支持人力资源服务企业参选宁波市服务业重点企业名录和高新技术企业名录。支持国有与民营人力资源服务企业通过投资入股、联合投资、重组等多种方式，进行股权融合、战略合作、资源整合。同时支持通过兼并、收购、重组、联盟等方式，培育一批有核心产品、成长性好、具有较强竞争力的综合性人力资源服务骨干企业。

（二）实施人力资源业领军人才培育工程

每年选派人力资源服务企业的各类人才，到国（境）内外著名专业院校、知名人力资源服务企业学习交流。支持高等院校、研发机构、人力资源服务企业、人力资源服务产业园合作成立人力资源服务产业研究院、共建人力资源服务培训基地和实训基地，鼓励共建单位开展双向实训。支持在甬高校设置人力资源服务业方向的专业硕士。大力引进培养人力资源服务业紧缺急需高层次人才和高端团队，鼓励并支持申报市“泛3315计划”。开展人力资源服务行业领军人才认定，对符合条件的领军人才予以一定的奖励、职称认定及专家待遇。

（三）实施产业园区建设工程

以中国宁波人力资源服务产业园建设为契机，统筹协调全市各级园区管理，鼓励、支持并奖励有条件的区县（市）建设一批有特色的省、市级人力资源服务产业园，加快形成以国家级产业园核心区为中心、省市级产业园区联动的“一核驱动多团组联动”产业发展新格局。推动产业园数字化转型，搭建数据云平台，打造园区服务线上平台。打造人力资源产业集群，聚焦人才派遣、服务外包、人才招聘、人才猎头等八大主打板块，构建产业链全面覆盖、上下游无缝衔接的产业格局。

（四）实施“数字+”人力资源服务工程

大力推动人力资源服务和数字经济的深度融合，鼓励人力资源服务机构与互联网企业开展技术合作，与金融、教育、医疗等行业开展跨界服务。建设宁波市人力资源服务机构信息管理系统，健全信息安全保护制度，建立科学的人力资源服务业统计制度和信息发布机制。推进政府公共就业（人才）服务网站与经营性人力资源服务机构网站的联网贯通，形成一体化、多元化、全方位的区域性公共就业和人才服务信息系统。

（五）实施对外开放和区域协作工程

创新举办中国（宁波）人力资源服务创新创业大赛、行业高峰论坛。推进宁波市人力资源市场对外开放，引进国内市场急需的海外人力资源服务企业。建立国际交流合作机制，加强与“16+1合作”中东欧国家人力资源服务交流合作。深入推进与香港、澳门、台湾地区的人力资源服务合作。鼓励有条件的本土人力资源服务机构“走出去”，大力开拓国际市场。继续共同举办中国长三角十佳HR经理人评选活动，鼓励长三角地区知名机构、专业项目到宁波市落地。深入打造产业供需对接平台，组织重点产业人力资源服务供需对接会。

宁波市人力资源和社会保障局

宁波市农业农村人才工作报告（2020）

2020 年全市开展各类农民培训 38733 人次，其中培训农村实用人才 14886 人次，新增农村实用人才 7000 人。培训普通船员 7142 人，2086 名职务船员通过培训考试，4851 名船东船长参加培训。培训基层农技人员 773 人次，引进现代农业领域高层次人才和团队 6 个。

一、基本情况

截至 2020 年底，全市农村实用人才总量 20.2 万人。从年龄上看，51 岁以上 10.9 万人，占比为 53.8%，41～50 岁 4.9 万人，占比 24.4%，40 岁以下占比 21.8%；从学历上看，大专及以上 2.4 万人，占比 11.9%，其中，本科学历 0.7 万人，仅占 3.5%，大专学历 1.5 万人，占比 8.4%；从结构上看：生产型 7 万人，占比 35%，经营型 3.8 万人，占比 19%，技能带动型 3.9 万人，占比 19%，技能服务型 1.9 万人，占比约 10%，社会管理服务型 3.4 万人，占比 17%。

二、2020 年工作情况

（一）强化支持支撑，夯实人才工作基础

坚持党管人才原则，局党组把农业农村人才工作纳入重要议事日程，

全年专题研究人才工作16次。制定下发《2020年宁波市乡村振兴人才培育开发工作要点》，明确市县两级工作目标任务，出台《2020年度市级农村实用人才培训项目计划》，安排市级农村实用人才培训项目48个、落实培训资金756万元。鄞州区出台《宁波市鄞州区农业农村局2020年农业农村发展扶持政策》，建立引才项目储备库和农业人才储备库，对确定列入项目储备库的给予一定的政策扶持。奉化区制定《2020年奉化区乡村振兴人才培育开发工作要点》，并积极开展乡土人才“百人计划”的政策宣传，2020年确定25人入选第二批乡土人才“百人计划”，为积极推动生产生活、经营管理发展，发挥较好的引导与传播作用。

（二）注重培育引进，提升人才工作质量

按“大专项+任务清单”的管理要求，继续在象山县、慈溪市、宁海县、余姚市实施农业农村部高素质农民培训。会同市财政局制定《宁波市2020年高素质农民培训工作方案》，下达新型农业经营主体带头人等经营管理型、种养大户等专业生产型和从事生产经营性服务等技能服务型的高素质农民培训任务1160人，落实中央资金400万元。全年共完成农业农村部高素质农民培训1203人，完成年度培训任务106%，培训对象满意度达92.75%。做好“泛3315计划”现代农业领域人才（团队）引进工作。2020年我局共收到人才（团队）申报项目64个，经专家组初评、党组研究，报市综合评审，现代农业领域有6个人才（团队）入选，并做好入选人才（团队）尽职调查和走访、政治审查、资金拨付等后期管理工作。组织开展农业农村部第二届“寻找最美农技员”活动，推荐宁波市“最美农技员”候选人1名。组织开展宁波市人才工程第一层次导师结对申报工作，推荐结对学员1名。

（三）加强农民培训，全面推进培训项目

实施全市现代农业领军人才、中高级职业农民、创业创新人才、

农村管理人才等培训，着力造就一批现代农业领军人才，打造一批农业经营主体和职业农民，培育一批农业农村创业创新人才，培养一批新农村建设管理人才，进一步增强农业农村人才驱动。完成市级现代农业领军人才培训77名，并组织培训学员赴杭州余杭开展访学活动。继续开展渔业船员大培训大提升行动。采取线上线下相合的方式开展渔业普通船员培训，通过“兴渔学堂”App实现海洋渔业普通船员基本安全知识线上培训，截至12月，通过线上加线下的模式共培训普通船员7142人，“兴渔学堂”App已在农业农村部渔业渔政管理局备案并向全国推广应用。2086名职务船员通过培训考试，4851名船东船长参加培训。

（四）搭建展示平台，不断提高技术水平

出台《2020年宁波市基层农技推广体系改革与建设工作实施意见》，培训基层农技人员773人次，培育农业科技示范主体2407人，创建省级绿色高品质科技示范基地31个，继续实施15个市级农业技术推广项目并开展中期检查评估，提升农技人员和经营主体技术水平。宁波市组织选手参加2020年浙江省首届技能大赛获评茶项目第4名。组织基层农技人员及职业农民参加省农业职业技能大赛，8名选手获得二等奖以上佳绩，其中获一等奖2项，二等奖6项，二等奖及以上获奖人数全省第一。部分选手还获得由省人力社保厅颁发的“浙江省技术能手”称号，省农业农村厅颁发的“浙江省农业技术能手”称号。我局获2020年浙江省农业职业技能大赛优秀组织奖。

（五）实施政策扶持，推进农业创业创新

下发《关于做好2020年度农业生产领域大学生就业创业扶持工作的通知》，发放2019年度农业生产领域就业创业的大学生补助资金541万元。加快培育农创客，举办全市农业经营主体大学生专场招聘会，

290 余名求职者达成初步意向，打造创业创新集聚区，为乡村创业创新提供要素保障。推介创新创业典型，推介第四批全国农村创新创业优秀带头人典型案例，推荐参加第四届浙江省农村创业创新大赛的 4 个参赛项目均获奖。2020 年新培育农创客 300 名。

（六）创新评价方式，深化职称评审改革

打破唯论文、唯奖项、唯学历，坚持实干实绩导向和“论文写在大地上”，强化“实绩论英雄”评价导向，让优秀人才脱颖而出。修订农业工程专业工程师、高级工程师职务任职资格评价条件和农业技术中、高级专业技术职务任职资格条件，推进乡村人才评价科学化、规范化。11 位申报人通过正高级农艺师（畜牧师、工程师）评审，申报人数和通过率位居全省前列，市中评委评定 19 人具有农业技术（工程）中级职称资格，其中 11 位大学生、职业农民被评审为农艺师（畜牧师、工程师），申报人员为历年来最多。“全国劳动模范”陈淑芳等 7 人向省高评委评审推荐高级农艺师（畜牧师、工程师）。职业农民薄永明被评定正高级职称新华社专题报道，让“论文写在大地上”的“田秀才”成为名副其实的“专家教授”。

（七）广泛宣传典型，营造良好社会氛围

加强职业农民和农村创业创新典型宣传，营造全社会关心乡村人才振兴的氛围。市海洋与渔业研究院正高级研究员王建平获评“全国先进工作者”，2020 年 11 月赴北京参加表彰大会。象山县顾品入选农业农村部 2020 年度农民教育培训“百名优秀学员”资助项目。慈溪黄百明、象山屠野田入选浙江省农民教育培训“优秀学员”称号。宁波电视台农道栏目全年 17 次报道宁波市职业农民典型做法。慈溪市、宁海县职业农民相关做法相继登上了央视农业农村频道、央视财经频道、《人民日报》客户端、新华社客户端和人民网、央广网，《浙江日报》

也进行了报道。

三、存在的问题

全面推进乡村振兴，促进农业高质高效、乡村宜居宜业、农民富裕富足，破解人才瓶颈制约是关键。宁波市农村人才工作得到了各级地方政府的大力支持和重视，取得了一些成效，但面对现代农业发展和乡村振兴的新形势新任务，面对深入实施人才和创新“栽树工程”，加快建设高水平创新型城市的新要求，仍然存在着一些不容忽视的问题。

一是农业农村对人才的吸引力还不够强。究其原因：其一是农村的生产生活条件和创业环境与城市相比差距较大；其二是到农业领域创业受到土地、资金等要素制约比较严重；其三是与投资其他产业相比，农业产业本身存在市场风险、自然风险和疫病风险，整体投资经营效益不高。

二是乡村人才结构与一、二、三产业融合发展和新经济新业态发展不相适应。美丽经济发展、农旅文融合、特色农业全产业链打造、农村电子商务兴起等对乡村人才的需求日益多样化和专业化，现有人才队伍不能满足实际需要。

三是农民接受培训的主动性不强。文化程度偏低、年纪偏大、“小富即安”思想等原因，农民接受培训的主动性不强，给农民培训工作带来了一定的难度。

四、下阶段工作重点

下阶段，农业农村人才工作重点要打造 5 支队伍。

一是现代农业领军人才队伍。强化引进和培育结合，打造一支有创业创新精神、有核心竞争力的乡村振兴领军人才队伍，引领带动现代农业转型升级发展。计划到 2025 年累计培育现代农业领军人才

650 名。

二是农业科技人才队伍。继续开展基层农技推广机构农技人员定向培养工作，培养具有较高素质和专业水平的青年人才进入基层农技推广队伍。培育一批农业科技创新研发、推广应用、专业技术的人才队伍。

三是高素质农民队伍。创新培育机制，规范管理服务，围绕农业主导产业、特色产业、新兴产业，分类抓好生产经营型、专业技能型和社会服务型高素质农民培训，着力打造一支爱农业、懂技术、善经营的高素质农民队伍，每年培训农业农村部高素质农民 1300 人。

四是农村实用人才队伍。实施千万农民素质提升工程，开展乡村管理服务人才、民间优才、乡土专家等培训。加强农民实训基地、田间学校的创建和管理，完善市、县和乡三级农民教育培训体系。

五是高层次人才队伍。深入实施宁波市“甬江引才工程”，大力引进现代农业发展所需的高层次创业创新人才和团队。在种植业、畜牧业、渔业等领域，引进支持一批高层次人才和团队，积极发挥高层次人才示范带动作用，促进现代农业升级发展。

宁波市农业农村局

区域实践篇

2020年区县（市）、重点功能区人才发展基本情况

海曙区

一、基本情况

截至2020年底，海曙区人才总量达到27.88万人。全年共引进顶尖人才22人，特优人才25人，入选省级以上重点人才计划专家7人，市“3315系列计划”入选28个，连续三年居全市第一。

二、主要做法

构建有竞争力的制度体系。出台《中共海曙区委关于建设高素质人才队伍高水平打造国内一流创新型城区的决定》《海曙区大力引进支持全球顶尖人才及团队“一事一议”操作办法》《海曙区关于高层次人才子女享受入学优惠政策的有关规定》等政策文件。

打通聚才平台引才渠道，引进高端人才465人、优质项目30余个。持续推进宁波大学智能医学与生物医学工程研究院落地工作，在加拿大蒙特利尔挂牌建立“宁波市海曙区加拿大离岸孵化器”“宁波市海曙区海外产业研究院”。建立新加坡、俄罗斯、英国引才引智工作站。

优化人才服务生态环境。新冠肺炎疫情期间制定出台《疫情防控期间关心关爱人才暖心十条举措》，推出“招才惠企云帮办”网上服务平台。开通81890青年人才专“曙”热线和“一站式线上专窗”，提供政策咨询服务，开展人才项目对接。

举办科技领军人才海曙行活动、“在海曙·创未来”青年人才创业创新项目路演会等活动。

江北区

一、基本情况

2020年，江北区新增人才1.71万人，其中新引进高校毕业生1.4万人，同比增幅45.8%，人才总量累计达到18.82万人。新增高校院所和省级以上创新平台39家。

二、主要做法

产业引领，强化人才高质量发展贡献力。着眼“246”“225”重点产业集群建设，深化实施高端人才倍增计划，全年引育集聚顶尖、特优人才50名，同比增幅61.3%。推动阿里云工业互联网中心、喜马拉雅等数字经济领军项目落地，引进129个高端人才创业创新项目。

创新引领，打造创业创新平台集聚强磁极。推进高端院所平台升级发力，建立研究院工作专班机制，加速建设重点产业研究院建设，探索开展北岸精英“揭榜挂帅”行动，国家电投宁波氢能研究院、中俄科技人文创新中心等平台落地。

生态引领，探索人才服务综合体发展新模式。深入推进实施人才创业创新全生命周期“一件事”改革，率先建成全市首个人才服务综合体——“宁波人才之家”，开拓“五化联动”“十大平台”运行模式，落地中部知光、黑马学院等全国顶尖人才科技服务企业，为在甬人才提供全流程、全周期、全要素的贴心服务。

镇海区

一、基本情况

2020 年，镇海区新增人才 1.5 万人，总量达 19.16 万人。推荐入选国家级引才工程 8 人、省级引才工程 9 人、市杰出人才 1 人，列入省“鲲鹏行动”重点推荐 2 人。全年新增市级院士工作站 2 家，省级博士后工作站 4 家，国家级博士后工作站 1 家，新增市级以上创新载体 48 家。

二、主要做法

深入实施“科创镇海 人才金港”工程。立足“十四五”新发展阶段重要起点，出台建设高水平创新强区决定，高起点谋划“十四五”人才发展专项规划，确立打造长三角区域重要创新策源地工作目标，布局新材料、智能制造两大科创高地建设。

新冠肺炎疫情期间，出台《疫情防控期间进一步关心关爱人才服务人才企业十五条落实举措》、招才引智工作若干意见，延长人才项目扶持期半年；组织云上招才活动 16 场次，引进高层次人才项目 35 个。坚持“人才招引”与“帮扶强企”同步推进，建立 5000 万元风险补偿基金，预拨扶持资金 1109 万元，协调融贷需求 5.9 亿元，人才基金直投企业 11 家。

围绕育才强平台。启动新型研究型大学建设，推动中石化新材料产业技术研究院、天津大学浙江研究院落地建设和实体化办公。启动大学生创业园平台整体搬迁，启迪科技园正式开园，推动镇中校友创业创新基地、西电产业园等孵化平台有机更新。

打造人才项目561数字管理模式，涵盖“五位一体”政策链、“六个优先”扶持链、“一企一策”升级链。制定人才子女就学专项政策，保障79名人才子女就学。选优配强助创专员、法务专员、财务专员、金融规划师“三员一师”52名，协调解决各类问题81个。

北仑区

一、基本情况

2020年，北仑区新增人才2.7万人，人才总量达32.3万人。新引育特优及以上层次人才46人；入选国家、省级人才计划12人。

二、主要做法

发挥人才政策优势，制定出台《关于进一步加大海外工程师引进培养的实施意见》《关于进一步加大海外工程师引进培养的实施细则》《北仑区促进青年与产业协同发展的实施意见》等政策。

积极拓宽人才技术合作渠道，举办“危中抢机·揭榜挂帅”海外高层次人才“七彩云”活动周、科技领军青年英才产智对接活动、“科创北仑英雄汇”项目路演暨融资对接会、高分子电子信息材料与技术研讨会等活动，常态化开展“跨国”线上技术对接会、“揭榜挂帅”产智对接会。

聚焦高端装备产业，新建宁波高端装备海外工程师协同创新中心。搭建企业库、人才库、项目库、技术库、资金库及引智综合服务网“五库一网”体系。建设高端模具工程技术中心，成立金属材料研发中心、模具工业软件研发中心等 7 大技术中心。

优化政务服务环境，创新各类人才政策兑现服务事项。采取“网上办”“邮寄办”“咨询办”等方式，以材料跑腿替代人才跑腿。

鄞州区

一、基本情况

2020 年，鄞州区新增特优以上人才 57 人、高校毕业生 30148 人、高技能人才 7074 人、入选省级以上“引才计划专家”14 人。新增省级以上重大创新载体 56 个、省级博士后工作站 7 家、国家级博士后工作站 2 家、国家众创空间 3 家。

二、主要做法

加强人才顶层设计。区委全委会审议通过《关于打造“热带雨林式”创新生态 高水平建设全国一流人才强区创新强区的决定》，出台 2020 年人才工作目标管理考核办法和工作要点，推行镇（街道）及园区发展贡献赛排名、考核对账月例会等机制。

开展“战疫引才 · 万有鄞力”十大行动，出台“人才暖心 12 条”，组织“千企万岗”“最美就鄞”“春风行动”等线上线下招聘活动，创新推出“在浙里 · 甬抱你 · 鄞未来”“浙江模范生 · 青年鄞未来”2 大云端人才招引招聘平台。

以“宁波城南智创大走廊”为牵引，强平台提能级。深入推进与“甬江科创大走廊”的“两廊融合”，实施十大点位“标志性工程”。人才创业园成功创建为市级产业园，浙江创新中心成功获评省双创示范基地。

奉化区

一、基本情况

2020 年，奉化区新增各类人才 1.65 万人，增幅 12.14%，其中新增硕博人才 526 人，新增大学生 7200 人，增幅 46.7%。新引进顶尖特优人才 21 人，入选国家、省级引才计划各 1 人，省领军型创新创业团队 1 个，市“3315 系列计划”2 个，新增省级以上企业创新平台 32 家，省级产业创新服务综合体和国家级众创空间实现零的突破。

二、主要做法

汇聚工作合力，工作体制机制持续完善。建立人才工作领导小组成员单位年度重点工作和重要指标任务清单，完善人才工作月度信息报送、季度会商通报、年度考核述职制度，优化部门和镇（街道）人才工作考核办法。出台人才优先购房办法、人才企业“三员”服务机制，“凤麓英才”计划实施“常态化受理、阶段性评审”，全年发放人才政策资助资金 7100 余万元。

持续实施“凤麓英才”计划，新评选 2020“凤麓英才”项目及个人 30 个；积极实施高技能人才培养工程，新增高技能人才 6821 人，培养企业新型学徒 253 人。大力开展“全国选才、才聚奉化”赴外招聘活动，赴西北、湖南、长春等地区 7 所高校开展校园招聘活动。

突出产业发展导向，引进深兰工业智能创新研究院、国泰智能制造产业创新中心，实质运行宁波·上海产业转移双创示范基地、国家技术转移东部中心宁波分中心。推动本土企业与俄罗斯自然科学院、中国石油大学、西安交通大学等国内外高校院所共建研发中心 5 家，新建省级博士后工作站 3 家，省级学会服务站 1 家。

余姚市

一、基本情况

截至2020年底，余姚市人才总量达36.35万人，高层次人才突破7000人，副高及以上职称5500人，高技能人才总量超过3.5万人。全年共安排人才工作资金3.43亿元，占本级公共财政收入比例3.01%。

二、主要做法

聚焦系统提升统筹推进人才工作。出台《关于深入实施人才强市创新强市战略加快建设高水平创新型城市的决定》《高层次人才助创专员、法务专员、财务专员聘任管理办法》等政策文件。先后组织召开引才工作座谈会议、海高会理事会扩大会议，落实全市近百家重点企业人才工作日常联系走访，全面听取各类人才及企业经管人员对人才工作的意见建议及问题诉求，累计梳理意见建议9条，问题诉求40个。

聚焦人才干事创业打造重点平台。推进浙江余姚人才创业园、机器人智谷小镇“5G+”智慧园区、余姚高层次人才产业加速中心、中东欧国际产业合作园等一批产业平台建设。顺利引入浙江工商大学萨塞克斯（宁波）人工智能国际研究院、浙欧高精密注塑模具工程中心等科创平台。

聚焦优秀人才集聚打造重才文化。组织举办宁波人才日活动暨“阳明故里·YAO控未来”系列活动，开展“阳明故里·甬抱你”高层次人才云端招聘系列活动，启动技能人才“阳明蓝领”培养工程，新选拔产生“阳明蓝领”16人，新遴选聘任“阳明学者”7人，努力打响“阳明系列”聚才品牌。精心举办“河姆智谷”国际人才科技洽谈会、第十七届长三角科技论坛智能制造分论坛暨第二届余姚市智能科技与网络安全发展大会、第四届全球智能制造创业创新大赛等赛会等重大引才活动。

慈溪市

一、基本情况

截至2020年底，慈溪市人才总量达27.01万，其中高层次人才7356人、专业技术人才9.75万人、高技能人才7.4万人。全年建成国家级博士后工作站2家，自主培养入选国家“杰出青年科学基金建议资助项目申请人”，国家级人才培养工程实现零的突破。

二、主要做法

健全完善人才工作机制。开展“拼开放大气”招才引智专项行动，制定出台“上林英才”计划升级版、人力资源生态产业园扶持政策等8项配套细则。

倾力打造青年友好城。出台青年人才无门槛落户政策，实施“上林储备”“上林雁归”等以青年人才引培为重点的人才工程，全年兑现青年人才创业补助、工作津贴、购房补贴等各类款项近7000万元。成立慈溪上海青年荟，举办“@未来在慈等你”短视频大赛，聘请179名在校大学生为“青春慈溪代言人”。启动“丝路助学乐业工程”，成立2000万元助学乐业基金用于引培兰州高校毕业生。开展“甬抱人才、在慈等你”云招聘活动，向华东理工大学、中国计量大学、黑龙江工业大学等省内外30余所高校定向投放“上林青才”邀请函，举办线上线下招聘会。

深度融入长三角人才一体化发展。联动打造沪甬人才合作先锋区，挂牌成立沪甬人才合作产业区、示范园和服务中心，全年引进集聚上海元素顶尖特优人才 9 人，依托中科院上海分院慈溪中心累计落地产业化项目 11 个，“上海飞地”全年推荐高端人才项目 20 余个。

建强自主创新平台。集研发、孵化、产业化于一体的上林英才“链式”平台建成，已投用孵化空间近 40 万平方米、落户人才项目 161 个。建设特色创新平台。启动宁波智能家电工程师协同创新中心建设，支持宁波大学科计学院与天生密封件、中大力德等本地企业共建联合重点实验室 4 家。引进建设浙江科技学院慈溪产业研究院、温医大研究生院长三角分院等特色平台。

宁海县

一、基本情况

截至 2020 年底，宁海县人才总量达到 21 万人。2020 年引育特优以上人才 20 人，新增省级以上创新平台载体 26 家，其中国家企业技术中心 1 家、博士后工作站 2 家。

二、主要做法

全面优化人才发展软环境。出台《进一步优化人才服务环境实施意见》，建成宁海“人才之家”。启动“U + 国际人才社区”建设，为外籍专家打造类海外生活环境。推出总授信达 5 亿元的“人才专属贷”。

加快集聚产业发展人才。成立新生代企业家联谊会，实施新生代企业家培育行动三年计划，举办青年企业家研修班，“一对一”开展人才企业上市辅导。深化实施“四方联动”技能人才培养模式，联合 8 所高校组建“宁海产业学院”，引育高技能人才 6300 余人。在宁波人才日、人才周期间，举办“全球招才”云洽谈等专场活动 17 场。

全力推动平台提能扩量增效。中乌合作平台建设提速，制定五年发展规划，组建工作专班，涌现出了一批人才和创新成果。新入选省级引才计划1人，荣获省“西湖友谊奖”、市“茶花奖”各2人。出台实施生物医药产业“星耀计划”，与国家卫健委科研所共建国家免疫检测实验中心，完成临床前研究中心主体工程建设。开工建设宁海海洋生物种业研究院项目，建成博士后工作站1家。

象山县

一、基本情况

截至2020年底，象山县人才总量达到15万人。2020年，对接人才项目18个，引进落地5个，其中特优人才1人、省级引才计划人才1人、博士11人。全社会R&D（研究与开发）投入15亿元，同比增长10%。

二、主要做法

优化人才工作机制，建立长三角（上海）交流合作中心，制定全面融入长三角一体化实施办法。出资1000万元与宁波通商银行合作成立高层次人才创业贷款风险池，创新推出1亿元规模的“人才银行”，为人才提供无抵押无担保类信用贷款。着重破解企业人才“引留难”问题，开展人才服务主题月活动，集中走访服务230家“三型”企业。

完善创业创新平台体系。37°湾—象山科创中心整合象山县中小企业服务中心、宁波科技大市场象山分市场、投融资等各类第三方服务机构13家，建立在线上线下一站式企服大厅，全年新入驻企业78家。深化企业研发平台建设。锦浪科技获批国家企业技术中心，中机装备获批省级工程技术研究中心，获批省高新技术企业研发中心4个，省级企业研究院 1 个，省小微企业园 3 个。

做大人才基本盘。全年新接收高校毕业生 4479 人，建立大学生实践基地 68 家，接收就业实践大学生 2964 人。对接产业培育技能人才。制定《象山县职业技能提升行动实施方案》，全面开展项目制培训工作，核定 37 个项目，1.1 万人参加培训。推进技能人才自主评价工作，开展新型学徒制培养，全年新建市级技能大师工作室 1 家，技能人才自主评价企业 2 家和技能等级认定机构 4 家，培训高技能人才 5166 人。

宁波杭州湾新区

一、基本情况

截至 2020 年底，杭州湾新区人才总量 7.2 万人，其中高层次人才 7000 余人。引进顶尖人才 1 人，引培特优人才、领军人才、拔尖人才各 4 人，入选“3315 系列计划”7 个。

二、主要做法

迭代升级人才政策体系。出台人才新政《关于集聚四海英才打造人才发展“五个湾区”的实施意见》，致力于打造激发创业创新动能的“智创湾区”、优化创业创新生态的“活力湾区”、广聚青年才俊人气的“青春湾区”、壮大技能人才队伍的“工匠湾区”、增强人才居留归属的“幸福湾区”，并出台“人才安居房”等 3 个实施细则。

构建多元双创生态圈。引进了中科院宁波材料所杭州湾研究院，由李卫院士（全职引进）领衔的稀土永磁联合创新中心、长三角一体化科技创新战略联盟，以及航天结构及功能复合材料研究部、先进纳米光电材料与器件研究部、功能碳素材料研究部、宁波材料所测试中心杭州湾分中心等首批四大创新研发部入驻研究院园区。

做优做实精细化服务。深化实施人才“乐居乐学乐业”工程，增设窗口、人员，落实“先拨后审、快审快拨”等要求，主动为企业提供“送政策上门”“审核上门”服务，发放各项助企助才资金1.1亿余元，同比增长23.1%，惠及企业3000余家次、人才超2.8万人次，解决高层次人才子女就学、安家落户等关键小事98件。

宁波保税区

一、基本情况

截至2020年底，保税区人才总量达到2.1万人。2020年，宁波保税区全职引进各类层次人才4560人，其中国家级引才计划人才2人、领军人才1人，入选市“3315系列计划”2人，引进博士30人，硕士86人，大学生4127人。

二、主要做法

抢抓机遇主动引才，联合甬派等媒体平台推出“商通天下、智融甬保”紧缺人才线上云聘会、“直播带岗”等专场活动。创新开展保税区2020年人才计划云端评审活动，进行项目云端评审。通过组织活动赛事评选“以赛引才”，举办百度云智基地双创大赛和第二届电梯挑战赛等赛事活动来以赛引才。

建强平台提升能级。重点推进浙江数字经济产业园建设，积极打造“三园两基地”集聚模式，着力培育百度（宁波）云智大数据产业基地、跨境电商基地、金融科技产业园、浙江平易数字经济产业园和浙江数字贸易人力资源产业园。2020年全区平台引进项目200余个，其中百度云智基地新引进项目93个，全年营收16.1亿元，获评“宁波大数据产业园”和“省级双创示范基地”，保税区人力资源产业园获评省级数字外贸人力资源服务产业园。

聚焦产业强化特色。充分发挥金融科技（区块链）产业园、人力资源产业园等平台入驻机构作用，邀请中科院科技成果转化交易基地、诺丁汉大学区块链实验室开展产教融合和专题研讨对接活动，组织开展各类技能人才和项目培训类科目 8000 余人（次），新增高技能人才 219 名，发放岗前技能人才培训费 460 余万元。开展供应链管理、电子商务等 7 个项目制培训科目，全年为区内外 20 余家数字贸易企业培训 3500 人。

国家高新区

一、基本情况

2020 年引进各类高层次人才 530 人，新增集聚顶尖人才 2 人、特优人才 15 人、领军拔尖人才 18 人。其中，自主申报入选国家、省、市级引才计划人才（团队）22 人（个）。全年新增新建各类重大创新平台及市级以上创新平台 20 个。人才相关经费投入达到 2.336 亿元，同比增长 18.48%。

二、主要做法

深入实施区级特色引才专项计划。围绕“246”万千亿级产业集群方向，分高精尖科技创业项目、软件与信息技术特色项目、社会资本高认可度项目三个维度，以“两赛一计划”（即新材料行业大赛、天使中国科创大赛和“高新精英”系列计划）为抓手，精准引入高精尖双创人才，征集和储备海内外人才项目共计 700 余个。

持续发挥重大创新平台引才聚才功能。西安工业大学研究院成功创建柔性电子前沿科学中心等 5 个技术研究中心及柔性电子产业创新联合体；面向均胜、永新光学等高新技术企业开展“产教研用”联合培育工作，定向招收培养工程博士 15 人。新建诺丁汉大学卓越灯塔计划（宁波）创新研究院，合作共建浙江大学宁波研究院光电科学与工程分院，推动浙江大学光学工程“双一流”A+学科在宁波落地，引进高层次专家15 人。

组织开展现场招聘、专业论坛、项目路演等线上、线下引才活动 80 场，其中宁波人才日专项活动 2 场，人才科技周主体活动 1 场、专项活动 6 场，创业大赛 14 场次。

东钱湖旅游度假区

一、基本情况

截至 2020 年，东钱湖旅游度假区共有各类人才 1. 11 万人。年度新增 1145 人，同比增加 10. 5%。其中，新增博士 1 人、硕士 35 人、高技能人才 161 人、接收高校毕业生 981 人。

二、主要做法

搭建特色化人才创新平台。实现东钱湖—鄞州区两地院士之家建设工作共建共享，在项目合作、技术攻关、成果转化、研讨交流、康养休假等场地支持、平台支撑和服务保障上实现资源集成、互借助力。打造政产学研合作平台。当好企业与高校、科研院所“联姻”红娘，依托四川大学、燕山大学、宁波大学合作成立了省级博士后工作站、市级企业专家工作站以及教授工作站等科研平台。

云端助力企业赴外招才引智。打通与河南商丘、江西上饶婺源、贵州毕节等地劳务信息交互通道，累计组织 800 余名员工返甬复工；充分利用外派人才站等载体和联合招聘等手段，助力企业引进人才，先后开展黑龙江大学、黑龙江科技大学 2020 届毕业生春季双选会、“稳就业、保民生、促发展”余缺调剂招聘会等。

大榭开发区

一、基本情况

截至 2020 年底，大榭开发区人才总量达 1.8 万人，人才净流入率达 16%。全年引进高校毕业生 2699 人，其中技能人才 273 人、博士 11 人、硕士 123 人。

二、主要做法

深入推进人才政策体系建设。经过充分调研论证，制定出台“七顶英才”扶持计划、高校毕业生生活安居补助、本土人才培养升级奖励、技能人才培养、青年人才消费信贷支持等 8 项配套政策，基本建成导向鲜明、各有侧重的“1 + N”人才政策体系。

开展了“在榭·等你”、湖北专场等 6 场云招聘活动以及 11 场线下引才活动，多措并举全力引进产业人才。聚力打造“榭·近”人才工作品牌，成功举办 2020“榭·近”大榭开发区人才政策发布会暨校地合作对接洽谈会。

加快建设人才科创平台，万华高性能材料研究院材料测试中心建成投用。深化产学研合作平台建设，与宁波工程学院、西南石油大学、华东理工大学、重庆化工职业学院、河南化工技师学院等 5 家高校院所签订产学研合作协议，进一步拓展校地合作的深度和广度。

根据各区县（市）、重点开发区提供的相关材料

由宁波市政府发展研究中心廖绍云整理

海曙区探索开展人才政策绩效管理[①]

近年来，各级政府纷纷结合自身发展需要与财政实力，制定各类人才政策，在引人、用人、育人等方面出台多项优惠政策，想方设法吸引人才，培养人才，留住人才。“十四五”是我国全面深化改革的攻坚时期，也是全面推动我国经济高质量发展的关键时期，需要各类人才参与到国家的各类建设和创新中。海曙区自 2018 年推出“百创汇海”高层次人才计划以来，三年共引进人才项目 50 个，为海曙高质量建设国内一流强区提供了强大人才支撑。在日常服务人才企业过程中，我们发现部分人才企业在发展初期存在运营管理水平不高、科技成果转化能力不足等问题，如何提升政府政策绩效管理水平已是当务之急。因此，通过分析评估海曙人才政策实施绩效，并针对存在的主要问题，提出相应的改进措施，为今后人才工作出台更加积极、更加开放、更加全面的人才政策做参考，为海曙区人才发展创造更加良好的环境。

一、“百创汇海计划”工作概况

“十三五”时期，海曙区委、区政府以习近平新时代中国特色社会

① 注：除另有标注外，本文图表中的数据均来源于中共海曙区委组织部，或由其提供数据经计算得出。

主义思想为指导，深入学习贯彻习近平总书记关于人才工作系列讲话精神①，扎实推进人才“栽树工程”和人才强区建设。自2018年推出“百创汇海”高层次人才计划以来，三年合计入选人才项目50个，为海曙高质量建设国内一流强区提供了强大的人才支撑。一是人才资源加速聚集。截至2020年底，海曙人才总量达到27.88万人。宁波市“3315系列计划”入选数连续三年居全市第一。首次获评省人才工作考核优秀县市区和市人才工作金奖。二是政策体系不断完善。坚持以用为本的创新人才引进导向，制定“1+X+N”人才政策体系，推出“百创汇海”“匠心汇海”“菁英汇海”品牌引才计划（见表1），政策覆盖更加全面，扶持举措更加精准，持续巩固高端人才、技能人才和青年人才加速流入的良好态势。三是人才平台不断健全。国家级临空经济示范区获批，宁波阿里中心成功落地，宁波工业互联网研究院、智能技术“两院一园”、宁波市智能制造技术研究院、上海交通大学宁波人工智能研究院引进并实质运作，宁波海曙人才创业园、宁波人才之家建成使用。依托姚江科创湾、望春工业园区、中新创智（宁波）产业园、临空经济示范区、智能制造产业园等重大产业平台打造科创产业带。强化博士后工作站建设，建成省级以上博士后工作站20家。

表1　　海曙区“百创汇海计划”等人才政策

文　号	文件名称	颁布部门	颁布时间
海党办〔2018〕10号	关于深化实施海内外创业创新人才和团队引进“百创汇海计划”的意见	海曙区委办公室、海曙区政府办公室	2018年2月28日
海曙区委便签〔2019〕6号	关于“百创汇海计划”有关事项的补充通知	海曙区委办公室、海曙区政府办公室	2019年7月31日

① 郝日虹、张杰：《社科学者解析习近平总书记关于人才工作系列讲话精神》，《中国社会科学报》2014年8月13日。

续表

文　号	文件名称	颁布部门	颁布时间
海人才办〔2019〕2号	海曙区“百创汇海计划”专项资金管理办法	海曙区委人才办、海曙区人力社保局、海曙区科技局、海曙区财政局	2019年12月30日
海政办发〔2018〕69号	关于“匠心汇海”技能人才提升计划的实施意见	海曙区政府办公室	2018年7月23日
海政办发〔2020〕41号	关于实施“菁英汇海”青年人才集聚工程的实施意见	海曙区政府办公室	2020年10月22日

资料来源：宁波市海曙区人力资源和社会保障局。

二、人才企业成长指数评价机制

考虑到人才项目团队落户、稳定发展需要一定时间，本次面向的对象主要是2018年、2019年入选“百创汇海计划”的37个人才项目，通过海曙区已探索建立的人才企业成长指数评价机制，对企业基本信息、企业当前发展能力和企业潜在发展能力等方面进行分析，主要反映我区人才企业的成长能力、运作状况、实际效益和发展潜力。

海曙区探索建立的人才企业成长指数，主要由企业当前发展能力和企业潜在发展能力两部分组成，指标体系共设立2个一级指标、7个二级指标、29个三级指标组成，各项指标根据人才工作特点和统计评价的实际制定，并依据区统计局通过对辖区内2000余家规模以上企业成长轨迹的大数据分析，设定人才企业29个三级指标的目标值以及得分分组。

根据目标值，对每家企业每个指标数据进行评分，数据落在哪个区间，则该指标就赋予相应的得分，计算方法如下：

$$\text{领域得分} = \sum (Y_i \times W_i) / \sum W_i \times 100$$

其中 W_i 为本领域中各指标的权重，Y_i 表示本领域中各指标的发展得分。

$$综合得分 = \sum (Y_i \times W_i)$$

其中 W_i 为所有指标的权重，Y_i 表示所有指标发展得分。

三、人才初创企业成长指数

（一）评估组织与方法

根据人才企业成长指数指标体系里的指标，对 2018 年、2019 年入选“百创汇海计划”的 37 家人才企业开展调查，通过收集企业上报的 2020 年 1—9 月数据，经过审核和录入后，参照目标值，最终计算出每家企业的成长指数和总体的成长指数。通过对人才企业发展状况、运营能力、企业规模、行业成长、创新能力、品牌实力、文化软实力等指标进行统计，分析人才企业发展现状，研究判断“百创汇海计划”人才政策在引才育才、企业管理、后续保障、人才服务、政策宣传等方面的优势与不足，为后续制定完善人才政策提出参考意见（见表 2）。

表 2　海曙区人才企业成长指数表

一级指标	二级指标	三级指标	指标说明	权　重
企业当前发展能力（35）	发展状况评估（20）	增加值增长率	按比例赋分	8
		营业收入增长率		5
		目标完成率		4
		净资产增长率		3
	运营能力评估（9）	新产品贡献率		3
		资金到位率		3
		资金使用率		3
	企业规模评估（6）	资产总额		3
		企业员工总数		3

续表

一级指标	二级指标	三级指标	指标说明	权　重
企业潜在发展能力（65）	行业成长力评估（25）	申报入选更高人才层次	入选领军人才 8 分；入选拔尖人才 6 分；入选其他市级以上人才 4 分；申报市级以上 2 分	8
		创新载体建设	申报创新载体 2 分；新建创新载体 3 分；已建正常运营 4 分；入选更高层次 5 分	5
		企业投融资数	100 万元以下 1 分；101 万～500 万元 2 分；501 万～1000 万元 3 分；1001 万元以上 5 分	5
		申报入选高新技术企业	申报 2 分；入选 4 分	4
		申报入选科技创新团队、企业技术创新团队	申报 1 分；入选 3 分	3
	创新能力评估（13）	人才引进数	硕士 2 名或急需紧缺以上人才 1 名 2 分；硕士 4 名或急需紧缺以上人才 2 名 4 分	4
		研发能力数	研发支出/主营业务收入×100% 大于 10 或研发支出大于 100 万元	4
		授权专利数；知识产权数	授权 1 项发明专利 3 分；授权实用新型、软件著作权、外观设计等每项 1 分	3
		参与（主持）行业标准	参与 2 分；主持 4 分	4
		专利申请数	当年申请专利 1 分	1

续表

<table>
<tr><th>一级指标</th><th>二级指标</th><th>三级指标</th><th>指标说明</th><th>权 重</th></tr>
<tr><td rowspan="11">企业潜在发展能力（65）</td><td rowspan="5">品牌实力评估（20）</td><td>企业上市情况</td><td>新三板上市 6 分</td><td>6</td></tr>
<tr><td>品牌数</td><td>注册商标 1 分；入选市级 2 分；入选省级 3 分；入选国家级 4 分</td><td>4</td></tr>
<tr><td>区级以上荣誉数</td><td>入选 2 分</td><td>2</td></tr>
<tr><td>重大项目数</td><td>新增市级以上项目 2 分</td><td>2</td></tr>
<tr><td>获得国内外奖项数</td><td>市级 1 分；国家级、省级 2 分</td><td>2</td></tr>
<tr><td rowspan="5">文化软实力评估（4）</td><td>参加人才培训</td><td>参加 1 分</td><td>1</td></tr>
<tr><td>参加人才活动</td><td>参加 1 分</td><td>1</td></tr>
<tr><td>组织各类活动</td><td>组织 1 分</td><td>1</td></tr>
<tr><td>参加公益活动、公益性捐助</td><td>参加 1 分</td><td>1</td></tr>
<tr><td>媒体宣传报道</td><td>有宣传报道 1 分</td><td>1</td></tr>
<tr><td>其他得分（3）</td><td></td><td></td><td></td></tr>
</table>

（二）37 家人才初创企业成长指数

为评估三年来“百创汇海计划”实施绩效，针对我区 2018 年、2019 年入选的 37 家人才企业开展海曙区人才企业调查，根据问卷调查显示，当前我区 37 家人才初创企业成长指数为 32.7，现将具体结果简要报告如下。

企业当前发展能力。调查显示，我区 37 家企业当前发展能力该一级指标指数为 13.4。其中，发展状况评估指数为 5.4，运营能力评估指数为 5.7，企业规模评估指数为 2.2。在发展状况评估方面，1—9 月，37 家受调查企业实现增加值为 2991.5 万元，同比增长 15.9%；实现营业收入 1.55 亿元，同比增长 26.9%；当前净资产为 2.16 亿元。在运营能力评估方面，1—9 月，37 家受调查企业实现新产品营业收入

6586.5 万元，占营业收入比重为42.4%；注册资金共计3.69 亿元，实际到位注册资金共计2.03 亿元，平均资金到位率55.0%；实际到位人才扶持资金共1975 万元，实际使用人才扶持资金共1890.3 万元，平均扶持资金使用率95.7%。在企业规模评估方面，1—9 月，37 家受调查企业资产总额为4.75 亿元。27% 的企业员工总数为“5 人以下”，29.7% 的企业员工总数为“6 ~ 10 人”，13.5% 的企业员工总数为“11 ~ 20 人”，16.2% 的企业员工总数为“20 人以上”。

企业潜在发展能力。调查显示，我区37 家企业潜在发展能力一级指标指数为19.3。其中，行业成长评估指数为4.5，创新能力评估指数为5.5，品牌实力评估指数为4.0，文化软实力评估指数为2.4。在行业成长力评估方面，针对入选更高人才层次情况，1 人入选国家级重点人才计划、4 人入选省级重点人才计划、12 人入选市级重点人才计划（包含同时入选国家、省、市人才计划人数）；针对创新载体建设数，新建创新载体数24 个；针对企业投融资情况，32.4% 的企业表示“有”获得，67.6% 的企业表示“没有”获得。在“有”获得机构投资或民营企业投资的企业中，16.7% 的企业获得投资额在“100 万元以下”，33.3% 的企业获得投资额在“101 万 ~ 500 万元”，8.3% 的企业获得投资额在“501 万 ~ 1000 万元”，41.7% 的企业获得投资额在“1000 万元以上”，在问及“是否有继续获得投融资意向”，半数的企业表示“有意向”，意向总金额为1.51 亿元，平均每家企业意向金额为2516.7 万元；在“没有”获得机构投资或民营企业投资的企业中，60.0% 的企业表示“有意向”获得投融资，意向总金额为5800 万元，平均每家企业意向金额为386.7 万元；40.0% 的企业表示“没有意向”获得投融资；针对入选高新技术企业，有3 家企业“入选”；针对入选科技创新团队（企业技术创新团队），有7 家企业“入选”。在创新能力评估方面，今年以来，37 家受调查企业共引进硕士或急需紧缺以上人才 134 名；研发支出共计 5156.3 万元，占营业收入比重为 33.2%；共获得授权发明专利 9 项，共获得授权实用新型、软件著作权、外观设计 35 项；共在国内刊物上发表论文 8 篇，在国际刊物上发表论文 7 篇；申请专利 17 项。在品牌能力评估方面，当前 37 家受调查企业中，目前还没有企业上市（新三板），甬股交挂牌企业 5 家；还没有宁波市名牌产品或知名商标，省级及以上名牌产品、驰名商标、著名商标；企业（或企业主）共获得区级荣誉 24 项，区级以上荣誉 50 项；企业共获得国内外奖励数 11 项，其中，国家级 4 项，省级 1 项，市级 6 项。文化软实力评估，78.4% 的企业当年有参加人才培训；75.7% 的企业当年有参加人才活动；59.5% 的企业当年组织各类活动；40.7% 的企业当年有参加公益活动、公益性捐助。

企业发展能力分层分析。根据具体企业成长指数情况，将企业分为发展成长“好”（50 分以上），“较好”（40 ~ 50 分），“一般”（30 ~ 40 分），“较差”（20 ~ 30 分），“差”（20 分以下）等 5 个档，每个档分别有 3 家、6 家、12 家、13 家和 3 家企业，呈现中间多，两头少的正态状分布（见图 1）。

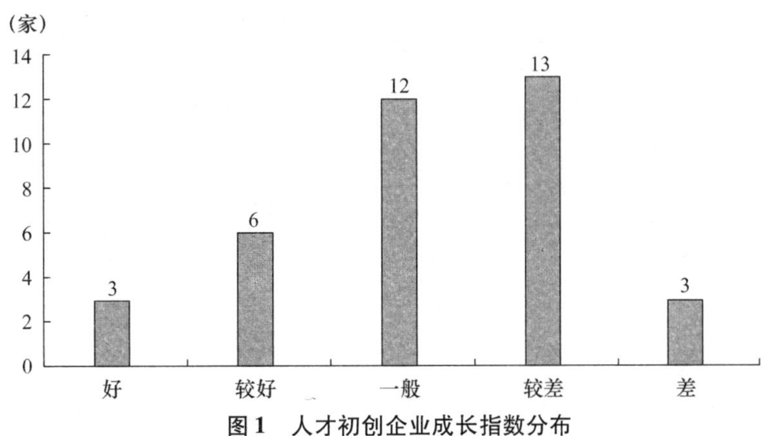

图 1　人才初创企业成长指数分布

发展成长“好”的企业，各项得分均较为平均，企业发展状况较好，运营能力较强，人才层次较高，但在企业规模和创新能力方面，优势并不明显，需着力在投融资、人才引进以及科研能力方面给予扶持。发展成长“较好”的企业，在行业成长力和品牌实力方面，有较大提升空间，需着力在更高层次人才引进（或培育）、创新载体建设和高新技术企业、科技创新团队发展方面给予扶持。发展成长“一般”和“较差”的企业，在发展状况和创新能力方面，亟须提升，需着力在加快市场拓展，提升企业利润，加强人才引进方面给予扶持。发展成长“差”的企业，在所有方面均有较大差距，需着力确保其正常开始运营（见表3）。

表3　人才企业成长评价指标情况

<table>
<tr><td>指　数</td><td colspan="3">32.8</td></tr>
<tr><td rowspan="13">企业当前发展能力（35）</td><td>得分</td><td colspan="2">13.4</td></tr>
<tr><td rowspan="5">发展状况评估（20）</td><td>得分</td><td>5.4</td></tr>
<tr><td>增加值增长率（8）</td><td>1.9</td></tr>
<tr><td>营业收入增长率（5）</td><td>1.7</td></tr>
<tr><td>目标完成率（4）</td><td>1.0</td></tr>
<tr><td>净资产增长率（3）</td><td>0.8</td></tr>
<tr><td rowspan="4">运营能力评估（9）</td><td>得分</td><td>5.7</td></tr>
<tr><td>新产品贡献率（3）</td><td>1.5</td></tr>
<tr><td>资金到位率（3）</td><td>2.1</td></tr>
<tr><td>扶持资金使用率（3）</td><td>2.1</td></tr>
<tr><td rowspan="3">企业规模评估（6）</td><td>得分</td><td>2.2</td></tr>
<tr><td>资产总额（3）</td><td>1.0</td></tr>
<tr><td>企业员工总数（3）</td><td>1.2</td></tr>
<tr><td rowspan="7">企业潜在发展能力（65）</td><td>得分</td><td colspan="2">19.4</td></tr>
<tr><td rowspan="6">行业成长评估（25）</td><td>得分</td><td>4.5</td></tr>
<tr><td>入选更高人才层次（8）</td><td>1.9</td></tr>
<tr><td>创新载体建设数（5）</td><td>0.7</td></tr>
<tr><td>企业投融资数（5）</td><td>1.0</td></tr>
<tr><td>入选高新技术企业（4）</td><td>0.3</td></tr>
<tr><td>入选科技创新团队（3）</td><td>0.6</td></tr>
</table>

续表

企业潜在发展能力（65）	创新能力评估（13）	得分	5.5
		人才引进数（4）	1.6
		研发能力得分（3）	2.4
		授权专利数知识产权数得分（3）	1.1
		论文发表数得分（2）	0.2
		专利申请数得分（1）	0.2
	品牌实力评估（20）	得分	4.0
		企业上市情况得分（6）	0.0
		品牌数（4）	0.0
		区级以上荣誉数（4）	0.8
		重大项目数得分（3）	3.0
		获得国内外奖项数（3）	0.2
	文化软实力评估（4）	得分	2.4
		参加人才培训（1）	0.8
		参加人才活动（1）	0.8
		组织各类活动（1）	0.6
		参加公益活动公益捐助（1）	0.2
	其他得分（3）	得分	3.0

四、存在的问题与对策建议

（一）存在的问题

一是人才创办企业成功率较高，但企业运营管理水平有待提高。在大众创业、万众创新发展环境支持下，海内外高层次人才创办企业意向较为强烈并付诸于行动。但从目前人才企业运营情况看，面对激烈的市场竞争，很多科学家、海内外高层次人才虽然懂技术、善创新，但在市场开拓、企业管理、资本运作、法务财务等运营企业知识相对欠缺，人才企业想要实现快速成长也面临不少的挑战。也有个别企业因为经营管理不善，出现生产经营停滞的现象。与此同时，人才政策也缺乏对人才企业运营管理环节和创业创新制度性保障措施。

二是人才企业技术创新能力较强，但科技成果转化能力需要加强。技术研发是企业保持持久发展的重要原因，人才企业普遍属于成长型企业，相较于常规企业，人才企业的创新意识、能力较强，但是人才企业缺少同本地工业企业共同研发、运用的能力，技术创新在企业实际运用中有隔阂。在全区规模以上工业企业研发能力不突出的情况下，做好人才企业技术创新能力与本地工业企业成果运用的结合值得思考。

三是人才服务体系较为完善，但结构性矛盾依然存在。人才作为高层次的劳动力资源，不光看中的是工资待遇，更关注的是个人发展空间和配套服务。海曙区在行政审批、基础教育、医疗卫生、文化休闲、出行保障等20余个方面，为人才企业提供周到服务保障，推出的“人才暖心”系列行动也为人才创造了不少良好的创业环境。但海曙中心城区房价高涨、楼宇老旧等现象还是在一定程度上制约了人才的引进，新建的高端写字楼等周边配套设施还有待改善；高校资源匮乏，“招人难、留人难”现象仍然制约着人才企业的发展。

（二）对策举措

随着人才政策的逐步增多，内容覆盖面不断扩大，对人才政策的科学性、全面性，以及人才政策实施的有效性、可持续性的要求也越来越高。只有不断改进人才政策的投入力度、管理方式，树立人才政策系统化的意识，才能不断完善人才政策，提升人才政策对促进人才发展和经济社会发展上的作用。

一是在规范政策制定方面。完善“百创汇海计划”人才政策或出台新政，出发点和落脚点还是要增加人才的数据和质量。在新政规划时，要坚持高端引领、面向未来，充分认识到高端人才的引领和核心作用，集聚造就一批具有创新带动力的战略科技人才和创业创新人才，厚植海曙原创优势。树立长远眼光，大力集聚一支规模宏大、活力迸发的青年人才队伍，努力建设青年人才成长发展首选地。在制定上，综合协调组织部、人社局、科技局等职能部门统筹谋划，与发改局、经信局等产业主管部门相互配合，加强前期调研，听取专家、企业、人才等各方意见建议，出台有针对性的设计引才政策。将有限的资金用在刀刃上，补齐工作中的短板。

二是在压实政策实施方面。制定出台实施人才政策的主要目的是就是引进人才，要加强党对人才和创新工作的全面领导。坚持党管人才原则，坚持党对科技事业领导，优化区级统筹、部门协同、上下联动的工作推进机制，形成各级各部门协同推进的工作体系。充分兑现已出台的人才、产业政策服务，强化入选项目动态管理，定期走访入选项目及时掌握进展情况，选优配强人才企业助创专员、法务专员等专业服务队伍，适时举办政策辅导、知识产权保护、融资对接、法律咨询等服务，建立人才政策全周期管理服务机制。探索出台更有效的人才激励机制，对于海曙产业技术研究院引进的人才，支持率先在薪酬分配、科研经费、税收优惠等方面先行先试重大人才政策和改革举措，例如采取年薪制、协议工资制等方式提高其物质待遇的。

三是在发挥企业优势方面。坚持企业引才用才主体作用，指导行业协会、企业探索出台符合自身需求的人才引用培育政策，提高引才工作的专业性和灵活性。发挥区域内龙头企业、上市公司、骨干企业人才引用牵引带动作用，以“单项冠军”“隐形冠军”企业为重点，把人才密度、创新强度作为企业评价的重要标准。支持用人单位牵头办企业大学，精准培养行业和企业所需人才。深化产教融合试点，探索“技术高管”“产业教授”等制度，联合培养复合型产业人才。依照

“让市场站到前台、让政府退到后台”要求，实施“引才合伙人”行动，加强与人力资源企业、人才服务机构、人才猎头公司合作，拓宽社会化引才渠道，例如联合加拿大博士圈圈平台开展“百创汇海计划”高层次人才海外创业大赛，探索“以赛引才，以才引才、以链引才”的新模式。

四是在做好人才服务方面。良好的发展环境，对人才的成长与开发至关重要，对于入选“百创汇海计划”人才项目团队，良好的人才发展生态是扎根海曙、开花结果的关键。要紧紧依托海曙区整体智治服务体系建设，大力提升人才领域整体智治水平。持续深入海曙人才码建设，提高人才工作数字化智能化水平，系统的梳理人才综合服务全流程工作清单，实行一窗受理、集中办理、专员服务、全程跟踪。依托81890平台，开辟24小时企业人才问题反映渠道，实现对人才诉求“一条龙”线上办理。加强人才安居服务，分层分类向人才提供安家补贴、购（租）房补贴，鼓励以货币化、市场化方式解决人才住房问题。加强教育资源均衡化配置，加大基础教育投入规模，加快建设优质初高中。深化落实优质民办学校单列高层次人才子女招生学额政策措施。依托高端医疗资源，支持在海曙各级医疗机构为高层次人才提供医疗就诊“绿色通道”服务，吸引更多人才选择到海曙发展。

中共海曙区委组织部

江北区以“五化联动”建设“宁波人才之家”

“宁波人才之家”坐落于甬江科创大走廊的桥头堡——“宁波文创港”客厅核心区，主功能区建筑面积约1800平方米。2020年以来，在市委组织部的直接领导、大力支持下，江北区主动作为、全力推进人才创业创新全周期服务“一件事”改革，率先建设全省首个区县级人才服务综合体——“宁波人才之家”，为全市高端人才创新创业提供全方位、全要素、全周期的优质服务。

一、主要做法

（一）系统化构建网络，形成服务“最全链条”

着眼构建全流程服务网络，以满足人才创业创新综合需求为导向，提供项目孵化、创业辅导、融资对接、科技转化、人力资源、人才管家等10大类126项全要素、全周期、闭环式服务，推进人才链、创新链、产业链、政策链、资金链深度融合，构建紧贴人才多元需求、覆盖人才引育优强全过程的链式服务体系。

（二）社会化整合资源，构建服务“最强支撑”

着眼创新要素集聚、服务资源整合，统筹对接名校名所、海外智囊、社团协会等多方优势资源，打造“进家”平台多元参与的服务格局，推动人才回归、资金回流、智力回哺。目前已招引83家人才社团、67个科技平台、23个人才企业基金“进家”服务，形成持续不断的社会力量支撑。“2020宁波人才日”在宁波人才之家成功举办，为各类人才来甬创新创业打造“宁波IP”。

（三）市场化承接功能，导入服务“最优活水”

着眼探索市场化专业化人才服务模式，转变单一的政府包揽做法，通过市场参与和培育，精准引入第三方平台机构，打造政府和市场共建共享的一体化人才服务综合体。目前已引入包括：全国创业服务领域首家A股上市的“创业黑马学院”、科技部及国家知识产权总局下属的“中部知光”、工业和信息化部中小企业领军平台唯一合作的人力资源机构“然诺科技”等38家服务机构，为人才企业提供标准化、体系化的专业服务。

（四）实体化运营管理，搭建服务“最佳平台”

着眼人才服务“最多跑一地”，制定“一站式”的实体化运营、标准化服务平台机制，建立科技超市、企业家学院、人才银行、第二人事部、海外人才俱乐部、智谷共享秘书处等十大实体运营服务平台，破解原先人才服务功能区域布点零散等问题，打造宁波人才服务指挥枢纽。

（五）集成化服务人才，汇聚服务“最暖温度”

着眼人才服务功能的集成融合，推动人才服务规范化、国际化、数字化。清单服务“一本集成”，根据人才类型系统集成《国际人才全流程服务一本通》《“人才+”创业创新一本通》等5个“一本通”，实现“一册在手、一扫可查、一点即办”。数字赋能“一链通办”，推出全省首个基于区块链技术的人才服务集成化平台，实现云上政策解读、码上精准服务、链上信息共享。

二、实际效果

作为全省首个区县级人才服务综合体，“宁波人才之家”通过推进人才服务的系统集成和能级提升，打造人才融入的“第一站”、综合服务的“旗舰店”、人才生态的“金名片”，逐步形成了人才首选地、创业创新首发地的集聚氛围，获得良好的社会反响和人才的一致好评。

（一）以“五化模式”招引人才

“宁波人才之家”创新打造“五化模式”，推动人才招引标准化、系统化，有力吸引高层次落户江北。年初试运行以来，累计联系服务人才2万余人次，举办开展中国科创项目推介等线上线下活动160余场，仅中国科创项目推介单场就吸引了6.5万人次观看，吸引市外1200余名高端人才交流路演。落户阿里云工业互联网、字节跳动、国电投氢能源研究院等高端人才项目，新引育顶尖、特优人才实现倍增。

（二）以“五家理念”保障人才

充分发挥服务集聚作用，构筑服务之家、云上之家、集成之家、匠心之家、圆梦之家，全力保障人才企业发展需求。依托全省首个基于区块链技术的人才服务集成化平台，通过事项重组、部门协同、数据共享等推进人才服务“一件事”全流程定制，破解人才企业融资困难、产业加速等系列难题，其中已协调支持人才企业融资3.26亿元。

（三）以“十大平台”赋能人才

通过推动人才服务十大功能平台实体运作，打造宁波人才服务总部园区，实打实推动政策落地、服务落地。先后服务培育A股上市企业4家、重点上市辅导企业19家，集聚落户一批人力资源企业，建设专业性人才培训教育基地，人力资源产值突破120亿元。新冠肺炎疫情期间依托“第二人事部”平台，助力543家次人才企业招录员工5200余人，引进129个高端人才创业创新项目，服务128名企业关键技术人才返岗。

4月19日，2020宁波人才日在宁波文创港正式启动，省委领导在启动仪式上指出，“落户在文创港的宁波人才之家，就是宁波精心打造的人才服务综合体。今后，人才都可以通过线上线下，在这里找到需要的服务项目、得到想要的政策解答”。目前，全市所有区县（市）以“宁波人才之家”为样板，启动“人才服务综合体”建设，其中鄞州、海曙、奉化已建成投用，形成了“一核引领，多点开花”的良好局面。

中共江北区委组织部

镇海区创新机制抓牢用好镇中校友人才资源

2020年，镇海区深入贯彻落实浙江省委领导对镇海“用好镇中校友优势资源”的点评意见，通过成立校友总会、组建校友智库、举办双创大赛，深入挖掘全球镇中校友资源，鼓励引导优秀学子发挥自身优势，助力家乡发展。目前，该区已建成涵盖9000人规模的海内外镇中校友信息库，成立由10位著名校友为成员的镇海中学校友智库，镇中校友创业创新基地以及中官路创业创新大街沿线集聚“镇中系”项目24个、投资金额超过6.5亿元。

一、建强组织，提升全球校友凝聚力

镇海区以镇海中学校友总会为重要阵地、精神家园，强组织、织网络、聚合力，畅通镇中校友思源之路。

（一）建强组织筋骨

建立镇海中学校友总会筹建专班，形成区委组织部（人才办）牵头抓总，镇海中学组织实施，统战、教育、招商、民政等部门紧密配合的工作格局，两个月内完成镇中校友总会筹建。选优配强镇中校友总会组织架构，充分酝酿会长、常务副会长、副会长、秘书长、副秘书长等人选，增设校友总会办公室专职人员，实现实体化运作，确保校友总会工作百分百落实。

（二）织密全球网络

按照“总会 + 区域分会 + 行业专委会”运作模式，在镇中校友总会框架下，整合组建海内外镇中校友分会以及行业专委会，提升上海、深圳、杭州等8个国内分会以及美国、加拿大、澳大利亚3个海外分会，建立企业家、教育、医疗等6个专委会，有效放大海内与海外、政府与社会、校内与校外的镇中校友“辐射圈”。建立寄送家书、驻点拜访、返乡慰问等动态联系机制，织好师生情、亲友情、家乡情三张“关系网”。

（三）弘扬镇中精神

深度挖掘“百年镇中”精神，以镇中校友总会成立为契机，打造镇中主题形象视频，发起镇中校友倡议书，搭建“难忘桑梓·母校行”“百年传承·镇中精神研讨”“薪火相传·校友创业讲堂”活动载体，大力弘扬家国济世情怀、创业创新精神。今年国庆中秋双节期间，共集聚110余名校友重返母校，共叙绵绵乡情、共话镇中精神。

二、从优选聘，组建高端人才智囊团

镇海区成立“镇海中学校友智库”，将经济社会各领域中具有较强影响力、号召力的10位著名校友选聘为首批“智库校友”，赋予推介家乡、以智辅政、引资兴业重要使命。

（一）当好家乡“代言人”

借助全球镇中校友，尤其是智库校友在各地区、各领域的影响力，不断加强其与家乡的密切沟通，鼓励引导广大校友在公开场合自发宣传推介家乡的营商环境、创业环境和城市环境，助力家乡驻外招商小分队开展镇海专场活动。近三年来，在虞仁荣、方勇等校友的牵线联络下，镇海区已在国内重点城市开展招商推介 12 场次，促成百余名优秀人才来镇考察。

（二）打造专业“智囊团”

首批选聘的智库校友，来自政界、科技界、商界、医疗界等多个专业领域，均是各行各业翘楚，具有重要的以智辅政作用。通过组织智库校友产业把脉峰会，天马微电子有限公司董事长陈宏良等人积极建言献策，共收集意见建议 30 余条，成为镇海区做好“十四五”产业发展布局的重要参考。

（三）构筑产研“转化器”

此次受聘的韦尔半导体有限公司董事长虞仁荣，筹资在家乡启动建设新型研究型大学，将布局集成电路、电子科技、新材料等相关学科以及数理化等基础学科，持续赋能甬江科创大走廊核心区建设。目前，虞仁荣已与市政府签订《合作办学框架协议》，东方理工高等研究院将于 3 月注册落地镇海，并已先行启动招聘工作，未来将在办学、科研、产业落地等方面与宁波展开深度合作。

三、以赛引才，营造家雁回巢新热潮

举办镇中校友创业创新大赛，打造“以才引才”新品牌，获奖项目将有机会直通区“雄镇英才”计划，精准招引“镇中系”人才创业创新。

（一）校友站台聚人气

举办首届镇中校友创业创新大赛，经镇中校友广泛推荐、积极参与，共收到全国十多个城市 40 余个项目参赛，涵盖人工智能、工业互联网、生物医药等新兴产业领域，最终决出技术水平领先、市场前景广阔、资本青睐较高的创业创新项目10个，进一步活跃区域创业创新氛围。

（二）全线发力抓落地

大赛坚持“线上面审、线下考察”同步推进。在项目征集初期，即采取“线上面审”模式，做到申报项目“一门清”；在决赛组织前夕，利用驻外招商联络站资源，赴上海、杭州等地，“进企业、进厂房、进实验室”一线考察对接。目前，10个获奖项目，4个项目意向落地镇海。今年已先后引荐各类招商项目9个，投资金额约5亿元。

（三）精准服务促发展

围绕“镇中系”项目资金、用地等关键要事，对大赛获奖项目给予区级计划答辩、尽职调查“直通券”机会，入选后，还可享受创业启动资金、厂租补贴、贷款贴息、发展激励、基金支持等“五位一体”全链条支持政策。实施镇中校友创业创新基地能级提升工程，优先保障“镇中系”项目办公用房及厂房用地供给，持续优化创业创新“一件事”服务，确保人才在镇海潜心创业、安心发展、顺心工作。

中共镇海区委组织部

北仑区建强高端装备海外工程师协同创新中心

北仑区是海外工程师的发源地、首个“国家引进国外智力示范区”，累计引进使用海外工程师9500余人次，年常驻海外工程师580多名，帮助企业新增产值100多亿元。2020年4月，在省委组织部的大力支持指导下，北仑聚焦海外工程师品牌优势和先进制造业产业优势，按照“人才共享、资源共用、平台共建、难题共解”理念，建设启用宁波高端装备海外工程师协同创新中心（以下简称“中心”）。中心建筑面积5000平方米，总配套建筑面积达8.6万平方米，成立“宁波海创人才发展有限公司”实行市场化运营。截至2021年2月，中心新引进海外工程师285名，带来项目179项，解决问题187个，研发新产品36项，带动全区新引育国家级人才46名，培育入选国家级、省级重点人才工程12名，省领军型创业创新团队3个。该中心的建立，成功入选2020“科创中国”典型案例，相关做法获国家有关部门批示肯定。其具体做法介绍如下。

一、聚焦海外工程师特色，点对点做强供需两端

广泛掌握企业技术需求，布局创新合作网络，持续做强做大、做精做细产智供需两端。

（一）构建海外聚智大网络

借助国家外专局资源，发挥企业海外研发机构作用，布局全球海外工程师引聚网络，加深与北美华人汽车工程师协会、日本技术士会等18个海外组织合作，构建多层次高效率的引育体系。

（二）构建“五库一网”大数据

借力海外专家组织、中外合作平台，集成海外工程师供给资源。利用线上线下多种渠道，广泛收集企业需求信息。搭建集海外工程师库、企业库、技术库、项目库、资金库及海外工程师引才服务网于一体的“五库一网”，促进供需两端资源对接、服务并轨。截至2020年底，已入库工程师768人，企业1173家，技术227项，投资机构30家。

（三）构建智力支持大平台

聚焦高端模具产业，调研梳理“卡脖子”关键技术难题，建成高端模具工程技术中心，成立模具材料、工业软件、表面处理等7个技术分中心、2个委员会和1个培训中心，集聚白俄罗斯院士、长江学者团队等海内外高层次人才超200名。筹建集成电路工程技术中心，布局形成协同创新中心为“主”，高端模具和集成电路工程技术中心为“辅”的“一核两翼”协同创新平台体系。例如清华博士郭志鹏团队模拟仿真SaaS服务将帮助北仑模具产业打破国外模流分析软件设计技术掣肘，为企业节省成本60%以上。

二、聚焦装备产业特征，手把手解决技术难题

围绕高端装备等区域特色优势产业，大力开展产智对接和协同创

新，针对性解决企业个性、行业共性、产业特性难题，为制造业发展提供创新支持。

（一）开设“技术超市”解决企业个性需求

聚焦高端模具、集成电路、汽车制造等高端装备领域，推动海外工程师与企业“面对面”“屏对屏”交流个性难题，提供技术方案。截至2020年底，已开设技术门诊86次，出诊专家72位，问诊企业165家次。例如，希腊专家普勒罗斯为东方电缆公司彻底突破525千伏交联聚乙烯直流海缆的技术瓶颈，大幅提升直流电缆设计、制造技术水平，使海缆产品技术水平达到国际先进水平。

（二）实行“自主选题”解决行业共性瓶颈

定期举办工业互联网、汽车汽配等主题活动，组织海外工程师展示优质项目和技术特长，协同攻克行业瓶颈问题。截至2020年底，已开展路演24场，对接海外工程师420余名，解决关键共性技术问题46个。比如，英国色彩与高分子化学专家与北仑3家纺织企业对“无水印染”技术进行专题研讨，帮助纺织企业技术改造，实现转型升级。

（三）推行“揭榜挂帅”解决产业特性难题

聘请7位“发榜引帅（才）”大使，以清单化方式，梳理产业发展急需的核心技术和攻坚项目。举办“危中抢机·揭榜挂帅”海外工程师产智对接系列活动，截至2020年底，集中云端“发榜”107项，总资金1.1亿元。比如，德国工程师神经元网络智能操作系统，对模具车间内离散型加工任务的数字化在线管理、零配件加工过程的数字化监控、制造计划与执行进度的实时对比等环节进行改造，有力助推模具产业数字化智能生产，使企业产能和效益提高50%以上。

三、聚焦创新协同特质，实打实营造良好生态

集聚资源，抓强政策服务，完善海外工程师生产生活配套，打造海外工程师最优生态区。

（一）抓资源协同

延展工作空间布局，整体打造协同创新中心、公共实训中心和科创园、智能装备产业园的“两中心两园区”配套平台，包含聚智、培训、孵化、技术转化等功能，实现海外智力成果应用化、本土化。比如，推出“智企学堂”等培训项目，截至2020年底，为本地工程师开展线上线下培训207场，参训2万余人次，有效促进“外智”转“内智”。

（二）抓政策协同

出台海外工程师引进培养“12条政策”，形成“外国专家＋引智平台＋成果转化”的政策支撑体系。突出海外工程师奖励，对技术攻坚项目或成果转化项目给予最高100万元扶持。引导企业发挥主体作用，对引进优秀海外工程师取得突出成果的，给予最高100万元奖励。

（三）抓服务协同

建设“海外工程师公共服务中心”，升级外国专家专属服务窗口，做好工作许可、翻译出行、知识产权等服务。截至2020年底，已办理出入境签证等政务服务62人次，提供知识产权、法律、财务等专业服务241人次。

中共北仑区委组织部

鄞州区深化打造“万有鄞力”人才工作品牌

近年来，鄞州区致力打造“热带雨林式”创新生态，并出台相关《决定》。2019 年，“万有鄞力”人才工作品牌作为其重要内容和延伸重磅推出；2020 年，在世纪疫情和百年变局交织之际，“万有鄞力”品牌进一步发挥有效作用，彰显出“万有引力”的无穷魅力。

一、主要做法

经过 2 年左右时间的发展，“万有鄞力”人才工作品牌已经有了一定的影响力，可用“$F_{鄞}=G\cdot\frac{Mm}{r^2}$”公式来“解码”，公式中各要素因子间相互吸引、相互作用。

（一）“G”代表着“增强多元聚合力，最大化引才常量”

“万有鄞力”首要前提是吸引多方力量来合力引才。推出“镇街招才引智动起来”“云招商招才”等行动，镇街、部门等拿出实招新招，如东胜街道成立全市首家直播人才培训孵化基地、百丈街道启动中东欧（宁波）人才联络服务中心等。推出“海外合伙人”“鄞企舰队”“智 +”等行动，与企业、高校等市场化、社会化力量合作更紧密，仅 e 舟集团打造的“智慧产业园”推荐 41 名人才申报人才计划，与驻甬高校院所开展人才专项合作，共同申报市级以上人才计划23个。推进与东钱湖联动引才，协同打造宁波院士中心，共同承办2020绿色化工国际高端论坛暨材料化学与绿色合成工艺国际研讨会，共同对接中德合作大学引进落地。

（二）“M”代表着“提升政策竞争力，让人才加速集聚”

“万有鄞力”的一个重要分子是以完善的政策体系来吸引人才。近年来，鄞州已逐步形成“1＋10”人才政策体系，政策覆盖面、创新性、灵活度走在前列。如“泛创业鄞州·精英引领计划”是全市率先出台的面向现代服务业领域的区级引才计划。明年也将推出“万有鄞力”引才工程。

（三）“m”代表着“提升平台支撑力，让人才加快成长”

“万有鄞力”的另一个重要分子是打造能够成就人才的“舞台”来吸引人才，主要是由区委组织部（区委人才办）牵头打造的宁波城南智创大走廊。推进“两廊融合”，深化“资源共享、点位共建、项目共谈”等模式，加大与甬江科创大走廊的深度融合，已联合建设滨江文创谷、微电子产业园等近30个重点项目。深化“廊内联动”，推进十大点位优势互补，如人才创业园联合南部青创中心共同成功创建市级人才创业园，东部金融谷为浙江创新中心等点位高层次人才企业举办投融资路演活动等。追求“廊外开花”，先后举办“万有鄞力”全球引才发布会、两届“万有鄞力”大会等系列主题活动30余场，引进赵淳生院士等50余个高层次人次项目。

（四）“r^2”代表着“造就一流服务力，缩短与人才距离”

“万有鄞力”强调，引才更要留才，留才也是引才。第一个“r”是不断升级人才服务载体。先后推出高层次人才精英卡、宁波人才之家（“万有鄞力”会客厅）等载体，作为“甬智通”试点，让人才服务“一卡集成、最多跑一地”。第二个“r”是不断丰富人才服务内涵。先后开通全省首列人才专列，打造“人才爱国奋斗教育基地”，自主评选出5名第六届“杰出人才”，组织开展人才企业上市培育行动，让服务事项“一件都不能少”。

二、实际效果

自“万有鄞力”品牌推出后，成效明显，2019年，鄞州人才净流入率达13.3%，流入宁波的人才中近1/3流入鄞州；2020年以来，新引育特优以上人才、新接收高校毕业生、新增高技能人才等“党建争强”指标均居全市前列，省市引才计划入选数均创历史新高。

在得到上级领导肯定的同时，还受到权威中央媒体、外国媒体高频报道，及《中国组织人事报》《中国人才》《宁波信息》《组工情况》等专题刊发，《“万有鄞力”全球引才发布会》还在“2020年（第六届）全国人才工作新闻摄影暨短视频比赛”中获奖。

三、特色亮点

（一）成为逆势引才、开好“顶风船”的金名片

在全球新冠肺炎疫情蔓延、美国封锁打压等大背景下，主动面向全球打响品牌，吹响了引才“冲锋号”，通过云端推介、线上招引等，让海内外人才比以往更加了解鄞州、选择鄞州。

（二）成为全民招才、打通“双循环”的新路径

改变以往“政府一头热”“供需不匹配”等人才招引难现状，最大程度集聚多元主体引才，特别在“双循环”背景下，助力企业、高校等联合储备一批急需紧缺人才。

（三）成为生态聚才、争当“首选地”的主抓手

以统一的品牌不断集聚创新要素资源，助力“热带雨林式”创新生态环境打造，为人才落地发展提供企业链、创新链、产业链、金融链、服务链等全链条支持。

中共鄞州区委组织部

奉化区深化人才服务“一件事”改革的探索与实践

深化人才“一件事”改革是我省在高水平建设人才强省、优化全域创新体系和创新生态的重要举措。省、市委2020年全会报告中均提到要“深化‘最多跑一次’改革，推进人才创新创业全周期‘一件事’改革”。根据各级党委要求，奉化调研组通过实地走访、人才访谈、查阅资料、召开座谈会等形式，对如何深化人才“一件事”改革进行专题调研，并结合奉化实际，形成调研报告。

一、改革方向和目标

目前，人才“一件事”改革更多的是在人才个人的行政事务办理上推行，主要是在原“最多跑一次”改革基础上，将原先需要提交多部门申请的业务，整合为一个事项、一次提交、一网办理，如富阳推出“人才就业一件事”改革，梳理汇总了人才来本地就业后社保参保接续、户口迁移等8部门的19项高频事项，实现一窗受理；定海区探索人才服务“一件事”网上联办零跑动，将人才认定、购房补贴、人才公共租赁房等三个服务事项的流程进行“重组再造”；苏州姑苏公安与人社跨部门协作，实现人才落户“一件事”办理等。就人才创业创新全生命周期来讲，个人行政事务办理是其中的一个重要事项，除此之外，贯穿全生命周期的还应该有企业发展、政策兑现、人才工作生活配套等方面。

通过分析人才“一件事”改革及“最多跑一次”的推进情况，调研组认为人才创业创新全生命周期“一件事”改革，需要以“人才码”“企业码”为依托，“线上＋线下”联动推进，实现人才服务的数字化、集成化、精准化转型。具体来讲，在人才招引伊始，就对人才或项目建档并生成专属的“人才码”和“企业码”，实现一人一档、一企一档。“码”中存入个人和企业的基本信息，并随着人才企业的发展和人才层次的提升实时更新完善。线上方面，去化实体申请表、服务卡，整合人才认定、人才分类、行政审批、政策兑现等高频实用功能，所有政府内部有关信息均通过数据共享获得并存入“码”中，人才和企业凭“码”一键办理各类行政事项。线下方面，为人才打造全流程的工作生活服务配套，人才凭“码”享受交通出行、子女教育、专享医疗、旅游购物等线下服务，人才企业可以凭“码”入驻一线城市的“飞地”办公，享受政务法务财务专员等专属服务。

二、存在问题和阻碍

随着近几年互联网和大数据的持续发展，人才创业创新全生命周期“一件事”改革已经具备现实基础，但是在县市区级层面深化推进过程中，仍然存在一些阻碍。

一方面，基础信息共享尚未完全实现。一是部门系统多集成难度大。几乎每个部门都有自己的信息系统，数据也存储在各自的服务器中，部分系统由中央层面统一管理，区县市层面权限不足。浙江政务网作为全省统一架构、五级联动的电子政务平台，是我省实现“最多跑一次”改革的重要平台，但主要是完成了政务办理事项申请受理端的集成，各部门在后台收到申请信息后，仍然需要通过发函、流转等形式来收集或者查证申请者的相关数据。二是内外网转化中数据容易出错。公安、卫生、税务等部门都有自己独立的内网系统，即便开放端口，内网数据也需要进行数据转换后才能接入外网。但目前数据转换的软硬件技术都不是非常成熟，存在时效性差和准确率低的问题。如奉化区曾试行税务数据的内部共享，大数据中心在对转换后的数据进行核对后，发现正确率仅70%，远未达到相应标准。三是信息共享与信息安全之间存在矛盾。“一件事”改革必然要将个人和企业信息上网上云，共享共通，但是目前国际形势严峻，部分海外人才受到美、英等国家的监控，一旦系统被攻破或有人故意泄露将造成大量损失。在国内，也有许多不法分子通过贩卖信息牟利、犯罪，信息共享存在信息泄露隐患。

另一方面，全周期扶持体系尚不够均衡。其一，政策资源偏向于招引端。大部分地区的招才引智政策力度都非常大，各地不惜血本“抢人才”，但是与动辄上千万、上亿的招引端政策相比，在企业后续培养壮大过程中涉及的科技、产业等政策的力度相对而言较弱。而且人才并不能直接认定并享受地方上科技、产业、金融等政策，需要再次申报、评选、认定。其二，平台资源偏向于产业端。大城市有较多的大院、大所、大企业，科研平台相对较多但土地资源紧张，产业化成本较高；相反，小城市有更多的土地，产业化成本低但是科研土壤不足。就奉化而言，产业平台要远多于科研、孵化平台，有省级以上小微企业园7家，但仅有1所大专高校。其三，人力资源偏向于技工端。区县（市）层面，特别是城市核心区外的，缺乏高校的短板较为明显，特别是在芯片设计、软件开发、生物医药等人才密集型领域的人才较为缺乏。调研发现，奉化的人才企业普遍存在招工难的问题，部分从深圳等地成建制转移过来的企业，原企业员工也不是都愿意转移过来。

三、相关对策和建议

针对上述问题，结合奉化实际，本调研组建议，人才创业创新全生命周期“一件事”改革分三条线进行推进，即人才政策保障“一件事”、人才培育壮大“一件事”、人才工作生活“一件事”，三个“一件事”统筹谋划、一体推进，最终合并实现人才创业创新全生命周期“一件事”改革。

（一）全面打通政务网、信息网、安全网，推进人才政策保障“一件事”

一是建立惠企人才政策兑付平台。整合梳理各类人才和企业政策兑付事项，优化完善申请表格，合并同类项，删去内部项，建立宁波市奉化区惠企、人才政策兑现“一键通”平台，实现“一套材料、一网通办、一次办结”的便捷办理模式。截至2020年12月底，已经上线了包括人才住房保障奖补、“凤麓英才”计划奖补、乡村振兴人才生活津贴奖补等39个人才政策兑付事项，共办结人才申请394件，办结金额3628万元。

二是推进机关内部“一件事”改革。以“整体政府”为理念，将“最多跑一次”改革向机关内部延伸，按照部门间办事标准化、集成化、信息化的要求，打破层级界限、消融部门壁垒，推进跨部门跨系统业务梳理、数据共享、流程再造，全面提升机关内部办事效率，实现内部信息内部调取。截至目前，梳理公布全区部门间办事事项317项，涉及部门43个，已实现“最多跑一次”事项316项，其中“跑零次”事项129项；已实现网上办的事项317项，部门间办事事项网上办件量共23494件；部门（单位）间办事材料精简34.6%以上，办事时间压缩40.5%以上。

三是建立统一的数据保护系统。将各类人才相关系统服务器设到大数据中心，并建议将区县市层面高端人才相关的数据存储系统统一集成到省级平台，由省大数据中心出面做安全等级防护，提升数据安全。目前，区级“凤麓英才”计划申报系统已经将服务器从企业端移到区级大数据中心，并完成了安全等级保护（二级），区级“人才码”已经集成到市级“甬智通”平台，该平台也已经集成到了“浙里办”。

（二）深度融合创新链、资金链、产业链，推进人才培育壮大“一件事”

一是完善“双飞地”闭环合作模式。即以北上广深杭等一线城市为“飞出地”设立“孵化器”，以本区域为“飞入地”设立“产业园”，实现科技飞地（孵化）—科创中心（加速）—专业园（产业化）的区内外联动的闭环创业链。目前，奉化区已在北京、上海、深圳、杭州等 4 个城市分别设立“凤麓孵化器”，总面积达 17900 平方米，入驻项目超过 60 个，聚集人才 500 余人，其中高层次人才超 100 人；北上深杭四个飞地分别与北京国泰帕克、上海临港科创、深圳移盟投资和杭州经佳投资等 4 个具备多年投资管理经验的企业达成合作关系，4 个“凤麓产业园”正逐步推进建成中，预计于 2022 年完全建成。瑞凌、锋成、融光纳米、棱镜空间、医小邦等重点项目已成建制转移落地，区内外联动的闭环创业链逐步形成。

二是建立市场化培育机制。设立人才创业创新引导基金，政府主导，市场化运作，全程参与人才项目的评审、尽调、落地，并对入选人才项目按一定比例进行股权投资，实现风险共担。完善创业险、科技贷等金融配套，新增“人才创业保障”新险种，保障人才安心创业。截至 2020 年底，奉化区共设立 1 个政府引导基金和 4 个投资基金。其中，政府引导基金总规模 10 亿元，参与设立中交（宁波奉化）产业发展投资基金等产业投资基金 7 个，直投项目 12 个。

三是优化上下游产业配套。坚持地方产业培育和人才项目招引并重，紧紧围绕主导产业开展招引，增强人才和产业集聚能力。主攻上下游协作配套项目，建立断链断供风险、强链补链延链和“卡脖子”技术清单，支持企业通过技术指导、岗位顾问、项目合作等形式，引进紧缺急需的高层次人才，全面提升产业契合度，推动产业集群发展。鼓励支持行业龙头企业与人才企业联合组建技术创新中心，开展产品代工、材料供应、市场应用等合作，推进人才端、创新端和市场端的深度融合。

（三）有效扩大社交圈、生活圈、朋友圈，推进人才工作生活“一件事”

一是建立人才集中交流平台。以“人才之家”为载体，导入咖啡、阅览、洽谈、政务办理、产品展示等基础功能，常态化开展资本对接、项目路演、创业分享等活动，形成具有良好完整性、循环性、协调性的人才服务生态链，打造集双创服务、科创集群、产业对接、人文空间等功能于一体的一站式“线上＋线下”人才服务综合体。2020 年 9 月份启用以来，已开展新产品发布、资本对接、项目路演等大型活动 10 余场，累计服务各类人才 2700 余人次，解决人才难题 136 件，5 个人才企业与融资机构达成初步意向。

二是优化完善人才服务事项。梳理存量住房补贴、生活津贴等人才服务事项，新增教育医疗、创业融资、旅游购物等人才服务项目，并打包成“人才服务大礼包”，通过“人才码”一次发放、一码囊括，一生享受全方位服务。截至目前，已累计注册博士等高级及以上人才 163 位，累计消费 3000 余次。下一步将继续深化人才服务事项，进一步扩大服务范围，拓展覆盖人群，从博士等高端人才拓展至基础人才和实用人才，实现在奉人才“一人一码”、多场景同码应用。

三是建立人才数据精准分析体系。记录人才工作生活、企业发展壮大的全周期轨迹，通过深度挖掘、聚类分析、精细加工等方式，把握人才开发、使用和管理的内在规律，实时精准调整人才政策和服务事项，不断优化人才生态环境，打造更具引领性、系统性、精准性的“人才新政3.0版”。通过大数据分析，奉化区优化升级了“凤麓英才”计划，进一步放宽年龄、学历、职称、股权结构等要求，新增举荐制、认定制等遴选模式，实施“常态化申请、阶段性评审”，实现人才来了就可以评、认了就可以补。制定出台了薪资补贴、企业“三领”人才评审等引才政策，进一步降低企业引才成本，有效发挥企业和人才的主观能动性。

中共奉化区委组织部

余姚市有效推动姚籍人才智力回归

余姚市充分调动在外姚籍人才积极性，促进其智力回归桑梓，助力余姚经济社会持续发展，取得显著成效。

一、主要做法

（一）排摸在外姚籍人才信息，摸清人才分布情况

掌握在外姚籍人才信息及分布情况，摸清自身人才家底，是开展“姚智回归”工作的前提。通过发布公告、网络征集、熟人推荐、商会和校友会举荐、自有数据库整理等方式全方位全途径收集现有人才信息，摸清掌握人才分布情况与特征，分级分类分层建立健全市外姚籍人才库，实行动态管理与调整补充。同时，针对每年考入境内“双一流”、境外世界排名前200位大学等优秀高校的姚籍学子建立预备人才数据库，适时整理并定期跟踪人才发展情况，从人才来源上掌握在外姚籍人才情况，为后续工作提供数据支撑。

（二）充分发挥多种渠道作用，通畅沟通联络网络

发挥渠道作用，构建沟通网络是推进“姚智回归”工作的重要途径。一是及时向市外姚籍人才宣传余姚。通过中国余姚网、余姚发布

公众号、姚界 App 等互联网新媒体渠道向市外姚籍人才广泛发布人才和产业政策；通过人才微信交流群、亲友朋友圈等互联网社交网络联系沟通，及时宣传家乡近况。二是通过定向邀请组织市外姚籍人才回姚参加各类对接活动。广泛邀请人才参加“浙商甬商姚商走进余姚”活动，邀请他们走进余姚、了解余姚并向他们推介余姚重点产业、特色资源、优质项目等信息；结合中国机器人峰会、“河姆智谷”国际人才科技洽谈会、塑博会、杨梅节等市级大型活动，邀请市外姚籍人才回乡考察对接。三是主动出击与市外姚籍人才保持经常性联络。通过北京、上海、深圳招才引智小分队结合招商引资等活动开展日常拜访，加强情感联络；通过异地商会、行业协会等民间团体紧密团结在外姚籍人才，时常组织会议沟通联系。

（三）调研收集本地单位需求，发布定向引才信息

充分收集本地企事业单位各类需求，并通过联系网络予以定向发布是促进“姚智回归”的重要抓手。一是征集各单位技术难题，以“揭榜挂帅”的形式通过各种渠道对外向市外姚籍人才发布，获取人才智力及技术支持。二是收集各单位对于人才的需求，吸引市外姚籍人才回归或由他们向身边朋友圈推荐余姚工作岗位。三是征集项目融资需求，吸引市外姚籍人才的投资入股或由他们引荐投资机构介入。

（四）建强科技研发创新载体，提供智力回归平台

各类创新载体是市外姚籍人才智力回归的承接平台，只有建强建好各类创新载体，才能吸引“姚智回归”，才能让回归人才“英雄有用武之地”。一是加强与国内高校、科研院所的合作，吸引更多高校院所来姚创办研究院与高校分校区，吸引高端人才智力回归。二是做大做强现有各类科研机构，持续发挥好现有科研机构作用，增强人才吸引力。三是鼓励支持企业建设工程技术中心、企业研究院、高新技术企业等创新载体，提升载体层次能级与科研实力，承载接收更多人才。

（五）形成姚智回归政策合力，助力市外人才回流

整理整合现有人才政策，针对市外姚籍人才优化政策条件并适当提高政策支持力度，形成政策合力。从创业创新支持、投资奖励、人才引进奖励、人才成长奖励、人才住房保障、人才子女就学、人才柔性引进、荐才引才奖励、引荐投资奖励等多方面入手，针对人才关注的各类事项进行政策的完善整合，打造涵盖人才“引育用留”各个方面的政策链条，促进助力市外人才回流余姚。

（六）优化人才创新创业环境，吸引市外人才回流

一座城市的创新创业环境决定着原有人才的去留，同时也影响着对各类人才的吸引力。积极打造服务型政府，降低行政成本，提高行政效率，优化营商环境促进创新创业。同时，优化各类要素供给与配置，树牢人才强市、创新强市理念，进一步推进人才管理改革试验区建设，打破人才发展体制制约，完善人才服务，通畅人才发展途径，集中全力打造人才生态最优市，吸引市外姚籍人才返姚发展。

二、实际效果

通过回姚创办企业、回姚就业、与余姚企事业单位开展技术合作、投资入股余姚企业等方式，姚籍人才智力回归效果显著。

（一）创办企业

美国威斯康星大学生物化学博士、酶工程专家王骏祖籍余姚，是基因港（香港）生物科技有限公司的董事长。在一次论坛报告上，他与余姚市主要领导相结识，受邀回乡考察后，深刻地感受到了余姚营商环境的优渥与余姚对待人才的真诚。最终，王博士于2017年在余姚注册公司并投资建造生产基地。目前，该年产100吨β－烟酰胺单核苷

酸（NMN）的工厂已经投产，预计年销售利润可超 4 亿元。

（二）回姚就业

舜宇集团是余姚规模最大的企业，也是全球领先的光学产品制造企业，多年来随着企业研发水平不断提高、规模不断扩大，对于人才的需求也越来越大。近两年，舜宇集团累计招收了两千余名本科及以上学历员工，其中余姚籍占比达到 20% 以上，为姚籍学子回归就业提供了重要平台支持。

（三）技术合作

姚籍骨科专家毛玉江是北京积水潭医院主任医师，一直在找机会与家乡开展合作，在机缘巧合下，他与余姚市中医院取得了联系。2019 年，毛玉江率领北京积水潭医院骨关节团队来姚开展义诊。当天，百余名骨关节疾病患者冒雨而来，这让毛玉江深感家乡人民对他的需要。以这次义诊为基础，毛玉江与余姚市中医院达成了合作协议，将长期为余姚市中医院提供技术支持。

（四）投资入股

余姚姑娘刘增毕业于北京大学，是投资机构燕创资本负责人。在 2017 年的姚商大会上，她开始受托成为由 4 家姚商上市公司为主成立的“姚商基金”的负责人。成立三年来，该基金已投资神通科技、力松科技、江丰生物等 8 个余姚项目，为企业在业务发展、产能扩充、融资上市等方面提供了充分助力。其中神通科技已在主板上市；力松科技成立仅 3 年产值已突破亿元；江丰生物在“姚商基金”投资后发展迅猛，近期又收到英特尔资本的 8000 余万元投资。

中共余姚市委组织部

慈溪市注重发挥企业引才“主引擎”作用

近年来，慈溪市充分挖潜本地民营企业优势资源，牢牢扭住“企业家”这一经济高质量发展的“牛鼻子”，通过升级政策、搭建平台、创优环境等系列举措，最大限度地调动企业引才积极性，取得了明显成效。2020 年度宁波市“3315 资本引才计划”入选数居宁波区县（市）第一，“3315 系列计划”以上高端人才 81.6% 集聚在企业中，励行根成为民营企业家入围院士候选人的宁波第一人。累计有 12 家企业（个人）获得国家科技大奖，全市建成院士工作站 8 家、国家级 1 家，博士后工作站 12 家、国家级 4 家。企业人才集聚为慈溪创新发展注入了澎湃新动力。

一、主要做法

（一）多维度激发企业主体意识

慈溪市把“完善企业家培育机制”“建立企业家激励机制”“培树引才典型”作为转变企业家引才观念的破题“三部曲”，着力打通企业家引才的“兴奋点”和“关键点”。成立全国首家县级“创二代”联谊会和宁波首家由政府部门主导、企业参与运营的创业创新学院，深入实施“百名新生代创业精英培养计划”，把人才指标列入“工业经济杰出人物”功勋企业家考核评选中，出台亿元以上企业激励培育方案，同时，加大对引才工作成效显著的企业家培树和宣传力度，着力点燃企业家创业创新激情。

（二）全方位搭建才富合作渠道

搭建才富合作三大通道，千方百计让企业遇见人才。一是搭建才富合作政府服务通道，成立镇街和产业平台人才工作领导小组，人才专员负责辖区内企业人才政策宣传和对接联络工作，将工作触角直接延伸至企业门口。二是搭建才富合作活动通道，全年举办“走出去”“请进来”才富对接活动40余场，成功促成本地企业与人才达成合作协议20余个。发挥北京、上海、深圳域外人才联络站和在外慈溪籍人才“桥梁纽带”作用，为有意向人才来慈发放交通补助。三是搭建才富合作协会通道，成立医疗器械、轴承等80余家行业协会和市创二代联谊会协会、市海创会、市青企协、市高层次人才联谊会等5大人才协会，主动吸纳企业负责人和人才，赋予企业在引才聚才上更多的话语权。

（三）立体式营造创业创新生态

坚持平台推动、政策牵动、服务促动的“三驱联动”模式，营造“最懂人才心思”的创业创新生态，让企业用人才“如鱼得水”。谋划建设“一核两翼多镇”为主体的前湾智能经济人才大走廊，域外布局建设“双创”飞地，为企业引才提供平台支撑。出台人才新政，对引才成效明显的重点企业在人才公寓申购、人才子女入学单列推荐名额，创新企业实用人才评价方式，设定企业人才年薪、经历、贡献等指标权重，赋予企业更多的人才评定权，更好发挥企业引才用才主体作用。开通“一体化服务12条”线上线下平台，建立健全人才“关键小事”

协调解决机制，明确计税年薪连续两年达到30万元、50万元的企业人才，可分别参照享受硕士、博士研究生学历的高层次人才享受相关政策待遇，累计向企业人才推出人才公寓1185套，协调解决20余名企业高层次人才的子女就学、配偶安置等生活问题。

二、实际效果

（一）内源驱动，企业觅才求贤若渴

坚持内源驱动，有效形成企业“主动寻觅人才求贤若渴，发现人才如获至宝”生动局面。人健药业老总不远万里赴美寻才，把行业内顶尖专家杨金夫团队引进国内，现已完成临床一期，即将进入临床二期，市场估值超12亿元。公牛、慈兴等众多家市内民营企业在上海设立了研发机构，全市企业累计建成各级研发机构1256家。截至目前，慈溪共入选宁波市“3315资本引才计划”项目12个（其中本地企业投资项目10个），入选总数位居宁波各县市区第二，争取上级资金4240万元，带动社会资本投入1.4亿元。

（二）形成合力，企业引才如虎添翼

在突出企业主体地位同时，有效整合“政府、协会和院校”三方合力，开启企业引才“集团作战”模式。率先启动“百名紧缺经济管理人才培养计划”，面向国内重点高校选拔优秀应届毕业生赴企业挂职，已有103名经管人才赴市内76家企业工作。创新打造“众车联”“众模联”“魔蛋”行业三大共享平台，组建“硬件联盟”共享研发检测设备，实施“专家服务团+签约教授”智力共享计划，其中“众模联”针对模具相关领域建立的“内部注册、专家推荐、职级能力评估认证、实绩评审”线上人才评价标准体系，为全国同行首创，共享设

计师平台仅成立数月已成功集聚设计编程人才千余名。牵手沪杭甬三地19所高校院所，成立“环湾政产学研联盟”“上海高校联盟”“团建联盟”三大联盟。市内企业公牛、慈星、新海捐资近亿元与本地高校宁波大学科技学院牵手成立三家产业学院，探索本地企业和宁大科院的“四位一体”（产业、学科、人才培养和科学研究）产教融合模式，首届订单式培养企业应用型技能人才100余人，省首批产教融合型试点企业入选数居宁波区县（市）第一，该项工作获央视新闻点赞。

（三）效能导向，产业引领与人才集聚水乳交融

一方面，人才项目形成产业集聚效应，加快推进产业结构转型升级。截至目前，全市累计落户领军人才项目133个，其中创业项目累计带动销售额超36亿元，年销售额超亿元的4家，人才项目在智能装备、新材料、生命健康等领域形成集聚效应态势明显。另一方面，市内企业主动寻找人才进行转型升级。新海集团在做专做好打火机领域同时，2010年进军医疗器械行业进行转型升级，与高端团队赛诺微项目达成2.87亿元的合作意向。慈星股份作为国内电脑针织横机行业龙头企业，进军人工智能+机器人领域，投资6.5亿元建成我省首个民企投资、政企共建的县级智能产业平台——“上林英才”智能产业园，园区现签约入驻企业55家，其中集聚高端人才项目10个，2020年总产值超4亿元。

三、特色亮点

慈溪拥有近3000亿元的民间资本和超18万家的市场主体，这是慈溪做好人才工作的最大法宝和最根本动力。经过多年探索和实践，慈溪人才工作聚焦产业导向，夯实“政府搭台、企业唱戏、人才引领”的工作格局，整合“政府、协会和院校”三方之力，坚持“平台推动、

政策牵动、服务促动”三驱联动，紧扣产业链部署创新链，围绕创新链布局产业链，努力营造“最懂人才心思”的服务生态，让企业主动遇见人才、人才精准服务企业，努力形成产业发展与人才集聚良性互动。

中共慈溪市委组织部

宁海县推进中乌合作平台“四个高地”建设

宁海按照省委领导指示精神，制定中乌平台五年发展规划，突出新材料技术、产业、模式、体制机制等“四个创新”，致力打造“科技创新高地、人才集聚高地、成果转化高地、中乌友谊高地”，全力抢占新材料产业制高点，为宁波建设“新材料之都”助力。

一、主要做法

（一）发挥领域优势，加速研发硬核科技

充分发挥乌克兰先进材料技术优势，立足满足市场规模化应用需求，明确“可填补国内外空白技术、存在行业技术壁垒技术、有助于本地产业提升技术”等3个主攻方向，从7大类166子类中筛选高端铜合金、钛合金粉末等13个擅长领域作为主攻目标，协同宁波大学、江西理工大学、辽宁轻工科学研究院等3个分中心积极开展研发工作。

（二）抢抓合作机遇，加快集聚高端人才

以建设“乌克兰国家先进技术与人才蓄水池”为目标定位，持续将平台作为中乌两国“产学研”合作的重要桥梁纽带，采用“柔性引才、飞地用才”模式，集聚中乌科研院所、高校、企业顶尖人才。目

前，平台已成为乌克兰国家科学院下属7大所、基辅理工大学等对华合作的代表机构，组建12个项目团队与国内科研机构、校企开展人才交流、技术合作。

（三）联动产研合作，链式转化研发成果

围绕“破解传统模式束缚，让平台真正活起来”要求，持续探索“政府推动、商业运作”模式，创新“1+N”方式，以中乌合作平台为核心，成立乌中铜业等4家企业作为共建企业，推动平台加快实现自我造血。积极外延合作空间，与辽宁省国家新型原材料基地建设工程中心、上海电气集团股份有限公司、金田铜业（集团）股份有限公司等10余家机构企业联合攻破技术瓶颈，联动开展产业化项目。

（四）开展常态交流，广泛深入中乌合作

通过举办学术论坛、产业博览会等方式，50余家国内科研院所、高校、企业与乌方开展了一系列交流活动，先后组织“中俄乌白国际产学研论坛”、第五届中国（宁波）国际新材料科技与产业博览会等高端交流活动，来自乌克兰国家科学院等11家科研机构近100名顶尖专家参加。成立宁海“院士之家”，建立国际人才“一件事”办理专窗，建设中乌国际人才社区，大力营造类海外生活环境，长效提升中乌两国友谊。

二、实际效果

一是人才磁吸效应凸显。3年多来，累计引进乌方专家52人，其中院士11人；入选国家级引才计划专家3人、省级1人；获中国友谊奖2人、西湖友谊奖4人、茶花奖6人；莫利亚尔院士作为首位外裔专家入选市杰出人才。

二是硬核科技加快涌现。围绕高端新材料细分市场，完成研发项

目 8 个、在研 14 个。高强韧航空紧固件材料批量供货安东诺夫飞机；装甲钛合金材料防护性能达到世界领先水平；目前国际上唯一可红冲的新型热锻钛青铜材料实现量产；高强度高弹性铜钛多元合金等 4 种铜钛合金材料达到千亿级市场应用替代规模。

三是产研合作提速增效。与江西理工大学分中心共同研发铜钨合金技术并转让收益；与辽宁轻工科学研究院分中心筹划共建宁海技术创新中心；与宁波大学分中心筹划共建实训基地；与杭汽轮共建“第三代高速滑动轴承试验平台”；与慈溪市轴承行业协会共建“中乌—慈溪轴承材料研究院”；与宁波埃美柯合作，启动热锻青铜行业标准的制定与实施；与海亮集团合作共建中乌海亮（宁海）新材料产业园、研究院，推进高频感应等离子等“卡脖子”技术国产化。

三、特色亮点

宁海高标准、大手笔推进中乌平台建设，一是实现了由增量扩张向层次拔高转变。尖端人才加快集聚，平台引进 11 名海外院士打破我县历史，相关工作获省委领导高度肯定，并提出“四个高地”建设指示。省领导也对平台提出“立足宁波、放眼长三角、辐射全国”的发展定位。二是实现了由政策引导向利益协同转变。高层次人才引育和项目推进由过去主要依靠政府政策引导、经费资助等方式，转向以专家利益捆绑、共赢发展方式，有效激发企业引才用才和持续壮大积极性。三是实现了由单点攻坚向多点开花转变。创新“1 + N”模式，以平台为中心，设立 3 个分中心及 4 家共建企业，围绕“科技服务于产业”要求，充分利用自身成果转化、为企业提供技术服务、开展校企合作等方式，全面实现产业创新。

中共宁海县委组织部

象山县着力提升区域重点人才平台能级

象山县把平台建设作为“十四五”时期人才工作实现更高水平创新突破的重要抓手，进一步加大资源整合和建设投入力度，提升重大平台对创业创新人才的承载能力，更好发挥平台集聚虹吸效应。

一、主要做法

（一）充分发挥“一基地三院所”人才集聚功能

理顺一批机制，积极谋划院所与产业深度融合的政策导向机制，通过部门联合审议，制定落实好企业对接、落地项目保障、信息互通共享等一系列工作机制，加强与传统企业、现有产业的紧密对接联系，使引进大院大所真正落地生效。落地一批项目，成立以科技、经信、人才部门为主的招才小分队，盯紧看牢中国机械研究总院南方中心和电科院创新分中心既定项目落地，充分挖掘院所人脉资源优势，争取引进更多优质人才项目。集聚一批人才，持续关注浙江理工大学针织学院的项目合作，扩大省研究生实践基地合作企业数量，协助解决研究生生活问题，力促每年来象实习见习研究生达到一定规模。

（二）整合提升“1+N”科创平台

加速整合县内各双创平台，完善相关配套设施，建设“人才之家”

综合服务体，进一步浓厚37°湾—象山科创中心创业创新氛围。加快建设海洋科技创业园，布局服务中心、科研众创区、生产孵化区和生活配套区等四部分功能，引入专业化运营，集成全方位要素服务，全面提升重点平台对创业创新人才的承载能力和吸引力。加快宁波大学象山海洋研究院落地建设，依托宁大海洋科技研发力量，集聚一批优秀海洋生物科研人才，力争建设国内先进海洋生物实用技术研发和转移中心。谋划建设人力资源产业园，引进培育一批高端人才猎头等专业化服务机构，加大人力资源服务产业扶持力度。

（三）围绕长三角一体化建设“人才飞地”

会同县科技局、长三角（上海）合作联络中心，谋划在上海、杭州等重点城市设立“科技人才飞地”，调研论证与成熟孵化期合作可行性，力争飞地快落地、低成本、速生效。同步研究离岸孵化实施办法和项目异地评审办法，理顺人才项目“外地孵化、本地产业化”引育机制，丰富人才平台多样性，进一步提高对人才项目的吸引力。

二、主要成效

（一）大院大所作用进一步显现

中国机械研究总院南方中心一期中试厂房完成桩基地梁完成投资3.95亿元。引进三支高端研发团队，入职员工134人，其中博士11人，硕士91人，研究生及以上学历占比76.1%，建成博士后工作站，新引入博士后5名。龙伟民荣获第二届全国创新争先奖，领衔团队入选市“3315计划”。与6家行业知名企业签署全面战略合作协议，与13家省内外大中型企业签订科技服务合同，总合同金额达8447.62万元。授权国内专利15件，其中发明专利6件、国际专利3件；制修订国家标准3项，团体标准2项；登记科技成果3项，其中两项国际领先，一项国际先进。浙江理工大学象山针织研究院建立一支30余人研发队伍，获批市级产业创新服务综合体。

（二）创业创新平台体系进一步完善

37°湾—象山科创中心整合象山县中小企业服务中心、宁波科技大市场象山分市场、投融资等各类第三方服务机构13家，建立在线上线下一站式企服大厅，全年新入驻企业78家，年产值6619万元，实现税收243万元，园区先后被认定获得“宁波市中小企业公共服务示范平台”“宁波市级文化产业园”“宁波市侨联侨界创新创业基地”等荣誉。投资2.5亿元、面积超10万平方米的新海洋科技人才创业园于10月份开工建设，老园区新入住人才项目8个，孵化项目企业新上规2家。

（三）企业创新载体进一步提升

引导深化企业研发平台建设，锦浪科技股份有限公司获批国家企业技术中心，中机装备获批省级工程技术研究中心，获批省高新技术企业研发中心4个，省级企业研究院1个，省小微企业园3个，全年新增高新技术企业42家，总量达到142家，实现高企三年翻番目标。有效发明专利拥有量增长率连续两年全市第一，高新技术产业产值增速和投资增速居全市第五，全社会R&D投入15亿元，同比增长10%。

中共象山县委组织部

宁波保税区加快建设专业化人力资源服务产业园

近年来，宁波保税区充分发挥功能、港口、开放的比较优势，通过思路创新、机制创新和载体创新，积极培育以“数字贸易”为代表的产业特色和人力资源服务特色。积极打造进口贸易大通道、加快加工贸易升级、完善跨境电商生态、设立转口贸易中心、开展易货贸易试点、提升服务贸易能级，兴建了以“数字贸易”为特色的“互联网+平台型”人力资源服务产业园。2020 年 12 月经浙江省人社厅批复同意设立全省首家专业性省级人力资源服务产业园，名称定为“浙江省（宁波）数字外贸人力资源服务产业园”。

一、基本情况

宁波保税区是长三角对外开放的引领区之一，充分发挥海关特殊监管区域的功能优势，深化制度创新，相继获批国家进口贸易促进创新示范区、国家跨境电子商务综合试验区、浙江省外商投资新兴产业示范基地、浙江省“十佳”开放平台，目前全区集聚各类企业 1 万余家，其中外资企业 340 多家，投资总额约 81 亿美元，成为长三角乃至全国对外开放的重要窗口。保税区人力资源产业共集聚浙江省对外服务公司、浙江省商务人力资源交流服务中心、博尔捷企业集团、福建海峡人力资源股份有限公司各类人力资源服务机构 150 余家，从业人数超过 3000 人。2019 年全年实现产值 182 亿元，完成税收 14.6 亿元，相较于 2018 年分别增长 61% 和 38%，产业经济贡献度位列区域第三位。

二、主要特色

（一）机构突显，优势凸显

近三年，宁波保税区人力资源服务业机构规模实现了迅猛的发展，尤其是自 2018 年始呈爆发式增长，营业收入较上年同比增长近两倍，税收同比增长近 6 倍，2019 年相较于 2018 年又上涨近 50%。2019 年，我区人力资源企业中有 48 家税收超过百万元，其中 4 家税收上亿元，22 家税收超千万元；营业收入超 10 亿元的 5 家、1 亿 ~ 10 亿元的 22 家。

（二）数字贸易，特色鲜明

围绕数字贸易产业，园区内共集聚 61 家人力资源公司入驻，2019 年完成产值约 150 亿元，实现税收约 10 亿元。其中，服务数字贸易产业的专业性人力资源服务机构 34 家。园区整合人力资源要素，联建联动，形成人力资源工作的集聚、辐射的连带效应，加速引领人力资源产业向专业化、规模化发展。一是引进国内知名企业。引进以省外服、省商务、人事人等为代表的多家国内知名人力资源企业，更有海峡人力、点米科技等 2018HRoot 全球人力资源机构 50 强项目落户。二是集聚大赛获奖项目。聚焦中国（宁波）人力资源创新创业大赛的项目落地，2015—2019 年已引进获奖前三甲项目六个。三是培育示范性人力资源企业。2017 年，省外服和省商务两家机构被评为宁波市“示范型”人力资源服务机构；2019 年，省商务、欧孚网络科技、薪云信息技术、薪福多网络科技四家机构被省厅授予“2019—2021 年度重点培育人力资源服务企业”。近两年，园区内共有 2 个和 4 个人力资源项目分别入选市“泛 3315 计划”和区级高端创业团队项目。

（三）人才培育，成果明显

围绕新电商蓬勃发展模式，加快对新媒体、社群、视频动画等方向的人才培训，促进数字贸易产业发展。一是为数字贸易人才引进提供重要支持。我区人力资源机构累计服务宁波企业超 700 家，为宁波各大企业输送各类人才近 50000 人次。定期组织承办“我选甬保　保我甬现”、助力“225 外贸双万亿行动”等全国高校巡回专场招聘活动和宁波市跨境电商、金融行业、数字贸易人力资源服务对接会。二是积极推动数字贸易人才培养。产业园内先后承办了两届市区两级跨境电商职业技能大赛，建立省市区跨境电商人才培养基地、国内第一个小语种跨境电商人才培养基地，与万里学院合作建设三届跨境电商特色班。宁波数字贸易人才学院为全市范围内服务 100 家次企业引育 1000 人次。同时，每年开展数字贸易相关技能实操等培训，三年培训了 500 余人次。三是为数字贸易企业管理提供技术支撑。薪福多、2 号人事部、发工资网为代表的人力资源机构，以“人工智能 + 大数据”为核心，完成了从核算、发薪、报税到理财一条龙服务，提高了企业管理效能。

三、主要做法

（一）领导高度重视，支持专业园区打造

宁波保税区作为浙江省内重要开放功能区和海关特殊监管区，聚焦数字贸易，持续培育功能平台形成新增长极，精准施策力争外贸稳增长，抢抓跨境电商发展机遇促增长，打造进口贸易大通道。为使人

力资源产业园更好地为我区实体经济、特色产业服务，充分发挥产业园集聚功能，由管委会分管领导牵头，会同相关职能部门研究决定，我区围绕“互联网+平台型”方向积极着手打造以“数字贸易”为特色的人力资源产业园，推动人力资源产业取得新发展。

（二）提早规划空间，优化园区发展环境

在“数字贸易”专业性人力资源产业园建设规划基础上，对产业园的功能布局、运营模式、服务体系等进行充分论证，为入驻企业营造优良的发展环境。通过空间规划，加大资金投入，强化运营管理，完善产业扶持，提供配套服务等方式优化园区发展环境。

关于加大资金投入，自2017年起，宁波保税区每年投入约300万元作为产业园运营经费，保障产业园的租金、物业、保洁、绿化、招商宣传及文化建设。同时，为符合条件的入驻机构提供相应的租金补贴，3年已累计补贴逾200万元。

关于强化运营管理，建立专职运营团队，宁波保税区人力资源产业园由区人社局牵头负责管理，下设综合管理部和企业服务部两个部门，提供完善的政策咨询、大厦入驻审核、登记注册、扶持资金申请等方面服务。制定园区管理制度，出台人力资源大厦运行管理暂行办法和考核等制度，配备专职运营团队，为产业园的正常运行奠定了扎实基础。

关于完善产业扶持。为推进服务业提速增效，研究出台了一系列政策对人力资源服务业给予更大力度的财政扶持，在机构引进人才、培育人才、对外拓展业务、品牌创建等方面给予大力扶持，进一步营造市场化配置人力资源的环境。

关于提供配套服务。一是人力资源产业园区在人力资源大厦设有服务大厅，提供完善的政策咨询、入驻申请、登记注册等服务。二是人力资源机构分别与保税区各招商部门形成对应服务关系，提供综合

性商务服务。三是产业园为入驻机构提供餐饮、超市、健身等设施，建有2000平方米的会议室和培训教室。同时，大厦还入驻了中国银行、工商银行、宁波耀阳惠心投资管理合伙企业、蓝白律师事务所等机构，为入驻企业提供人员公共就业和人才、法律咨询、投融资等系列服务。

（三）强化精准引才，加速优势产业聚集

通过积极建立“与招商部门的联动”机制，引进创业团队等方式加速优势产业聚集。一是建立“与招商部门的联动”机制，发挥区内招商部门的积极性和联动性。二是积极参加中国（宁波）人力资源服务创新创业大赛等活动赛事，展现出我区人力资源产业的良好风貌，扩大产业园品牌知名度。三是创新引进“平台型”人力资源机构，为我区招商，尤其是人力资源产业招商及企业管理提供个性化服务。四是开展区级引才计划，通过项目团队评审，为我区人力资源产业在人工智能、大数据、区块链等数字经济领域引进了新的业态。

（四）联动优势产业，凸显数贸特色品牌

聚焦引才聚才难的数字贸易新兴领域，针对特定人才和群体，研究制定数字贸易产业人才工作专项政策。统筹规划数字贸易人力资源服务产业园区建设，结合人力资源大厦、象保合作区和航天智慧科技城共同打造“一核两翼”产业园布局模式。培育一批在企业规模、管理规范、行业地位、创新能力、盈利能力等方面较为突出，具有示范引领作用和较高知名度的龙头企业。加强机构自主品牌建设、打造区域人才特色、促进区域人才交流，打造最优人才生态、促进人才优先发展。

（五）服务经济发展，构建人才生态体系

加强与“一带一路”沿线国家（地区）和17 +1经贸合作示范区

国家的数字贸易人力资源对接，鼓励企业引进具有国际视野的人力资源服务业高级人才，鼓励行业人才在职深造，开展多层次、多形式的职业培训，提升从业人员专业化水平。实施人才国际化培养工程，创新本土人才国际化培育模式，优化人才国际交流服务管理，与高校联合共建引才育才共同体。重点树立园区“数贸特色、优质服务”的品牌形象，制定园区企业考评、奖励制度，树立品牌服务标杆，整合园区优质服务资源，通过市场核心，给数字贸易提供更多“专、精、深”的差异化、个性化的服务产品，服务经济发展。

接下来，宁波保税区人力资源产业园会继续加强数字贸易产业发展的顶层设计，结合“十四五”规划和区域经济社会发展需求，凸显数字经济贸易的功能定位，成为宁波市人力资源服务机构投资、发展的聚集地。

中共宁波保税区党工委组织部

宁波国家高新区深化推进“产教研”合作

近年来，高新区不断深化创新平台功能，深入探索“产教研”合作高端人才引育模式，全面推进科技人才“栽树工程”。先后与中科院宁波材料所、中国兵器科学研究院宁波分院共建宁波新材料联合研究院，与中国科学院计算技术研究所共建宁波人工智能产业研究院，与诺丁汉大学共建诺丁汉大学宁波新材料研究院和诺丁汉大学卓越灯塔计划（宁波）创新研究院，与西北工业大学（简称“西工大”）共建西北工业大学宁波研究院，形成了高端人才培养既稳又增的格局。西北工业大学宁波研究院（以下简称“研究院”）作为政企共建的新型研究机构，自签署了战略合作协议以来，仅历时 7 个月，便在高新区努力推动下完成了筹建、签约、落地全过程，现已成为宁波市推进科技创新“栽树工程”、加强院地合作的典范，是高新区 2020 年度人才工作的最大亮点。

一、主要做法

（一）推动校地领导群策群力共谋研究院建设

为打造一流的创新平台，宁波国家高新区努力推动宁波市与西工大领导 4 次会晤共谋发展大计，全力为研究院提供充裕的场地、资金和全方位配套政策，力促项目落地。出台了“一院一策”方案：一是授予研究院岗位设置、人事薪酬自主权；二是授予达到标准的科研人员研究生导师资格；三是划拨研究生招生指标；四是对引进的国字号人才及核心成员给予学校事业编制；五是鼓励创新创业，明确了科技成果转移转化具体政策。

（二）找准高校科研与宁波产业的结合点

西工大在航空航天、电子信息、材料科学等领域有明显的技术优势，与宁波“246”万千亿级产业集群发展定位高度匹配。由此，高新区提出发展建议并列入研究院工作目标和计划：一是要把引进世界级科技领军团队，解决当地企业技术难题，作为科技创新的发力点；二是要把为当地制造业企业培养和输送高层次工程技术人才，作为人才培养的落脚点；三是要把实现关键共性技术源头创新，作为解决“卡脖子”问题的突破点。

（三）聚焦当地企业开展人才培养和科技创新

推动研究院与宁波均胜电子股份有限公司、宁波激智科技股份有限公司、宁波长阳科技股份有限公司、宁波永新光学股份有限公司、宁波卢米蓝新材料有限公司等企业签订了工程博士联合培养协议，招收工程博士 15 名。推动研究院柔性电子、智能芯片、无人航行、民用航天、卫星与大数据五个技术研究中心师生与宁波本地制造业企业开展技术对接，服务企业 30 余家次。

（四）推动共建联合实验室提升产业化落地能力

推动研究院与宁波卢米蓝新材料有限公司、中电科（宁波）海洋电子研究院有限公司等 43 所企业共建联合实验室，落地转化了有机电激光显示（OLED）材料及传感器件、特种柔性阻隔膜、柔性电子浆料、仿蝠鲼智能水下航行器、船舶航行发电变革技术等一批技术成果，缩短了孵化进程，提升了初创企业的研发能力和抗风险能力，助推创新创业人才汇聚宁波抱团发展。

（五）全方位做好保障服务工作

一是全力做好政策保障，高新区千方百计调剂预算，及时全额拨付第一年专项补助经费 1.83 亿元，有效保障了研究院运营管理、场地装修、人才引进、设备采购、技术研发、成果转化等建设工作的开展。二是多方位提供人才住房保障，在人才公寓基础上，通过租用市场房源、货币保障方式，克服了人才公寓资源紧缺的困难，有效解决了引进人才的住宿难题。三是按时完成场地装修，克服了新冠肺炎疫情影响、工期紧、项目审批协调多、工程量大等困难，按时完成了任务要求并及时交付使用。

二、主要成效

揭牌一年多以来，西北工业大学宁波研究院已集聚了两院院士、长江学者等国字号人才 11 名，教授、副教授等职称人才 62 名，博士 58 名；面向兵科院宁波分院、均胜集团、永新光学等单位招收了工程博士 15 名和全日制硕士研究生 30 名；建立了省级博士后科研工作站，已吸纳 3 名博士后进站。已签订科研合同 4200 万元，创建了柔性电子产业创新联合体，建立了重点实验室（技术中心）5 个，集聚孵化 OLED 材料及传感器件研究与产业化、仿蝠鲼智能水下航行器产业化、多用途工业级无人机、船舶航行发电变革技术、定制化智能传感芯片、特种柔性阻隔膜产业化等 10 个科技产业项目。通过黄维（我国有机电子与柔性电子学科的主要奠基者，被诺贝尔奖获得者艾伦·黑格赞为“有机光电子学领域的国际领袖”）院士团队获得工信部专项资助 2700 万元，通过产学研合作获得横向经费约 3000 万元。研究院还将目光投放到 OLED 材料产业，向宁波卢米蓝新材料有限公司创始人陈志宽抛出橄榄枝，邀请他作为研究院的责任教授，与黄维院士再度携手，开启向 OLED 产业踏浪的新征程。

西北工业大学宁波研究院的落地生根，标志着高新区创新平台建设已进入深化推进阶段。以大院大所为引领，集聚创建以产业服务为亮点的新型研究院与综合体，实现资源高度共享，全面释放以才引才链式效应，为高新区提供了更强有力的人才保障，也为“246”产业集群的发展提供更广阔的平台。

中共宁波国家高新区（新材料科技城）党工委组织部

东钱湖旅游度假区打造全链式人才高地

宁波院士中心坐落在东钱湖陶公山南麓，总占地面积3.2万平方米，总建筑面积2.2万平方米，于2019年7月开工建设。建成后的院士中心立足“以智为核、以用为本、以融为要”定位，主动对接战略新兴发展产业，有效服务产业转型、技术升级和创新发展，全力建设国内外院士的情感归宿和愿往之地，打造立足宁波、服务浙江、辐射长三角、面向海内外的智力高地。

一、主要做法

（一）精心建设

建设过程中，东钱湖上下拼质争速、日夜兼程，克服缺水、少电、山区无路、新冠肺炎疫情等客观困难，69天完成立项、开工，147天完成加固、结顶，累计新增桩基198枚、安装弧面玻璃552块，并采取最新清水墙施工工艺，刷新了工程建设的“东钱湖速度”。

（二）用心筹备

自2019年5月被列入“浙江院士之家”首批试点建设地区后，东钱湖抢抓机遇、主动作为，通过重大活动、重点项目平台主动对接院士专家联络进家意向，多次组织承办“院士行”、学术研讨活动扩大东钱湖院士工作影响力，同时及时引进专业市场团队负责综合保障工作，并主动对接鄞州区建立并实体化运行院士中心运营管理工作专班，确保项目建成投用后第一时间“进角色”“上轨道”“提车速”。

（三）强化运营

项目建成后，东钱湖及时将工作重心转至运营管理，立足长远谋划运营方案，制定自研发到产业化一系列院士合作项目政策支撑体系，出台来访接待管理、会议活动承接服务管理等规定办法，建立进家院士合作项目库和进家院士名录，筹划“院士村落小家”等功能延伸项目和“院士创智园”等成果转化项目前期工作，不断推动形成政策体系“一张网”、服务保障“一条龙”、运作转化“全链条”、平台支撑“全覆盖”。

二、实际效果

（一）领导关注

宁波院士中心自开工建设以来，一直受到市委市政府和市各级部门、各级领导的高度重视和密切关注：2019 年 7 月 6 日省委领导亲临现场调研指导，强调要“要建设分层级、网络化的智能城市院士中心系统，打造宁波高层次科技创新平台”；2019 年 10 月 18 日和 2020 年 5 月 13 日，韩启德院士两次考察项目现场，提出“作为全国第一家院士中心，宁波院士中心要打造成会议中心、人才中心、科研中心、康养中心，当成一项重大事业、做成一个重大品牌”。2019 年 10 月 15 日，在中国工程院 15 名院士和市委市政府各级领导的共同见证下，院士中心隆重举办“汇智济才、蕴势未来”启用仪式，进一步亮出形象、打响品牌。

（二）智力集聚

宁波院士中心在国内两院院士中的知名度不断提升，2019 年以来，先后已有近 40 批次、数百名院士专家到访，其中有 21 批次、52 位次院士实地到访，到目前已与 40 位院士达成进家意向，院士中心正逐步成为甬籍院士的情感归宿、非甬籍院士的愿往之地。

（三）创智创新

宁波院士中心紧盯新材料、工业互联网、关键核心基础件、生物医药等战略性新兴产业，主动对接院士高端科研论坛，承办学术会议、讲座沙龙，建立健全院士—企业联合攻克关键技术、推动产业成果转化的长效合作机制，2019 年以来，累计已开展学术研讨、决策咨询、文化传播等各类活动近 30 场次，11 个由院士专家团队主导科研技术攻关的产业项目全新落地，2 个项目正积极对接洽谈。

三、特色亮点

（一）功能复合

建成后的宁波院士中心包括学术综合楼、设计研发楼、陶公讲堂、访客中心等四大主体，通过景观连廊延展衔接、融为一体，配备智慧节能、人机交互等智能体系，集成工作创新中心、交流发布中心、咨询培训中心、孵化共创中心、城市智控中心、康养休闲中心等多个平台，构建形成品质突出、特色独具的高端智力创新综合体，为科研创新、产业集聚提供高质量、全链式“智力高地”。

（二）院士参与

宁波院士中心由中国工程院吴志强院士主导规划设计，其领衔专家团队对项目建设、装修、业态布局等进行全程跟踪，重点对建于20世纪60年代的原宁师院进行改扩建，强化或重构了原建筑立面、室内空间上使用的时代特色元素和构件，保留了红砖立面、波纹幕墙、拱形屋顶等原建筑元素，赋予改建后项目新的时代内涵。同时，后续吴院士专家团队初步计划将进一步介入二期开发建设和运营管理，并致力于智慧数据分析控制管理等科研工作。

（三）配套完备

宁波院士中心地处首批国家级旅游度假区——东钱湖旅游度假区，生态环境优越、交通便捷通达，现有40公里环湖车行系统、登山慢行系统和水上漫行系统，驻有顶尖星级酒店和特色民宿群，拥有鄞州人民医院等三甲医院医疗团队，为来访入驻院士专家提供全方位、全天候“管家式”服务。

中共东钱湖旅游度假区委员会组织部

宁波杭州湾新区优化人才生态的实践与思考

当前，新一轮科技革命和产业变革加速演进，新冠肺炎疫情蔓延促使世界经济政治秩序重构，我国经济转入高质量发展新阶段，区域竞争与合作、城市优势等都越来越聚焦人才科技创新这一战略支点。为此，浙江省委十四届七次全会和市委十三届八次全会都不约而同地着重对人才、科技、创新等作出重要部署，提出更高目标，更强措施，加速推进人才强国、科技兴国战略，从而实现经济社会的高质量发展。当前宁波杭州湾新区（以下简称“新区”）正处在高质量发展的重要窗口期，产业转型升级、核心技术攻关、城市人气聚集，都亟须最大限度地集聚人才科技创新等要素。因此，新区组织部就如何优化人才生态建设开展调研，通过查阅资料、问卷调查、数据分析等方式，梳理近年来新区优化人才生态的经验做法，查找该过程中存在的问题和原因，并提出相关建议。

一、新区十年来人才生态优化的探索与实践

新区自成立之日起，一直坚持“人才强区”的发展战略，坚持“引项目聚人才、搭平台引人才、创环境留人才”的人才发展思路，统筹推进人才发展各项工作。

（一）坚持项目带引人才、平台集聚人才的工作特色

新区依托“一手招商、一手招才”的方式，通过引进上汽大众汽车有限公司、吉利汽车集团、康龙化成（北京）新药技术有限公司等大项目招引符合企业科研需求、创新能力强的人才，目前，吉利汽车研究院（含动力总成研究院）、康龙化成（北京）新药技术有限公司、上汽大众汽车有限公司3家企业拥有人才超15000名，占新区人才总量的22.7%。其中，吉利汽车研究院（含动力总成研究院）拥有人才10000余名，康龙化成引进人才80%是硕士及以上人才，这些人才成为新区申报入选国家、省、市重点人才计划的中坚力量。大平台集聚人才是新区的又一大亮点。新区通过引进、创建、培育等途径，先后搭建了复旦大学宁波研究院、宁波材料所杭州湾研究院、康龙化成生命科技园、众创园等平台，形成了政校合作、政企合作、企企合作等三种类型的聚才平台，成效显著，其中，宁波材料所杭州湾研究院自2018年12月挂牌以来，已集聚科研骨干100余人，启动3个国家级平台建设。

（二）坚持制度完善，以政策惠才，满足人才迫切需求

人才政策是新区引培人才有力保障。新区高度重视人才发展工作，2012年制定出台总纲性政策《关于实施“五个一”人才工程　打造创业型“人才特区”的若干意见》，之后密集出台了23个配套政策，形成了以高层次人才、住房保障以及高校毕业生三大系列为重点的人才政策体系。政策实施以来，财政累计支出近10亿元，有力地保障了人才集聚。为顺应人才工作新形势新任务，配合新区开发建设新目标任务，打造新区人才政策品牌，新区人才政策不断完善，近期，研究出台了“五个湾区”人才新政20条，通过优化引才、用才、育才、留才政策，打造人才发展的“智创湾区”“活力湾区”“青春湾区”“工匠

湾区”“幸福湾区”。

（三）坚持激励评价，以绩效励才，促进人才作用发挥

坚持人才使用，企业为本。在新区人才公寓政策中，对年度亩均缴纳税费额前50名的企业，根据其所缴纳税费总额，按比例奖励人才公寓名额，在奖励名额范围内，企业可在符合人才公寓申购条件的人才中，根据贡献大小确定人才公寓购买资格。创新人才评价方法，打破唯职称、唯学历的人才评价一刀切模式，引入“创新成果”的概念，以专利、论文、主持项目、年薪等来界定重点高层次人才，给予重点高层次人才子女就学、专项奖励、年度体检、春节慰问等政策，很好地激发了人才创新创业热情。

（四）坚持服务保障，以服务留才，不断优化人才发展环境

持续加快补齐民生发展短板，组建宁波科学中学和杭州湾世外两大教育集团，促进教育高水平均衡化发展；引进上海交通大学医学院附属仁济医院并实现跨省医保异地结算，进驻上海仁济、宁波二院专家近200名；李宁体育公园、杭州湾大剧院、体育馆、图书馆、青少年学生实践基地等文化体育娱乐设施落成投用……新区人才就医难、子女就学难等问题逐步得到缓解。加快推进“最多跑一次”改革，为人才创业创新提供从初创咨询到注册落户的一对一服务，尽量让人才少跑腿、不跑腿。梳理发布6大类63项人才政策清单和12大类123项的人才服务清单，并开设专栏、专窗方便人才知晓。

人才生态优化以来，财政累计支出近10亿元，政策导引成效显著，人才不断集聚。截至目前，新区拥有人才（大专及以上学历、初级及以上职称、初级工及以上职业资格）总量7万余人；高层次人才（硕士及以上学历、副高及以上职称以及高级技师职业资格）7000余人。

二、新区在优化人才生态过程中存在的问题及原因

新区发展的10年来，虽然通过优化人才生态，人才工作取得了可喜的成绩，但是我们还是要清醒地看到其中存在的问题，主要表现在以下几个方面：

（一）人才平台数量较少，类型较为单一，平台能级不够高

新区虽大力实行“栽树”工程，引进了宁波材料所杭州湾研究院、复旦大学宁波研究院、吉利汽车研究院等平台载体，但较其他县市（区）或者功能园区如镇海区有7家大院大所，新区知名高校院所、科研机构等人才吸附平台较为缺乏，且都集中在汽车制造、新材料、生命健康等领域，其他例如金融、电子商务、互联网、智能电子等领域平台较为缺乏。

（二）民生服务保障还不够优化，人才生活品质受到影响

从问卷调查结果分析，39.02%的人才对新区公共资源表示满意和非常满意，38.62的人才表示一般，还有22.36%的人才表示不满意和非常不满意。新区目前还处于产城融合初级阶段，虽大力加大民生等基础设施建设，但相较于大城市来说，城市商业、居住配套、社交休闲等建设还相对滞后，不能满足人才多元化、品质化的生活需要。

（三）人才政策吸引力还有待提升，宣传覆盖面有待扩大

问卷调查显示，对新区人才政策感到满意和非常满意者达到47.6%，感觉一般者占比42.71%，还有小部分感到不满意和非常不满意。从原因分析中看，主要是人才覆盖面不够，没有享受到和政策福利较低。新区人才政策虽然在不断优化，但受财力、人才基数不断扩大及公共配套资源等的影响，对于人才的吸引力稍逊一筹。加之人员

配备不足，使得人才政策宣传方面还留有死角。

（四）人才服务智能化有待加强，人才服务模式有待更新

新区虽大力践行“最多跑一次改革”，并开设人才服务专栏、专窗、专网等，不断优化服务流程，提升服务态度和水准，但还有部分新区特有事项未实行掌上办、网上办，因此要不断推行掌上办、网上办的办事模式，实现人才全时段服务。

三、进一步优化新区人才生态的思考与建议

针对新区优化人才生态中存在的问题，课题组从新区实际出发，就进一步优化新区人才生态做了一些思考。

（一）坚持党管人才原则，充分发挥党工委人才工作部门的统筹协调作用

新区虽建立了人才工作领导小组，下设办公室，但是人才办没有实际工作人员，许多工作由人才发展中心承担。要配强人才办工作力量，实行人才办独立运作。要聚焦新区人才资源短板，梳理问题清单，形成任务清单、项目清单，由人才办牵头抓总，督促各相关部门层层落实，形成较强人才科技工作合力。

（二）坚持以用为本，创新完善人才政策

紧紧围绕需求导向，瞄准新区发展过程中的“堵点”“痛点”，围绕人才创新创业过程中最关心的教育医疗、人才住房、社会保障、创业资助、融资渠道、产业转化等问题提出针对性措施，精准施策，破解一批体制机制难题。同时要细分人才层次，根据不同人才出台差别化政策，例如高端人才更注重公共资源保障及人才服务体验，基础人才更注重政策力度。

（三）坚持项目引才、平台聚才，发挥乘数效应

科研院所和研究型大学是我国科技发展的主要基础所在，也是科技创新人才的摇篮。据统计，合肥 20 所高校院所合作共建 258 个协同创新平台，国家大学科设置 10 个，取得超过 230 项重大科研成果，突破一批“卡脖子”核心关键技术……而新区作为人才纯输入型区域，更加需要大的科研院所、大的平台来支撑新区产城人融合发展。

（四）坚持服务留才，打造互促互融互生的人才发展环境

政府、企业、人才是相互促进、相关成就的关系，聚焦高质量发展，需要人才链、企业链、产业链、创新链、金融链、服务链等互相融合、相互促进。作为政府部门，应积极建立并完善以政府为主导、市场为核心、第三方力量为支持的人才服务工作格局，打造专业化的人才服务队伍，提高人才服务能力和水平。

加强环境认同，不断加快公共基础设施建设。据统计留住当代青年人才的不仅仅是就业机会，更是城市能够提供的生活配套设施例如商场、剧院、博物馆、图书馆、高等学府等，他们能满足当代生活人的社交需要。而新区是一座产业新城，其城市配套设施还不完善，因此要大力新建一批适合年轻人、较为时尚前沿的场所，并引入各类文娱活动等，增强人才对新区的认同感。

宁波杭州湾新区党工委组织部

研究探索篇

宁波人才创新创业全周期“一件事”改革的模式和路径

人才是第一资源。近年来，从中央到地方对人才越发重视，各地对人才的竞争也日趋激烈，已从以往单纯比拼政策向综合性生态聚才转变，从只关注人才本身向关注整个人才群体与地方融合共赢的机制转变。现有传统的人才工作模式、服务模式难以适应人才发展趋势，与现代政府“整体智治”要求之间的矛盾日益突出，亟须加快推进人才服务体制机制改革，全面提升宁波市人才服务效能。为此，市高层次人才服务中心会同市人力社保局、市政府发展研究中心等单位，走访调研杭州、绍兴、舟山等地，组织召开各类调研座谈会 5 个，访谈各方面人才专家40 人次，对人才领域“一件事”改革现状进行了全面梳理，对存在问题进行了系统分析，提出了一系列对策建议，以期为推进宁波市人才创新创业全周期“一件事”改革提供参考借鉴。

一、推进人才创新创业全周期“一件事”改革的重要意义

（一）是贯彻落实省、市委全会精神的重要举措

浙江省委十四届七次全会、宁波市委十三届八次全会相继通过关于人才和创新的重要决定，对人才和创新工作作出了全面部署，对优

化人才创新创业服务提出了明确要求。深化人才创新创业全周期“一件事”改革，已写进省委、市委全会决定，是当前和今后一段时间牵引、撬动、赋能人才工作的重要抓手，将有力推动人才服务机制全面革新、服务功能系统集成、服务平台迭代升级、服务效能全面提升，为宁波打造人才生态最优市，建设高素质人才队伍，推进高水平创新型城市建设提供重要支撑。

（二）是实现人才服务整体智治的有效途径

人才服务是项系统工程，涉及多部门、多领域、多主体，工作中容易出现沟通协调不畅、落实力度不均等问题。随着宁波人才总量持续攀升，人才需求趋向多元化、高端化、专业化，人才对服务的可及性、专业性、精准性提出了更高要求，传统的工作模式、服务模式很难适应当下人才发展趋势。人才创新创业全周期“一件事”改革“以人才为中心”，聚焦数字赋能，通过数据共享、流程再造、业务协同，倒逼行政部门改革，提升公共服务效能，并通过调动市场的积极性，做大市场化服务，撬动人才服务体制机制深层次改革，构建“政府＋市场”的双循环人才服务体系，推动实现人才服务整体智治。

（三）是提升城市人才竞争力的有力抓手

人才优势决定城市未来发展高度。新形势下人才竞争越来越激烈，各地都在想方设法吸引人才、留住人才，由单一的比政策向比人才生态、比人才服务内涵、比高质量服务体系转变。为赢得未来城市竞争主动权，宁波亟须加快推进人才创新创业全周期“一件事”改革，深层次剖析人才需求，超常规整合服务资源，大力度创新服务举措，全方位构建人才综合服务平台，打通人才在创新创业、安居乐业、交通出行、医疗教育等方面的难点、痛点、堵点，以最优生态集聚全球英才来甬创业创新，加快形成人才引领优势。

二、省内城市经验借鉴

自2019年8月杭州启动“人才安居乐业一件事”改革以来，省内嘉兴、衢州等地围绕人才创新创业全周期“一件事”改革，在服务事项流程优化、部门数据互联共享、数字化平台建设等方面推出一系列创新举措，人才服务成效逐渐显现。

（一）一次填表，终身有效

衢州衢江区通过微信“一卡通”小程序，建立人才数字化“专属档案”，做到“一次备案、终身有效”，避免重复提供证明材料，实现人才“最多填一次”。杭州富阳区通过材料精简、提取共性关键信息等措施，整合人才相关业务部门申请表单，化多表为一表，实现多事项办理、一站式申报。

（二）系统集成，部门互联

嘉兴南湖区对建档认定的人才自动生成“人才码”，在子女入学、就医绿通、人才公寓等关键小事方面提供“一码通”便捷化服务。杭州余杭区对杭州市民卡App进行二次开发，打造“余杭人才e卡通”，整合分散在人社、住建、教育等部门的人才服务功能，推出“10大e享”专享服务、生活服务、创业服务三大服务模块，在公共出行、就医就学等方面实现“一卡通”。

（三）精准服务，智能推送

杭州富阳区建立人才服务事项成熟激活机制，将人才提交的各类信息与人才政策条件进行数据匹配，对符合办理条件但未办理的事项，通过弹窗、短信等方式告知部门和用人单位，实现精准服务。衢州衢江区出台人才“一卡通”管理系统，整合导入全区85项人才政策，根据人才基础信息和需求记录等标签，智能精准推送人才政策和可办事项。

（四）畅通渠道，及时反馈

杭州余杭区依托“钉钉”平台开辟24小时企业人才问题反映渠道，实现对人才诉求“一条龙”线上办理；衢州衢江区建立24小时人才热线，统筹部门职能，建成快速响应机制，畅通人才诉求反应渠道，实现人才服务“掌上一键通”。

三、宁波人才创新创业全周期“一件事”改革现实基础

面对人才工作新形势、新变化、新挑战，宁波围绕政府数字化转型，以人才领域“最多跑一次”改革为主线，统筹推进人才服务模式、人才服务平台、人才服务力量“全面升级”，着力构建人才创新创业全周期服务体系。

（一）现有基础

一是聚焦需求导向，高站位系统谋划。结合人才服务社会关注度高、涉及部门多、需求变化快等特点，按照“先易后难，先急后缓”的原则，加强系统谋划，做好顶层设计，研究制定实施《人才创业创新全生命周期“一件事”改革工作方案》，进一步明确工作分工、倒排时间进度，统筹推进人才服务集成、数据互联互通、流程优化再造、服务平台开发等各项工作，确保“一件事”改革推进有力、落地落实。

二是聚焦数字赋能，大力度开发平台。打通信息数据壁垒，实现数据互联互通，是实现人才服务“最多跑一次”的关键。整合宁波市人才服务申报系统，依托浙里办App开发“甬智通”平台，打通户籍、学历、社保等数据接口，上线安居服务、就业服务、专家服务、档案服务四大功能版块，探索市级“高频事项”+区县（市）级“自选事

项”创新模式，完成北仑、鄞州、奉化、慈溪等区县（市）级平台开发，安家补助、购房补贴、就业补贴等32项高频事项实现掌上通办。专家服务管理平台综合集成公共交通、景区旅游、休闲健身等温馨服务，人才专家掌上享受十项全免服务，平台自上线以来已累计服务专家近70万人次。

三是聚焦联动服务，多维度协同推进。线下推进人才服务联盟提质增效，整合部门职责，统筹10个区县（市）、5个功能园区人才服务资源，全市域建立高层次人才服务联盟专窗，形成以市级服务联盟为龙头、各责任部门为纽带、区县（市）人才服务机构为节点、各基层人才工作站为终端的综合服务体系。按照“一次性告知、一站式受理、一窗口办结”的服务原则，规范办事流程，编印人才服务指南，推行窗口首问负责、难事挂牌销号、工作流程催办等制度，压缩事项办结时限，压实窗口服务职责，采取“前台综合受理、部门分类审核、对内跟进督查、对外专人服务”的模式，实现人才服务线上线下联办。

四是聚焦模式创新，一站式集成服务。在区县（市）核心区块布局宁波人才之家，通过“系统化构建网络、社会化整合资源、市场化承接服务、实体化运营管理、集成化服务人才”五大举措，系统综合项目孵化、创业辅导、融资对接等创业服务，全面整合政府、市场、社会组织等各方资源，打造一站式服务综合体，为人才创新创业提供全方位、全要素、全周期的优质服务。目前，已建成启用宁波人才之家5家，招引“进家”服务机构150余家，开展人才活动100余场，联系服务高端人才2.5万余人次，人才之家成为人才创业交流、商务洽谈、休闲交友的首选地。

（二）特色亮点

一是化“人才跑”为“数据跑”。打通人力社保、公安、民政、学信网等数据接口，减少上传附件材料（如户口簿、身份证、结婚证、银行卡信息等），减少窗口相关材料校验，进一步提升办理效率，便利人才办事。

二是化“串联办理”为“并联办理”。根据多事项并发联办设计多种表单组合方式，人才可自选多项办理事项，系统自动生成一张办理表格。人才只需注册填写一次，即可多事项办理，一站式申报多项服务，一体化申请多项补贴。

三是化“撒网推送”为“精准推送”。增设场景导航、精准推送功能，根据人才身份、办理事项等相关标签信息管理，智能匹配人才政策和可办理事项，提供未办理政策提醒和咨询服务，方便人才及时掌握政策信息和办理进度。

四是化“单渠道办理”为“多渠道联办”。人才可通过服务联盟等线下平台，也可通过移动端“甬智通”平台和 PC 端网页进行办理，实现线下办、网上办、掌上办等多渠道联办。

五是变“政府主导”为“市场主导”。着眼探索市场化、专业化人才服务模式，在人才之家精准引入第三方平台机构，打造政府和市场共建共享的人才服务平台，推动人才服务从“有没有”向“好不好”转变。

（三）存在的问题

一是平台集成度有待提升。目前，线上人才服务平台各有侧重点和薄弱点。例如人才服务申报系统基于电脑端而开发，系统稳定但功能有限，目前只适用于人才认定及安家、购房、就业补贴的申领；“甬智通”基于移动端开发，便捷易操作，智慧化程度高，但部分版块仍以咨询服务为主，还需人才线下办理；专家服务管理平台部分事项需依托第三方平台实现，如公共交通服务需借助云闪付 App 进行办理，欠缺全平台式的服务集成系统。

二是信息孤岛现象仍然存在。虽然社保、户籍、学历等信息实现互联互通，但部分端口信息提取过程中仍然存在数据壁垒。如人才在申请购房补贴过程中，还需要本人到自然资源和规划部门开具首次购房证明后再提交系统审核；学信网等数据接口每天有数量查询限制。由于“甬智通”平台依托浙里办 App 外网运行，数据接口不稳定，如民政接口因省民政厅对数据接口调度申请及审核程序作出了新规定，导致数据接口被关闭。

三是“一件事”集成还不够。虽然目前宁波市基础事项梳理较为完善，但首批上线服务事项涉及面不够广，大部分仍散落在相关部门，人才需要将多个事项逐一办理，尚未从人才创新创业全周期的角度，对多个相关联的事项，按照人才引进、就业、安居等多个环节，进行多部门集成改革。

四是事项标准化程度不够。在“甬智通”上线的政策兑现类事项整体尚未达到“八统一”（主项名称、子项名称、适用依据、申请材料、办事流程、业务经办流程、办理时限、表单内容）标准化要求，导致人才全周期“一件事”改革未能依托浙江政务服务网、浙里办 App 内网推进，仅在浙里办 App 外网运行，限制了平台的服务能级。

五是服务体系欠缺顶层设计。人才需求快速演变，人才服务体系需不断健全完善，如线上线下服务功能分工、服务模式有待厘清，线上各个系统间数据采集字段、标准有待统一，需要进一步加强全局性、前瞻性的顶层设计。

四、深化人才创新创业全周期“一件事”改革的对策建议

推进人才全周期“一件事”改革要坚持人才需求导向，紧密结合宁波实际，重点围绕人才发展的高频事项和人才关心的“关键小事”，力争在简环节、优流程、提效能、强服务上取得新成效，切实提升人才的满意度、获得感。

（一）总体原则

一是办事依法依规。严格遵循法律法规，坚持运用法治思维和法治方式推进改革，没有法律法律或规章依据以及能够通过与其他部门共享获取相关信息的，原则上不要求提交材料。

二是流程简化优化。优化人才“一件事”公用服务事项办理程序，按照环节最简、材料最少、时限最短的要求，简化办事环节，加快流程再造，明确标准和时限。

三是服务高质高效。强化服务意识，丰富服务内容，拓展服务渠道，创新服务方式，提高服务质量，让人才办事更便捷、创业创新更顺畅。

四是信息互联互通。运用大数据等现代数字技术，加强部门间统筹、市县联动和数据共享，打破人才服务行政壁垒、数据壁垒，推动信息开放共享，实现人才服务整体智治。

（二）具体建议

一是进一步梳理规范“一件事”服务清单。加强部门统筹协调，围绕引进人才、保障人才、赋能人才、引领人才等方面，以人才创新创业需求为导向，系统梳理人才引进落户、项目申报、补贴申领、行政审批、知识产权保护等政务服务事项，公共教育、医疗卫生、住房保障、金融信贷、文化体育、交通出行等公共服务事项，加快编制人才全周期“一件事”事项清单。各区县（市）要在市级目录基础上，结合本地实际进行动态调整，推进市县高频事项联动融合。加强人才服务事项标准化工作，进一步规范人才“一件事”服务事项的申请材料、办事流程、办理时限，加快推进事项“八统一”，为平台依托浙江政务服务网 2.0 版、浙里办 App 内网运行奠定扎实基础。

二是进一步加大“一件事”服务集成力度。结合政务服务网 2.0

版建设，依托“浙里办”等统一平台，推进跨部门数据高效共享、“一件事”流程协同再造。按照应纳尽纳原则，拓展联办事项，优化办事流程，压缩办事时限，实现“一表到底”“一网通办”“一次办结”。凡具备线上办理条件的人才服务事项，都要推广线上受理、线上办理、线上反馈，实现办理进度和办理结果线上实时可查；暂不具备线上办理条件的事项，要创新服务模式，通过专员代办、后台审核等方式，实现人才办事“零跑”。积极对接“甬易办”平台，升级智能推送功能，推动人才政策精准推送、自动兑现、无感办事，实现从“人找服务”向“服务找人”的跨越转变。

三是进一步加快“一件事”线上平台开发。依托省“人才码”平台，加快整合“甬智通”“宁波专家服务系统”等现有人才服务平台，推进宁波“人才码”建设，以“人才码”为人才服务数字化的基础设施，打通各类服务事项，连接各种应用场景，推动全市人才服务一体化、数字化、市场化发展。建立高层次人才数据库和服务库，根据人才身份、地域、层次自动赋码。“人才码”全市统一，人才凭码在线上办理各类政府服务事项，在线下享受当地同等公共服务。各地各单位根据平台开发进度，做好平台共建、数据共通、信息共享，加快推进“人才码”互通互认，积极拓展“人才码”使用场景，不断深化“人才码”服务内涵，努力实现“一码在手、服务全有、全市通用”。

四是进一步加强“一件事”线下平台建设。深入推进人才创业创新服务综合体、人才之家等平台建设，注重创业辅导、融资贷款、研发设计、知识产权、投资咨询等发展性功能的系统集成，努力在延伸服务链条、提升服务能级、改善服务体验等方面下功夫、出实效，把浙江创新中心、宁波人才之家等综合体打造成为宁波人才工作的集中展示窗口、人才融入宁波的第一站。注重人才服务联盟的功能整合，在人才密集的园区（平台）设立流动专窗，集成提供人才认定、人才引进、创业就业、生活安居、政策兑现等服务，逐步构建线上“一件事”平台、线下“一站式”大厅、移动客户端、自助终端等多种形式相结合的人才服务体系，为人才提供更便捷高效的多样化服务。

五是进一步强化“一件事”服务力量配备。加大政府财政支持，扩充助创专员、法务专员、财务专员“三员”服务队伍，从银行信贷经理、基金公司资深业务员中择优选聘财经专员，引导各区县（市）进一步发展壮大个性化服务队伍。建立“人才服务超市”，加强与专业机构、行业协会联系合作，全面收集人力资源、金融资本、创业辅导等领域市场服务主体信息，分类分级滚动发布供应商清单，供人才个性点单，精准对接服务资源。

中共宁波市委组织部课题组

宁波事业单位领导人员集中轮训的实践与思考

为建设高素质专业化事业单位领导人员队伍，提高事业单位公益服务质量和效率，助推宁波走在高质量发展前列，宁波市开展了事业单位领导人员培训工作的实践，探索建立了常态化培训机制，把事业单位领导人员培训工作列入全市年度干部教育培训计划，纳入市委党校干部培训主体班次，每年举办一期，以 5 年为周期，实现事业单位领导人员培训全覆盖。宁波市事业单位领导人员集中轮训班已成功举办两期，现将阶段性工作实践与思考进行总结梳理。

一、实施背景

2015 年 5 月，中共中央办公厅印发的《事业单位领导人员管理暂行规定》指出，要完善事业单位领导人员培养教育制度，加强政治引领和能力培养，强化岗位培训，注重实践锻炼，提高思想政治素质和管理工作能力。2018 年 12 月，宁波市出台了《2018—2022 年宁波市干部教育培训规划》，对党政领导班子成员等 7 类培训对象提出分类量化要求，首次把事业单位领导人员培训单列，作出了制度性安排，明确了具体量化指标，为实施事业单位领导人员培训提供了政策支撑。2019 年 12 月，中共中央组织部、人力资源和社会保障部下发了《事业单位工作人员培训规定》（人社部规〔2019〕4 号），为推进事业单位工作人员培训工作科学化、制度化、规范化提供了法律保障。

二、教学实践

根据《2018—2022年宁波市干部教育培训规划》要求，从2019年起，宁波市委组织部、市人力资源和社会保障局（简称“市人力社保局”）、市委党校联合举办了两期事业单位领导人员集中轮训班，探索开展“五大课程板块+七种教学方式”的“5+7”教学模式，155名市直机关所属事业单位处级领导人员圆满完成为期一个月的学习顺利结业。

（一）五大课程板块

一是加强理论武装，把牢政治定力。深入学习领会党的十九大和十九届二中、三中全会精神，把系统把握习近平新时代中国特色社会主义思想作为培训班的首要任务，提升事业单位领导人员统筹推进“五位一体”总体布局和协调推进“四个全面”战略布局的能力，进一步增强坚定理想信念，坚守初心使命，增强“四个意识”，坚定“四个自信”，坚决做到“两个维护”。

二是聚焦中心工作，助推“六争攻坚”。把握宁波城市发展的历史定位，紧扣市委市政府中心工作，提升贯彻落实市委市政府重大战略部署水平。突出事业发展需要，加强领导干部的专业化、精准化培训，弥补知识空白、经验盲区、能力弱项，使干部队伍的素质和能力与岗位要求相适应，深入探索宁波经济发展新路径，推进“六争攻坚”，进一步增强事业单位领导人员干事创业的本领。

三是增强法治意识，推进依法行政。按照《法治政府建设实施纲要（2015—2020年）》的要求，紧紧围绕“法治政府”建设目标，以现实突出问题为导向，开展事业单位人事管理必备法治知识培训，以增强依法行政的理性认识，提高事业单位领导人员法治思维和依法管理能力。

四是加强党性锻炼，提升党性修养。围绕“不忘初心使命，勇于奉献担当”主题，以“红船精神”学习为主线，加强政治历练，坚定理想信念，增强党性修养，深刻领会新时代全面从严治党的重大命题，增强政治定力、纪律定力、道德定力和拒腐防变的能力，做忠诚干净担当的好干部。

五是开拓领导视野，提升能力素质。适应新时期经济社会发展对事业单位领导人员的新要求，加大新理念、新知识和新技术学习，拓宽知识面和视野，促进学用深度融合，着力补短板、长见识、提素质，提升领导干部综合能力和工作水平。

（二）七种教学方式

培训班坚持“实际、实用、实效”原则，把课堂“讲授”与现场“体验”，理论“灌输”与内心“感悟”，“理性”思维与“情感”冲击相结合，在传统课堂教学基础上，创新开展了破冰行动、微型课堂、现场教学、结构研讨、学员论坛、案例教学等新型教学形式，提升了培训效果。

一是讲座授课。轮训班集中授课重点安排政治理论、依法行政、综合素质、职业道德、创新思维等方面课程，在师资配备上“一为主两补充”，即以党校教师为主体，以普通高校教师和党政机关领导干部为补充，学员对课程总体评价满意度达到95%。

二是破冰行动。基于其他培训班学员提出的如班组之间交流较少，互动课程不够丰富等意见，轮训班专门安排了“破冰行动”，专门邀请社会培训机构专业拓展训练培训师为大家进行开学式破冰之旅，让大家在第一时间增进了解，尽快熟悉，迅速融入，为一个月的集体生活奠定良好基础。

三是微型课堂。让参训学员走上讲台，变学员为教员，以争当

“六争攻坚”排头兵、争作“重要窗口”模范生为主题，结合各自岗位工作实际，展示单位工作成果和体会。微型课堂切中宁波发展的痛点问题和群众关心的热点问题，分别从打造政务服务“金名片”、习近平新时代中国特色社会主义理论的实践应用、沪嘉甬铁路建设、党建增强、志愿者服务等多个领域进行了感悟分享，内容丰富，图文并茂，促进了学员间的相互交流。

四是现场教学。轮训班学员实地考察了宁海市桑洲镇南岭村乡村风貌，听取宁海县桑洲镇党委书记葛建标讲述宁海乡村治理改革之前的乡村治理状况和当时困境，县纪委常委、县委巡察办主任葛知宙讲述宁海县委层面应对乡村治理困境采取的行动方案、推进过程、整体影响和未来方向。此外，通过考察江北外滩女子分队、社会治理综合指挥中心等，现场收获第一手的资料、接地气的经验。

五是结构研讨。全体学员们通过学习江北区综合行政执法局“非接触性执法”的全国性先进经验，就如何运用信息科技手段加强城市管理，提高社会治理的科学性和规范性，破解依法行政过程中的困难和问题，开展结构研讨、集思广益，汇总提出建设性针对性意见对策。

六是学员论坛。培训期间，分别组织开展了 2 期学员论坛，围绕“如何增强法治意识”“新兴产业与宁波发展”“如何做好‘重要窗口’模范生”为主题，十余位参训学员结合本职工作，围绕增强法治意识提高治理能力、推进“246”万千亿级产业集群发展、主动融入长三角一体化建设等作了精彩分享，促进了学员间的沟通和交流，共同为宁波发展出谋划策。

七是案例教学。市委党校巢小丽教授利用“六顶帽子法”与学员开展了《以人民为中心，推进政府治理改革——宁海县域治理改革》案例教学，从基层视角切入，管中窥豹，让学员了解宁波小微权力清单 36 条推广后的具体做法和实际成效，增强了广大学员对我国推进国家治理体系和治理能力现代化宏大课题的现实思考。

三、主要经验

（一）突出顶层设计，加强统筹规划和分工合作

事业单位领导人员培训班作为干部教育培训分类推进的探索，市委组织部、市人力社保局高度重视，注重从宏观方面做好长远规划，突出事业单位领导人员特点，衔接公务员处级干部培训，着力打造党校特色培训班次。市人力社保局分管领导听取专题汇报、审阅培训方案，出席开学式并作动员讲话，全程关注培训进展和指导改进培训。市人力社保局事业单位人事管理处积极对接市委组织部干部教育处、市委党校教务处，加强沟通，各负其责，形成合力，确保培训班顺利组织实施。

（二）突出政治引领，加强理论武装和党性锻炼

中国特色社会主义进入新时代，干部教育培训工作也要适应新时代新要求。围绕这一核心要求，事业单位领导人员培训班单设了“加强理论武装，增强政治定力”“加强党性锻炼，提升党性修养”两个课程单元，沿着时间线逆流而上追溯中国社会主义 70 年来的沧桑巨变，观照《共产党宣言》的起源、发展及其当代价值，聆听进入新时代以来党中央的系列重要论述，为事业单位领导人员补精神之钙，强思想之基。大家感到，通过培训弥补了理论短板，增强了斗争本领，锤炼了党性修养，坚定了初心使命。

（三）突出主责主业，加强师资配备和课程开发

针对事业单位领导人员岗位特点，培训班在课程设置上突出主责主业，邀请机关领导干部有的放矢进行授课。在 2 期培训班中，邀请了各级领导围绕事业单位人事管理政策和业务，从不同角度讲授了事

业单位人事制度改革、工资制度变迁、人事管理重点难点等内容，提升事业单位领导人员对事业单位人事管理的理解。同时，还安排市人力资源和社会保障局原副局长周永全从高站位、大格局、宽视野的要求与学员们分享了“如何当好事业单位领导”；省人力资源和社会保障厅宣传中心领导针对当下自媒体时代、全媒体时代这一背景，讲解了新时期宣传工作及舆情应对。市人力资源和社会保障局事业单位人事管理处结合案例与实务，全面解读事业单位人事管理政策和需要注意把握的问题。学员反映，这些课程与工作岗位紧密相关，既有理论性又有操作性，特色鲜明，受益匪浅。

（四）突出培训管理，加强学风建设和后勤保障

把加强学风建设贯穿于培训全过程，做到严格要求，严肃纪律，严谨考核。市委党校精心配备班主任，全程跟班学习，提供贴心服务。充分发挥班委会一线管理作用，积极配合班主任共同实施教学计划，上下沟通，以身作则，确保教学任务顺利实施。全体学员严格执行量化考核制度、考勤请假制度，全身心投入学习，确保学习过程与效果相统一。调训组织部门加强培训信息反馈，把优秀学员名单和学员考勤情况向各主管部门作了通报反馈，做到了表扬先进与严明纪律有机结合。充分利用党校新校区完善的硬件配套设施，坚持细心、热心、诚心为广大学员服务，广大学员对党校住宿餐饮、体育锻炼、图书阅览等保障给予了高度评价。

四、改进方向

两期宁波市事业单位领导人员集中轮训总体上取得了良好的培训效果，得到了广大参训学员的肯定和欢迎，但总结学校和学员反馈情况，可以在三个方面改进。

（一）课程安排更显特色

学员反馈，与事业单位管理业务直接相关的课堂教学政策性强，工作联系紧，对于学习掌握政策、厘清工作思路很有帮助，尽管在第二期培训中增加具体业务课程，但仍然存在聚焦事业单位业务实际不够、课程质量参差不齐的问题。客观上党校主体班次对理论教育和党性教育的课程教学有明确比例要求，下一步在不违反培训规定的前提下，精选授课经验丰富的师资，增设部分事业单位新政策解读、实务操作等与事业单位业务发展相关联的课程，更好体现事业单位领导人员轮训班特色。

（二）交流互动更多参与

轮训班在学习不同阶段安排了课程讨论环节，广大学员相互交流、思想碰撞、集思广益，为培训组织部门、业务管理机关了解事业单位全面发展情况开辟了渠道、提供了机会，但在研讨环节以学员为主，主管部门参与少，讨论目的和效果大打折扣。可以提前确定各阶段讨论主题，明确相关业务机关负责同志共同参与，畅通交流渠道，共同研究问题，为各级各部门掌握事业单位真实情况、制定针对政策措施、解决事业发展难题打下基础。

（三）轮训计划更加刚性

培训工作面临的一个突出问题就是工学矛盾，首期轮训班安排在临近年终岁末，各单位总结评比考核各项任务繁重，特别是事业单位一把手脱产调训一个月，一定程度上给单位工作正常开展带来了困难，有的学员不得不利用周末、晚上回单位处理公务。第二期轮训吸取了经验，在时间上适当前移，但是发现各单位推荐的参训学员中一把手很少，个别单位推荐退居二线的领导人员。今后轮训工作要进一步加强科学性和约束性，重点聚焦现任事业单位领导人员，特别是加强单位一把手参训的刚性约束，切实提升事业单位领导人员队伍素质。

宁波市人力资源和社会保障局

宁波加大直播经济人才培育力度的对策研究

新冠肺炎疫情常态化影响背景下，基于互联网与电商融合的直播经济成为在线新经济的突出代表，直播正在越来越多的垂直场景中获得广泛应用，直播模式成为不同行业转型的抓手。直播经济作为一种新的经济形态，推动了传统经济的发展。直播经济作为新的经济业态，宁波市正在加快推动发展，集聚了一批直播经济企业和平台基地，但是目前还面临着高端直播经济人才不足、人才培养力度不够等问题，需要加以有效应对。

一、宁波市直播经济发展现状

课题组向全市46家在线新经济企业发放调查问卷，并重点走访调研了宁波亮剑互娱影视文化有限公司、宁波直播电商示范基地、宁波（前洋）直播中心、宁波数字贸易人才学院、中东欧品牌直播运营中心等10家企业或机构，了解掌握宁波市直播产业发展和人才情况。

（一）加速发展的产业布局

近年来，宁波电商产业迅猛发展，助推经济结构调整和产业转型升级，其中直播电商更是引爆热点，成为带动消费升级和内循环的引领力量。从产业链来看，宁波直播经济生态已初步形成，供应链、网店、网红孵化中心（MCN）机构、主播、平台、用户、服务商等均有相应分布，通过相互配合、相互合作，共同为用户提供更好的消费体验，形成一个快速发展的新生态。随着产业发展一些行业头部企业也开始成型，如亮剑和前洋就是其中具有代表性的行业龙头企业，两家企业均入选宁波市2020年度直播电商创新示范企业。但我们同时也注意到，宁波的制造业和供应链优势突出，具有在线经济发展的齐全产品品类，但在直播经济的人才、要素资源等方面也存在显著劣势，在线经济氛围和直播产业发展环境较广州、杭州而言较弱，新经济特别是数字经济总量规模尚小，核心产业规模只占全省10%左右，对人才的吸引力和集聚力明显不足。

（二）各具特色的产业类型

调研发现，从直播经济人、货、场三个核心资源要素来看，宁波直播经济产业主要分三种类型。一是侧重拥有“人”的MCN机构。MCN机构，是专业培养和扶持网红达人的经纪公司或机构，主要为直播经济提供主播资源。宁波的MCN机构以宁波亮剑互娱影视文化有限公司、鲟鱼（宁波）文化传播有限公司等为代表，这些机构承接品牌方直播运营业务，进行内容的创作和持续输出。二是侧重拥有“场”的直播基地。以宁波前洋直播中心、宁波文创港直播带货中心等为代表的直播基地，主要通过直播间、摄影棚等硬件和一体化服务为特色，以“场”为基础对接“人”和“货”的资源，努力实现产业的集聚。三是拥有供应链的实力型企业主导的直播产业园。以宁波智尚国际服装淘宝直播产业园、云裳谷时尚直播产业园为代表，这类产业园通常是由制造型大企业主导，如智尚由宁波嘉乐投资控股有限公司主导，企业有制造能力和品牌产品，核心竞争力是供应链。在宁波这种类型通常在纺织服装这一优势产业中呈现更多。随着宁波首个中国—中东欧经贸合作示范区建设，以中东欧为代表的特色产品直播中心也现快速崛起态势，目前宁波已成立中东欧品牌运营中心、宁波国际直播人才精英库、宁波市跨境电商直播研究中心、新外贸新零售创业中心等机构，并与浙江纺织服装职业技术学院等院校合作设立孵化基地、直播学院，联合开展中东欧特色产品直播项目。

（三）日益增加的人才需求

在直播电商新业态井喷式增长的同时，相关人才缺口却越来越大。课题组在对46家数字和在线新经济企业问卷调研发现，有73.2%企业反映员工招聘特别是中高端人才引进和培育难的问题成为了制约在线新经济企业快速成长的瓶颈和痛点。调研发现，新经济领域的管理人员对新经济新业态的特点认知较为一致，普遍认可新业态前期投入较高，创新过程中投入较大，需有一定的培育期，一定程度上造成人才政策实施效果显现较慢。同时，企业组织结构变化较其他行业快，且人才年龄结构更年轻化，领军人才要求更复合化、创新化、非标准化，对有效人才培育政策的制定和实施提出更大的挑战。

二、存在的问题

（一）本地人才不够用

宁波直播经济人才紧缺，特别是本土直播人才很少，缺少头部主播、直播运营、MCN多渠道网络服务等直播经济的核心人才。调研发现，宁波近80%的直播以杭州、广州等地引进为主，本土人才占比非常小，且人才引进的费用较高，以普通达人为例，除保底2万元左右的月薪外，还给予3%～5%的提成，才能保证人才的稳定性，这加大了企业的运营成本，因此有些企业直接到杭州开设直播基地。相较而言，宁波传统优势产业如文体用品、时尚纺织服装，因为多年产业的沉淀与积累，产业人才储备相对较为充足，但转型成直播人才存在技术和客观条件的困难。

（二）人才培养跟不上

宁波在直播领域人才流入量与培养速度都跟不上，高校人才培养专业性、规模与市场需求也存在脱节。我们发现，随着直播行业不断发展，对从业人员的技能要求也越来越细化，例如直播需要场控管理能力、招商能力、互动能力、“带货”能力、官方活动运营能力等多方面的要求。然而，调研显示50%的在线经济从业者与专业不匹配，加之技术迭代频繁，人才在专业驾驭和学习后劲上都存在短板。目前主播以自我探索和其他职业转型为主，相对缺乏系统性的职业技能培训，宁波支撑直播经济发展的教育培训和研发创新机构缺失，高校中尚没有设立直播电商专业，仅个别在该领域行动较快的高校设立了直播电商方向，如浙江纺织服装学院在2020级市场营销专业中设立了直播电商方向。直播经济集聚的高层次人才偏少，硕士以上学位人才、高级职称和高技能人才占比均不到10%。

（三）要素平台不够多

直播经济已成为整个商业模态、商业形态中重要形式，其发展需要形成一个完整生态链，才能成为一个良性循环、可持续发展的产业。对标直播经济发展的“人、货、场”三要素，宁波在“人”和“场”这两个核心要素存在明显短板。调研显示40%以上的宁波本地MCN机构、直播基地、直播中心的主播人才基地和研发基地设在杭州或拟设杭州，60%以上的借力杭州等外来平台资源，宁波本地利于直播经济发展的人才集聚平台作用未能有效发挥。

（四）生活保障没跟上

相关调查显示，2020年全国互联网中高端人才的薪酬北京第一，互联网人才最向往工作的城市杭州第一，宁波对直播经济人才的吸引力方面存在明显差距，人才的政策吸引力和惠及面需要再提升。同时，直播经济领域青年工作满意度、生活幸福指数偏低，其中住房问题尤为突出。调研中发现直播经济中非甬籍青年占比高达72.1%，自有住房比例不到10%，住房支出占收入比超过30%。

三、对策建议

（一）提升人才政策精度力度

建议从政策的精度和力度上下功夫，具体有以下几方面建议。一是明确直播经济人才认定对象。直播工作需要团队协作配合完成，因此对直播人才的定义要多元化，把主播、电商直播管理、研究、策划、服务等方面的人才均认定为直播人才。二是明确直播经济人才认定标准。新经济快速发展，人才标准已由原有认知的高科技、高学历等窄化标准向泛化标准转化，原有的人才评定标准相对滞后，需作出相应调整。如将直播粉丝数量、带货销售额等作为人才评定、奖励及扶持标准。三是明确奖励政策和扶持标准。从条件程序、政策待遇、扶持标准、监督管理等方面对直播人才制定较为系统全面的政策，赋予直播经济更宽松的营商环境，大力引进业内TOP企业，鼓励本土企业与TOP企业合作，带动本土企业生态发展。充分利用新媒体广泛传播力、市场影响力和产业带动力，为直播经济建设提供有力的媒体平台支撑，进一步凸显了宁波抢占人才高地的地位。

（二）加强人才承载平台建设

优化人才成长的生态链环境，发挥企业平台、高校院所平台、产业平台的作用，全方位赋能宁波新济企业在互联网产业发展的“下半场”弯道超车。一是制定针对促进在线新经济发展的政策或行动方案。

以政策引导宁波集聚创新型企业，推出在线经济应用场景，打造直播经济品牌产品，突破直播经济关键技术，建立在线新经济发展高地。二是把MCN机构的培育或引进当成重大课题研究。尊重市场，采取市场化运作，以服务中小微企业为导向，高起点引进头部MCN机构、直播平台企业，并与政府的投融资平台结合，成立混合所有制企业，培育本地MCN机构，打通本地产业链。更多鼓励社会力量打造专业、方便、便宜的直播或短视频制作基地，助推直播经济发展。三是突出重点扶持直播经济发展。重视“场”的建设，在基础设施建设上打造条件，加快5G基站的建设和普及，通过聚合头部新媒体平台，加大对宁波流量的支持；对于头部企业要给予更优惠的政策或资金支持，鼓励媒体、企业或直播电商企业，做大做强业务，增强赋能水平等，助推宁波市直播经济发展。

（三）切实加快人才培养速度

宁波目前没有直接培养直播人才的院校和学科设置，直播人才的系统性培养还处于起步阶段，在标准化建设上仍亟待完善。建议走政府、企业、学校三方融合的培养模式，为宁波直播经济的迅猛发展打下人才基础。一是支持平台企业引进和培养应用型、复合型人才，统筹兼顾直播经济人才需求侧和供给侧体系构建，提高创新性经济和人才的附加值。二是鼓励高校、职业学院和MCN机构联合办学，鼓励本地高校创办直播学院培养主播达人，优化学科布局，加快相关学科建设，支持宁波大学、宁波诺丁汉大学、宁波工程学院、浙江纺织服装职业技术学院等高校开展新经济人才定向培养。三是为加强职业技能培训扶持，对开展直播经济主播、运营等核心人才的培训机构和企业给予一定的补贴。如金华给予每人每课时30元、最高800元的补贴，特别是一些受经贸摩擦影响的企业和制造业重点细分行业企业，培训补贴还能提高30%。四是开展直播经济人才分类培养。可依据行业影响力、品牌成长性、示范带动作用、群众口碑值等维度，将电商直播人才分级认定和培养。如分为电商直播大咖（领军人才）、电商直播达人、电商直播能手、电商直播新秀等4个层次，按不同层次设计认定标准和培养方案。

（四）积极探索体制机制创新

一是评价机制。创新直播经济人才成长评价机制，注重考核人才的创新成果，增加技术创新、成果转化、技术推广、经济贡献等评价指标的权重，如将粉丝数、带货量纳入评价标准。支持直播企业开展人才自主评价，深化企业和行业协会、学会等社会组织职称、资格自主评价以及人才自主评价的“两个自主”评价机制。二是激励机制。就行业分布、人才类别、能力条件、需求数量等方面规划“新兴人才开发路线图”，综合运用项目扶持、金融和信息服务、平台支撑、政策激励等手段，强化政策、组织、财政、服务支撑体系建设；加强与各平台的合作广度和深度，可以与阿里、腾讯、抖音、快手等签署战略合作协议，多争取一些流量扶持，向市场主体赋能，设计一些直播活动、直播节日、系列品牌活动、特色活动等，定期举办直播电商发展高峰论坛，扩大直播电商的知名度和影响力。

裘晓雯　魏　明

宁波加大产业工程师开发力度的对策建议

产业工程师是以产业发展为导向，围绕产品设计、生产制造、技术升级等环节，开展应用研发和工艺改进的工程技术人才，是引领和支撑产业发展的重要人才资源。宁波市正在加快建设全球先进制造业基地，打造三大科创高地、10 条标志性产业链，需要集聚一大批能够突破关键技术、改进产品工艺，与产业发展需求精准匹配的产业工程师人才。

一、产业工程师将成为新发展阶段人才开发重点

（一）工程师红利就是第二次人口红利

所谓工程师红利，是指处于劳动年龄的工程师数量庞大，为发展创新型经济创造有利的人才条件。全国第七次人口普查显示，我国老龄化程度加深，60 岁及以上老年人口占比达到 18.7%，比 2010 年上升 5.44 个百分点。据预测，到“十四五”末，我国将进入“中度老龄化”社会，60 岁及以上老年人口占比将超过 20%，“人口红利”逐渐消退，劳动力成本不断上升。与此同时，“十四五”期间，我国每年毕业大学生超 800 万人，理工科类毕业生占一半以上，到 2025 年存量工程师将达到 1 亿人。但年轻工程师的薪酬水平并没有明显同步增长，

高校扩招积累的“工程师红利”加速释放，这将成为我国经济社会高质量发展的第二次人口红利，有力支撑我国新兴产业发展。

（二）产业工程师符合未来人才培养趋势

我国是人力资本大国，但是人力资本在现实中能否发挥作用，还取决于人力资本的专业结构。近年来，我国不断提升人力资本与产业发展的匹配度，将工程师作为人才培养的重要方向。如国家教育部致力于新工科建设，提出“复旦共识”：即“高校人才培养要对地方经济发展和产业转型升级发挥支撑作用”。提出卓越工程师培养计划，着力培养现场工程师、设计开发工程师和研究型工程师等。国家人社部也高度注重产业工程师人才培养，鼓励各地建立专业设置动态调整机制，聚焦新技术、新工艺、新装备、新材料等战略性新兴产业，对工程系列相关评审专业进行动态调整，促进专业设置与产业发展同步。国家人社部还将工程师作为打通高技能人才与工程技术人才职业发展通道的重要手段，鼓励高技能人才申报产业工程师。

（三）产业工程师是产业创新发展的关键支撑

工程师创新为社会进步作出了巨大贡献，历次重大技术革命的标志性成果，很多都是工程师的创新实践。进入新发展阶段，新技术新工艺将越来越广泛地应用于产业发展中，推进产业结构转型升级。要加速科技成果向现实生产力转化，提升产业链水平、维护产业链安全。在产业技术迭代升级进程中，“KNOW HOW”（技术诀窍）型人才，即懂得如何进行关键工艺改进的工程师人才也显得越来越重要。国家“十四五”规划提出，加强创新型、应用型、技能型人才培养，实施知识更新工程、技能提升行动，壮大高水平工程师和高技能人才队伍。就是要充分发挥工程师的重要作用，有力促进高端技术成果快速转换，降低企业创新成本，推动产业跨越式发展。

二、宁波市要旗帜鲜明地建设产业工程师集聚高地

（一）宁波具有深厚的工程师情结

改革开放四十多年来，各类工程师人才一直是支撑宁波市发展的重要力量，“星期天工程师”“海外工程师”成为了宁波市人才开发的标志性成果。早在改革开放初期，宁波乡镇企业转型缺乏技术，本地产业技术人才供给不足，来自上海的“星期天工程师”成为了宁波市重要的技术来源。据统计，鼎盛时期每年有超2000名“星期天工程师”往返于沪甬之间，服务宁波发展。20世纪以来，面对企业欠缺高精尖技术支持现状，宁波开发利用国际技术资源，出台专项政策鼓励企业引进海外工程师。截至2020年底，宁波市累计引进海外工程师2106名，帮助企业新增专利申请6044项，开展新产品研发和设计项目18877个，推动企业直接新增产值410.17亿元，增加利税38.63亿元。北仑成为全国首个国家级引进国外智力示范区。进入新发展阶段，宁波市要继续用好工程师这块金字招牌，推进产业工程师队伍开发建设。

（二）宁波市具有良好基础条件

宁波市拥有高技能人才55.1万人，已经获评国家产教融合试点城市，正在加快探索产教融合的新型人才培养模式，产业工程师队伍建设基础较好。如宁波工程学院成立汽车学院，专门用于培养企业产业工程师，近5年培养本科毕业生2500名，80%以上的学生进入汽车相关行业就业，1/3左右的学生进入大众、吉利等杭州湾新区企业。宁波大学科技学院与慈溪地方龙头企业合作，设立公牛学院、慈星学院等，采用联合授课、定期赴企业实习、设立企业奖学金等方式，联合培养工程技术类人才。宁波市还拥有71家产业技术研究院、1657家企业工程（技术）中心、194家企业研究院，能够培养集聚大量工程师人才。

各区县（市）也在积极推动产业工程师队伍开发，如江北区拥有产业工程师人才近6000人，每年解决产业技术难题1300余项。

（三）宁波市企业（产业）对产业工程师需求迫切

宁波市拥有各类企业主体30余万家，规上工业企业8000余家。随着新兴产业蓬勃发展和传统制造业转型升级，对产业人才的需求层次也在不断提升。据《2020年宁波人才开发指引》对宁波市“246”“225”相关的13个产业进行大数据分析显示，宁波市相关企业对大专以上学历层次人才，需求占比超过90%。“246”产业处于人才紧缺状态的10个产业中，排名前五类的紧缺岗位中，产业工程师占比超过64%，最紧缺的是Java开发工程师和机械工程师等。

（四）相关城市日益重视产业工程师人才开发

产业工程师已经成为各地日益重视的一支人才队伍，通过搭建高校平台、实施专项计划、构建专门服务体系等方式，集聚产业工程师队伍。如深圳成立深圳技术大学，培养应用型工程师人才。苏州积极构建产业工程师服务体系，成立产业工程师协会，为产业工程师的能力提升、自我展示提供一站式服务。广东省江门市聚焦重点产业布局，实施产业工程师集聚计划，破除政策障碍，允许以专利直接申报中级职称，已评定两批次共60名产业工程师。青岛、烟台等城市将人才争夺环节前置，优化调整本地高校学科，加强设置与本地产业相匹配的学科，吸引理工科学生，形成产业工程师人才“蓄水池”。

（五）现有工程师体系与产业匹配度需提升

现行工程师体系形成时间较早，是基于工种、技术分类的体系，而不是基于产业分类的工程师体系，逐渐不适应当前日益细化的产业分工和新兴产业发展需要。工程师人才集聚度与产业匹配度不高，对产业发展支撑和促进作用就无法真正体现。对于传统产业，如汽车产业，只有笼统的汽车维修工程师一类，而没有覆盖汽车研发、设计、生产等，只能评定为机械、机电工程等类型工程师。对于新兴产业，如工业互联网、新材料，现有工程师体系中无法找到对应人才，企业招聘时只能寻找传统的计算机工程师、化工工程师。

三、宁波市加快集聚产业工程师人才的八项举措

一是更加重视产业工程师队伍开发。充分认识到培养集聚产业工程师，是宁波市优化人才结构、支撑产业发展、吸引新兴产业的关键举措。通过加大培养力度、打造专门平台、优化发展环境等方式，持续扩大产业工程师队伍规模，激发其创业创新的热情和动力，将产业工程师人才塑造成为宁波市人才工作又一张闪亮名片。

二是推广宁波市特色产业学院人才培养模式。发挥宁波市国家产教融合试点建设优势，推广宁波工程学院汽车学院、宁波大学科技学院公牛学院等特色产业学院建设模式，加强高校与企业的联合培养，给予特殊支持政策，鼓励毕业生留甬、进入宁波市重点产业领域。争取在甬高校每年新建1～2家特色产业学院，到2025年全市高水平特色产业学院达到10家以上。支持在甬产业技术研究院培养本科生、硕士生，给予专项政策支持，扩大产业工程师规模。

三是加强产业工程师培养科学指引。结合宁波市重点产业发展，及时制定发布产业工程师紧缺指数和人才开发目录，建立具有吸引力的薪酬指导标准，集聚紧缺产业工程师人才。依据产业工程师紧缺程度，引导在甬高校有序优化调整学科专业设计，加强紧缺产业工程师培养。

四是推动重点产业部门协同开发。建议市发改委将产业工程师人才培养作为宁波市开展产教融合试点的重点和亮点工作，积极探索产业工程师人才培养评价体系，总结成效经验，深化创新实践。建议市

经信局将产业工程师人才开发纳入新一轮制造业人才提升行动方案，与宁波市推进制造业高质量发展示范区建设紧密结合，建立一套符合宁波市制造业高质量发展的产业工程师开发体系。

五是加快建设产业工程师集聚平台。加快推进特色产业工程师协同创新中心建设，找准产业定位、平台属性、方法路径和评价标准，按照“成熟一个，创建一个”的要求逐步有序推进，实现10条标志性产业链和10个区县（市），两个全覆盖，积极争创1～2家全省示范型平台。

六是率先探索建立产业工程师人才评价体系。落实《关于深化工程技术人才职称制度改革的指导意见》精神要求，围绕宁波市三大科创高地和10条标志性产业链建设，率先开展工程职称序列优化调整探索。梳理形成符合宁波市实际、科学合理的产业工程师门类，建立产业细分、精准分类、有序实施的产业工程师资格认定与队伍体系。积极向国家、省争取试点资格，推动现行工程师分类优化调整。

七是鼓励开展市场化评价。切实发挥企业人才开发主体作用，充分运用市场机制，发挥行业协会、龙头企业、单项冠军企业的作用，率先在新材料、智能家电、绿色石化等领域探索产业工程师的评价标准和评价体系。

八是营造更好城市氛围。充分运用宁波人才日、宁波人才科技周等重大活动，加强对产业工程师的评选表彰。探索设立宁波产业工程师日。

袁娅娅

宁波实施文化产业人才培育行动的对策

一、宁波文化产业人才培育的“四大成效”

近年来，宁波积极推进文化产业人才培育工作，在人才培育政策、人才培育平台、人才队伍建设等方面都取得了稳步的成效，主要表现在以下四个方面。

（一）人才培育政策体系持续完善

除了“甬江引才工程”、顶尖人才集聚行动等综合性人才开发政策外，在《关于推进文化产业加快发展的若干意见》《宁波市宣传思想文化系统“六个一批”人才实施意见》《关于建立宁波市文艺家工作室制度的实施意见》《宁波市文化创新团队评选管理暂行办法》《宁波市文艺人才培养扶持办法》《宁波市“泛3315计划”文化体育领域创业创新人才（团队）管理办法》《宁波市理论人才“三十人工程”（2019—2022年）培养计划》等一系列政策文件中也对文化产业人才引进和培养提出了明确部署，基本形成了“综专结合”的较为完善的文化人才政策体系。

（二）人才培育平台能级不断拓展

进一步加强文艺大师工作室、文艺家工作室、文创产业园区等平台建设，每年指导大师工作室组织开展培训、展览、论坛、沙龙等各类活动共计60余场。截至2020年底，累计完成两轮共计24个文艺大师工作室创建，累计完成七批次共计79个文艺家工作室评选。依托宁波大学、宁波工程学院、浙江万里学院等高校院所，加强文化专业人才培养。与国务院发展研究中心、在甬高校等合作共建国研经济研究院东海分院、马克思主义学院、新闻传播学院、志愿服务学院等，加强文化智库建设。与省社科院合作共建省情调研基地等，积极搭建人才学习交流平台。

（三）人才培育整体效果初步显现

加强宣传文化人才梯队培养效果明显，累计入选中宣部“四个一批”人才8人、宣传思想文化青年英才1人、“国家级人才培养工程”人文社科领军人才1人、“省级人才培养工程”人文社科领军人才5人、省“五个一批人才”25人，引进“泛3315计划”文化体育创业创新人才7名、团队6个。建立省级文化创新团队6个、市级文化创新团队47个。鼓励文化人才开展创作活动，平均每年扶持文化人才赴境外发达国家、国家大剧院、国家博物馆、浙江美术馆等地举办展览展演、出版图书等10余人次，每年扶持新加入国家级、省级文艺家协会会员300余人开展文艺创作。

（四）人才队伍建设成效显著

积极推进“十万文艺甬军”建设，文化人才队伍不断壮大。文艺人才层次更趋合理，“十三五”以来，市级12个文艺家协会会员总数由5669人增至8267人，增幅46%，其中省级会员由1764人增至3177人，增幅80%，全国会员由485人增至831人，增幅71%。基层文化人才队伍不断发展，现有基层文化团队8000余支，其中登记注册的有2200余支。民间文艺队伍作用明显，充分发挥民间文艺团队、民间艺人、民间文艺创作人员在活跃乡村文化中的作用。

二、宁波文化产业人才培育面临的“三大问题”

（一）文化人才培育力度有待加大

高端人才培育力度有待加大，全国“四个一批”、省“五个一批”以及“国家级人才培养工程”“省级人才培养工程”等高端文化人才数量较少。高端人才主要集中在新闻界和文艺界，出版界、文化经营管理等领域相对较弱，社科理论界引进的青年人才尚处于培养阶段，而且文艺界现有的高端人才也主要集中在戏剧表演、影视和文学创作等领域，其他门类较少，“懂文化、会管理、善经营”的高端复合型人才更加缺少。中青年人才培育力度有待加大，全市有相当一部分的文化名家目前都步入中老年、面临退休的情况，中青年文化人才的断档情况突出，人才结构与“文化强市”建设目标仍不匹配。

（二）文化人才培育体系有待完善

目前全市还没有形成产业独立的人才培育机制和体系。以高校为主体的文化人才培育缺乏新意，学科设置缺少自主性，缺乏具有系统性和创新性教学的师资力量，专业教育普遍存在“重理论、轻实践”的现象。以企业为主体的文化人才培育内容主要集中在与企业利益相关和员工实际工作关联度高的领域，培训内容比较单一。另外，市级创意产业园区人才流失严重问题，高校文化人才培养与市场需求严重脱节问题，企业缺乏人才培养的意愿和行为问题，培养方式单一、缺乏系统性等问题严重制约着全市文化人才队伍建设。

（三）文化人才培育机制有待创新

针对文化产业人才培育的投入机制、联合培养机制、引进机制、保障机制等有待进一步完善。资金投入方面，目前全市主要以市县两级财政资金补助为主，社会资本参与文化人才培育的积极性和动力不足。联合培养方面，产学研合作开发机制还不够健全平，高校设立的专业实习实践基地、研究中心等产学研培养平台缺乏科学性、针对性，对学生实践能力培养支持力度明显不够，使得培育水平和整体效果尚不能满足实际需求。人才引进方面，“引进来却难留下来”的现象较为普遍，除了生活成本问题，文化人才尤其是高层次人才认定问题以及各类文化人才平台和氛围的缺乏，使得文化人才对宁波“望而却步”。政策保障方面，除了文艺和社科理论，对新闻出版、文化经营管理、创意设计等领域的引才政策还需进一步完善，而且目前政策主要针对本土人才，对人才引进和落户的要求较高、限制较大，一定程度上削弱了文化人才来宁波市发展的积极性。

三、宁波文化产业人才培育的“五大途径”

（一）突出重点，加大文化产业人才引进力度

一是加大高端和领军文化人才引进力度。加快文化产业高端人才集聚，优化整合文化产业人才引才计划，深入实施“甬江引才工程”，打造文化产业高素质人才重要首选地。鼓励文化企业、高等院校和科研机构引进国内外文化产业领军人才。积极探索柔性引才思路，鼓励国内外高层次文化产业人才通过兼职从事咨询、讲学或开展项目合作、定期服务等方式向市内柔性流动。

二是加大青年文化产业人才引进力度。打造青年文化产业“人才蓄水池”，探索实施青年文化人才新星计划，持续完善青年人才住房、信贷、就业、创业、子女入学、就医保障、综合服务等“一揽子”扶持政策体系。创新宁波人才日、人才科技周等重大活动，持续打造“与宁波·共成长”品牌，壮大青年文化产业人才队伍。

三是加大重点领域文化人才引进力度。聚焦“文化宁波”四大建设，依托“省级引才工程”“151 人才工程”以及市“甬江引才工程”等人才工程，以文艺创作、文化创意、现代传媒、数字和网络技术、文化产业经营管理等领域的人才为重点，鼓励采取签约、项目合作、技术（专利、品牌）入股、岗位聘任等方式，向海内外多渠道引进优秀文化人才和名家大师。

（二）强化创新，健全文化产业人才培养模式

一是完善宣传文化人才培育机制。积极向中宣部推荐“四个一批”人才，省委宣传部推荐“五个一批”人才。深入实施宣传文化系统“六个一批”人才工程、文化名家支持计划，重点打造“六个一批”领军人才和青年人才，扎实推进文艺大师工作室、文艺家工作室和理论人才“三十人工程”，培育和储备一批善于开拓文化产业新领域的拔尖创新人才、掌握现代传媒技术的专门人才、懂经营善管理的复合型人才、适应文化走出去需要的国际化人才。

二是积极探索“产学研”人才培养模式。借鉴上海经验，探索建立“文教结合”制度，建立文教结合平台机制，及时发现和预测文化事业发展所需的各类人才及其规模、层次、结构，并实行动态调整。加强在甬高校文化产业类优势特色学科和专业建设，鼓励和支持宁波大学等高等院校引进优秀师资，推动与文化企业深度联合，建立创意实验室、文化产品研究中心、创意学院等平台，加强文化产业人才引进，提升文化产业人才培养质量。加强中外合作办学，开设文艺创作、影视制作、数字文化、文化创意、文化经纪等专业，支持院校与文化企事业单位共建培养基地，鼓励文化企业招收文化类专业学生实习和就业。

三是加强文化人才在职教育和培训。深化与国内外知名综合性大学和文化类专业院校合作，定期组织市内文化人才进修、培训。鼓励

行业协会和龙头企业有针对性地开展文化专业人才培训。支持文化企业集聚平台开展文化产业创新创业活动和培训。鼓励和吸引更多的社会力量投资兴办文化艺术教育机构，全面提升办学水平和教育质量。

四是加强基层文化人才培养力度。实施基层文化人才队伍素质提升工程，建立健全群众性文艺社团、演出团体和基层宣讲员、业余文化队伍扶持机制，大力培养扎根基层的乡村文化能人、民族民间文化传承人、基层文化设施管理人员等基层文化工作者。鼓励专业文化人才和社会各界人士参与基层文化建设和群众文化活动，建立高层次文化人才服务基层制度。

（三）面向需求，完善文化产业人才扶持体系

一是完善文化人才评价机制。坚持德才兼备的原则，突出创新能力和社会效益评价标准，重视发挥行业组织在人才评价等方面的作用。完善文化人才专业技术职务评聘制度，扩展评聘范围，形成以业绩为依据，品德、知识、能力等要素构成的人才评价体系。深化文化人才职称制度改革，探索面向文化行业龙头企业和单项冠军企业下发中级职称评审权限。鼓励支持有条件有意愿的单位试点开展文化人才职称自主评价。

二是创新文化人才分配制度。探索实施高端文化人才协议工资、项目工资等多种分配形式。积极探索事业单位对拔尖及以上层次文化人才，可以通过申请特设岗位聘任，不受单位岗位编制总额和结构比例限制，不纳入绩效工资总量。积极推进国有文化企业按照国家有关规定开展股权激励试点，建立完善企业职工考评制度和激励制度。推动国有文化企业所属公司建立职业经理人制度，通过市场化选聘人才，设计符合文化市场规律的科学的薪酬体系。

三是完善文化人才激励政策。重视改善文化人才生活待遇，完善政府特殊津贴制度，健全以政府奖励为导向、用人单位和社会力量奖

励为主体的人才奖励体系。借鉴上海经验，建立健全全市文化荣誉制度，设立市级文化人才荣誉称号，激励文化人才创作更多更优秀的文艺精品。重视和培养社会文化人才，对非公有制文化单位人员职称评聘、参与培训、申报项目、表彰奖励同等对待。

（四）优化服务，提升文化产业人才服务水平

一是完善文化人才配套服务。实施文化人才服务提升行动，完善金融支持、知识产权服务、职称评定、创业环境、办公条件、交通出行、居住用房、医疗保障、子女就学等各方面服务，为文化产业人才创业创新营造优厚的环境。坚持以人为本，按照“尊重、包容、服务、引导”的要求，积极为文化人才搭建事业发展平台，大力宣传文化领域领军人才、高层次人才、青年英才及其成果，营造尊重劳动、尊重知识、尊重人才、尊重创造的良好社会氛围。

二是加强文化产业人才信息工作。加快建立和完善以高层次人才为重点、覆盖各领域人才、分级分类管理的全市文化人才数据库，建立健全社会化、开放式的人才资源信息共享机制，提高全市文化产业人才配置效率。建立健全高端人才、紧缺人才、民间文化人才等年度统计调查制度。完善文化产业人才目录制度，对进入目录的人才给予更为优厚的政策扶持。

三是创新文化人才服务模式。探索建立文化产业人才金融服务中心，提供风险投资、贷款、保险、担保等金融服务。积极拓宽人才联系渠道，完善领导联系专家制度，重视同优秀文化人才交朋友，通过走访慰问、座谈联谊等方式，了解各类文化人才的思想和工作动态，关心学习和生活，听取意见和建议，帮助解决实际困难。加大知识产权保护力度，维护各类文化产业人才的合法权益。支持成立文化产业人才协会，加强行业交流和行业自律，调动文化产业人才积极性。

（五）加强保障，夯实文化产业人才基础底座

一是持续强化组织领导。突出市委人才工作领导小组对全市文化产业人才工作的宏观协调指导职能，明确市委宣传部、市文广旅游局的牵头主体地位，及时制定重要规划、重要工程、重要政策以及各项目标任务的分解落实方案。建立健全党委统一领导、党政齐抓共管、宣传部门组织协调、有关部门分工负责、社会力量积极参与的文化人才工作格局。

二是持续优化政策保障。在全面梳理集成国家和省市支持文化人才建设的财政、税收、金融等政策的基础上，坚持全市“一盘棋”，建立健全文化人才统筹协同机制，推动各区县（市）文化人才政策力度总体均衡、执行规范有序。聚焦重点领域，探索制定具有针对性、特色化、差异化的专项政策，全面提升全市文化人才政策竞争力和实效性。

三是推进文化人才领域数字化改革。依托全市“人才码”为核心的人才治理“云系统”，积极拓展文化人才生活服务、双创服务、政策服务等综合服务功能，为文化人才提供一码集成、无感获得的在线服务。打通供需两端的“云聘板块”，为文化人才和企业提供产才自动匹配、双向推送的免费实时服务；构建以人才服务联盟为基础的“云窗板块”，建立文化人才需求在线及时发现有效解决闭环机制；打造人才食、住、行、医、娱等服务的“云享板块”，构建文化人才系列特惠服务体系。

冉红艳

加快宁波高层次科技人才开发对策研究

一、宁波市高层次科技人才的现状分析

（一）高层次科技人才的概念内涵

高层次科技人才主要是指在所从事科技领域中得到同行专家认可，具有精湛学术造诣和广阔国际视野，能够进行创新性劳动并取得突出成就的科技人才。根据中央人才有关部门的界定标准，高层次科技人才具体包括以下几类：①两院院士，享受国务院特殊津贴人员，国家有突出贡献的中青年专家，新世纪百千万人才工程一、二层次人选；②省、市优秀专家，市政府特殊津贴人员；③市级以上科技进步奖、技术发明奖获奖人员，国家级科技计划项目负责人，国家、省、市重点实验室负责人；④博士生导师，博士后研究人员。

（二）宁波市高层次科技人才的总体情况

一是宁波高层次科技人才底蕴深厚。截至目前，我国共有“两院院士”1755 名，其中宁波籍院士已超 110 名，高居全国各城市前列。二是科技人才工作取得新进展。实施顶尖人才科技项目 6 项，累计 10 项，入选“杰青”、省特级专家、省两创团队数均居全省首位。三是青年优秀科技人才加速流入。新增国家级博士后工作站 14 家、省级博士

后工作站35家，数量均居全省首位，截至2020年末，全市完成高层次人才认定近3000人次。

（三）加快高层次科技人才开发的意义

2020年新冠肺炎疫情全球暴发以来，海外高层次人才流动形势趋紧趋严，国际人才引进、交流受阻，加快自主培养高层次科技人才需求更加迫切，同时，"十四五"时期，高层次科技人才对地方经济社会发展"破雾开路"的作用将更加突出、地位将更加重要、效果将更加明显，人才引领发展的新格局将加速定型。当前，宁波市正全力打造三大科创高地，建设十大标志性产业链，加快关键核心技术攻关，这就要求我们加快高层次科技人才开发，为建成高水平创新型城市提供更有力的人才保障和智力支撑。

二、其他城市高层次科技人才开发的经验借鉴

一是真金白银投入大。深圳为打造全球一流科技创新人才向往集聚地，今年市本级安排各类人才专项经费83.1亿元，同比增加26亿元，重点用于产业发展与创新人才奖励、高层次科技人才经费和奖励等。上海研发经费支出呈逐年增长趋势，2020年研发经费支出占GDP比重达4.1%，科创板上市企业数位居全国第一。

二是专项培养效果佳。深圳就杰出人才、基础研究人才、核心技术研发人才等高层次科技人才，出台制定专项培养方案，靶向引进培养一批具有国际水平的战略科技人才、科技领军人才、青年科技人才等高水平创新团队。目前深圳人才总量超过600万人，其中高层次人才超1.9万人，科技人才超200万人。上海设立优秀科技创新人才培育计划，面向不同年龄段海内外科技人才，推出青年科技英才扬帆、青年科技启明星、优秀学术/技术带头人和浦江人才等4类科技人才培养计划，现已集聚高层次科技人才1万多人，为上海建设具有全球影响

力的科技创新中心提供了有力的人才智力支撑。

三是人才开发体制活。上海积极推进产学研一体化，鼓励高校、科研院所与企业联合共建新型研发机构，做大做强产学研用对接平台，同时鼓励企业建立高校、科研院所实践基地，联合培养研究生，加快高层次科技人才开发培育。深圳、苏州等市积极推进博士后科研工作站建设，积极打造高层次科技人才以才育才平台，构建更加灵活高效的科技人才使用、评价、管理机制。

四是人才服务体系全。深圳在市人事人才公共服务中心设立高层次科技人才服务专窗，实行“一站式”服务，实现“一站受理、一站办结”，还在居留和出入境便利、落户、子女入学、配偶就业、税收、医疗和保险等方面给予高层次科技人才优惠政策。苏州通过设立首期规模达2.1亿元的“姑苏人才基金”、推出“人才e贷”等举措，强化高层次科技人才创新创业金融支持，同时理顺党委和政府人才工作职能部门职责，将行业、领域科技人才队伍建设及人才服务保障职能列入相关部门“三定”方案。

三、宁波高层次科技人才开发存在的问题

一是高层次科技人才支持力度还需提升。以博士后人才开发培育为例，深圳给予进站博士后36万元生活补贴、出站留（来）深博士后30万元科研经费资助，从事科研工作满3年后再给予160万元补贴。当前，宁波对进站、出站留甬博士后分别给予最高30万元、50万元补贴。可见，宁波市高层次科技人才开发支持力度与深圳等先进城市仍有较大差距。

二是高层次科技人才后备梯队培养还需加强。2019年发布的《宁波市本土人才培养升级奖励实施细则》明确“奖励对象为经宁波自主培养升级为宁波市特优人才、领军人才的本土人才”，未覆盖拔尖人才和高级人才，不利于激发人才自主培养升级的积极性。同时，宁波优

质高校资源相对匮乏，在高层次科技人才培育上较为薄弱，难以满足日益发展的城市创新需求。

三是高层次科技人才定向培养还需加强。宁波市高校科技人才定向培养短板突出，亟须补强。一方面，专业设置与宁波产业匹配度不够高，能输送给本地重点产业的人才相比同类城市还不多。如宁波大学2019届毕业本科生制造业就业占比为10.3%，远低于青岛大学的20.3%、苏州大学的18.3%。另一方面，部分信息科技类专业毕业生留甬比例不高。如位于高新区的浙大宁波软件学院软件相关专业毕业生鲜有留甬发展，其中2020届毕业生留甬率不足2%。

四是高层次科技人才培育平台能级有待提升。在科研院所方面，宁波“国字号”院所、高能级科研平台还不多，目前拥有的71家产业技术研究院中尚无国家重点实验室布局，较同类城市存在差距。甬江实验室尚在起步建设阶段，对高层次科技人才的集聚效应跟杭州的之江实验室、西湖实验室等相较，还不凸显。在企业主体方面，对高层次科技人才具有强吸附能级的龙头企业还偏少，如宁波仅有1家企业入围全国百强软件和信息技术服务企业，远低于深圳、杭州。

四、加快宁波高层次科技人才开发的对策建议

（一）推进高层次科技人才政策创新升级

加快对全市科技人才政策进行创新升级，确保政策竞争力和时效性。着重填补市外博士后引进补助、上级引才计划薪资补助、“鲲鹏行动”计划配套支持等空白政策，提升中介机构荐才奖励、本土人才培养支持、博士后留甬补助等短板政策，打造高层次科技人才发展重要首选地。针对宁波市高层次科技人才开发培育的薄弱环节，探索采用科技人才国际合作、跨地交流及委托培养等“离岸”培养模式，加大政策支持力度，如对该类人才经有关部门备案核实的，人才薪资可由

政府进行部分补贴，推进高层次科技人才合作交流。

（二）建立健全高层次科技人才培养体系

加快高层次科技人才定向培养。面向本地高校、科研院所、高新技术企业，聚焦新材料、人工智能、先进制造等细分领域，通过优化调整学科专业机构、加大科研项目资助、提升科研成果奖励水平等方式，开展高层次科技人才定向培养。采取积极措施，提高本地高校优秀毕业生留甬率。加快高层次科技人才后备梯队培养，推动青年科技人培育“升级”，对自主培养升级为顶尖、特优、领军等相应层次的青年人才给予成长奖励。加快重点领域急需紧缺人才专项培养。对于市级以上重点引进项目、国际合作重大项目、产业研究院引入的科研团队和拥有关键核心技术的企业，给予高层次科技人才培养专项支持。

（三）发挥重点平台聚才引领作用

对甬江实验室，实行政策重点倾斜，支持其自主制定高层次科技人才引育用留全链条工作体系，实验室认定的高层次科技人才直接享受市级相应人才政策，在人才引进聘用、项目组织管理、科研经费使用等方面给予优先保障。对宁波中日国际科技合作中心、中东欧国家科技创新研究中心等平台，加快发挥引才育才作用，通过共同承担科研项目、协同开展技术攻关和产品研发等方式，拓展提升高层次科技人才视野格局、知识结构、创新能力。对龙头企业、单项冠军企业，赋予其高层次科技人才评价权、举荐权，并通过给予年薪资助、编制周转等方式支持其全职引进省级以上重点人才。

（四）加大高层次科技人才服务保障力度

整合规范人力资源机构、海内外人才合作站点等渠道资源，构建高层次科技人才资源信息库，加快科技人才信息化系统建设。对经认定的科技人才赋予“人才码”，为其提供一码集成、无感获得的在线专线服务，让高层次科技人才享受食、住、行、娱、医各方面特惠政策。营造科技人才发展良好氛围。建立健全科技人才工作尽职容错免责机制，切实保护高层次科技人才创新创业创造积极性。深入挖掘宁波科技人才文化、院士之乡文化，加快打造院士公园，讲好宁波高层次科技人才故事。

李　丛

宁波实施人才国际化培养工程的对策研究

市委《关于深入实施人才和创新“栽树工程”，加快建设高水平创新型城市的决定》指出，实施人才国际化培养工程，创新本土人才国际化培育模式，优化人才国际交流服务。国际化人才培养与开发，是提升宁波市人才国际竞争力的重要途径，是打造高素质人才发展重要首选地，建设高水平创新型城市的重要内容，是推动宁波市城市国际化的重要支撑力量。

一、人才国际化培养的内涵

国际化人才的核心是“国际化”，即知识能力素质具备国际水准视为国际化人才重要标准。总的来说，国际化人才的内核包括两部分：一是知识技能的国际化，二是视野及心智模式的国际化，此类人才无论到任何一个国家、地区或场景，其知识技能、思想气质等都能够实现无障碍的跨文化社会交往，进行高畅通的国际化业务运作。

国际化人才培养概括起来主要体现在3个方面，即教育观念国际化、人员交流与科研合作国际化、课程设置国际化，具体形式有以下几种：聘请国外专家和知名学者来国内为本科生授课、作学术报告；选派本科生开展各种形式的国际交流，如联合培养、短期访学、科研合作、国际交换生、国际学术会议、国际暑期学校等，这些模式的共同特点是“请进来”“走出去”。本土人才的国际化培养和海外人才的引进使用是人才国际化战略的左膀右臂，两者互为支撑形成引才育才链式效应。本课题研究的人才国际化以本土人才国际化培养为基础，因此所定义的国际化人才为本土培养的国际化人才，人才来源于国内，可以在国内也可以在国外任用，即中国本地的人才和派出去人才。如以中外合作办学、国际战略合作为典型的本土化培养战略和以出国留学、海外派遣为典型的“走出去”战略。

二、宁波人才国际化培养现状

（一）国际化人才培养起步早，水平高

宁波是全国首批教育国际合作与交流综合改革试验区，先后建成全国首所中外合作大学——宁波诺丁汉大学、国内第一所供应链创新学院和商务部唯一的中国职业教育援外培训基地，与境外1200余所学校建立交流合作关系。尤其是宁波诺丁汉大学，已有毕业生18000多名。在外资及合资企业工作的毕业生中，有76.5%的学生进入世界500强和全球行业龙头企业就职，如雀巢、可口可乐、联合利华等。根据2020年8月发布的《2019浙江省高等教育国际化发展年度报告》，浙江省硕博授权高校国际化总体水平前10位中，宁波诺丁汉大学和宁波大学分别位列第4位和第5位。浙江省高职高专院校国际化总体水平前10位中，宁波职业技术学院、宁波城市职业技术学院分别位列第2位、第5位。宁波大学科学技术学院在浙江省独立学院国际化总体水平排名第1。

（二）中外合作办学机构多，项目全

2020年，浙江省中外合作办学机构共16个，合作办学项目共151个。其中，中外合作办学机构宁波4个，占25%，中外合作办学项目

宁波 23 个，占 15%。从中外合作办学来看，分别为宁波诺丁汉大学、宁波大学昂热大学联合学院、宁波城市职业技术学院中澳合作技术与继续教育学院、浙江纺织服装职业技术学院中英时尚设计学院，合作方分别来自英国（2 所）、法国和澳大利亚的大学。主要有“2 +2”模式（两年国内两年国外）和“4 +0”模式（四年国内宁波培养），高中后合作项目和五年一贯制合作项目等模式。从中外合作办学项目来看，包括宁波大学、宁波城市职业技术学院、宁波工程学院等 10 所院校，涉及的专业主要包括会计、计算机技术、旅游管理等 10 余个专业，2020 年一期项目总招生人数达到 1731 人。

（三）国际资质证书持证人才增长快，奖励大

对获得国际资质证书的人才给予奖励是人才国际化培养的重要方式。2016 年以来宁波地区国际项目管理资质认证的报考人数呈现飞跃式增长，年增长率 30% 以上。根据《宁波市 2020 年国际行业资质证书持证奖励拟审核通过名单》，2020 年宁波市国际行业资质证书持证奖励指导目录共 12 项，而实际申请奖励的共 9 项，共 231 人将获得国际行业资质证书持证奖励。排名前三的人才分别是：注册管理会计师 108 人，注册职业采购经理 63 人，金融风险管理师 23 人。宁波也高度重视本土技能人才的国际化培养，对于参加世界技能大赛获奖的培养扶持力度较大，最高给予 50 万元的获奖奖励。

（四）企业参与人才国际化培养热情足、形式多

宁波本土企业“走出去”意愿强烈，面临国际化人才短缺的问题，积极主动开展多形式的人才培养，通过创办跨境电商基地、校企战略合作、订单班培养等举措开展人才国际化培养。如宁波跨境电商龙头企业豪雅集团与浙大宁波理工学院 2020 年 7 月合作共建跨境电商创新创业实践基地，与亚马逊全球开店于 2020 年 10 月启动“时代青年计

划”，着眼于对学生进行亚马逊后台实操培训，增进学生对行业主流模式、跨境电商平台运营的了解。宁波企业普遍重视对国际项目管理人才培养培训，发挥人才在国外新产品开发与市场推广、工程建设、国际项目招标、企业管理、项目投资、大型系统开发、信息化建设等方面的作用。

三、当前人才国际化培养存在的主要问题

（一）人才国际化培养力度还需加强

“十四五”时期，宁波将从彰显国际化宁波特色优势、提升城市形象国际知名度等方面推进城市国际化，主动融入新发展格局。城市国际化发展背景下，宁波国际化人才培养需求更加迫切。据一项对全市210家涉外企事业单位岗位需求调查显示，宁波对国际化人才的需求重点是本土培养的国际化人才，占全部需求岗位的81.47%。60%以上的受访企业表示本土培养的国际化人才招聘比较困难，尤其是国际化技术研发人才、小语种贸易人才等，尤其困难。宁波对于获取国际行业资质证书的培养扶持力度一般，最高奖励3万元，与杭州相当，但与重庆等多地对于国际金融类证书的奖励扶持力度还有较大差距。又如金融CFA持证人才数量，全省共有CFA持证人108位，其中87位分布在杭州市，宁波仅有11位，与杭州有着较大差距。

（二）高校人才国际化培养层次还需提升

大部分宁波市高校为了培养学生的国际化能力，均引入了中外合作办学模式，但根据浙江省教育厅《2020年浙江省中外合作办学机构和项目一览表》的项目统计，除了少数高校外，宁波中外合作办学的外方院校大多层次不高，引入的优质教学资源极为匮乏，外放投入的师资以及相应资源难以与学生数量相匹配。宁波目前中外合作办学机

构和项目中，职业教育领域的超过50%，培养的人才满足不了企业对人才国际化的需求。如对企业国际化技术人才的需求中，用人单位大部分岗位要求本科及以上学历，占比高达80%左右。对海外人才的需求主要以博士研究生人才为主体，约占4成，其他学历要求也为硕士研究生、本科生等，几乎没有本科以下的需求。

（三）高校人才国际化培养缺乏创新

在当前国际化人才培养过程中，宁波高校往往习惯于照搬以往的教育经验，拘泥于教材内容，缺乏创新能力，一方面，大多数高校培养出来的人才对国际环境根本难以适应，绝大多数的毕业生毕业之后无法胜任国际化的一线工作。另一方面，在人才培养过程中，更多地重视理论知识的教育而忽视实践能力的培养，会导致同国际化的人才需求难以有效衔接。

四、宁波实施人才国际化培养工程的对策建议

（一）科学确定人才国际化培养的目标要求

一是国际化人才队伍迅速壮大。以南北高教园区为核心功能载体，真实回应宁波经济社会发展对国际化人才培养需求，实施各类战略科技人才、产业领军人才、科技创新人才培养工程，培养、集聚100万名国际化创新创业人才。

二是国际化人才素养显著提升。以“实践和创新”为特色，致力于培养一大批“厚基础、宽专业、强实践、重创新、懂管理”，具有国际视野和跨文化交流能力，满足国家国际化发展战略需要的高素质创新型人才和行业领袖。

三是国际化人才布局不断优化。突出“高精尖缺”导向，加快调整和优化新增国际化人才结构，新增国际化人才，尤其是科技创新国

际化人才，优先布局在装备制造、信息技术、生物技术、新材料、新能源、绿色石化等重点领域。

四是国际化人才环境不断成熟。建设国家（重点）实验室、国家工程技术研究中心、国家高新技术开发区、各类新型研发机构、知名企业研发中心、新型孵化器、各级留学生创业园区等创新平台载体1000家自主培养更高层次、更强素质的国际化应用型人才的能力不断提高。

（二）着力塑造国际化人才培养“宁波特色”模式

一是理念国际化。理念国际化强调人才培养的内涵式发展，构建多元化、信息化、专业化、国际化的人才育用体系，国际化教育理念强调开放办学，集聚社会力量，要求国际性的平台、机构和企业的共同参与，构建跨区域产教联盟、产教融合示范性基地，努力探索“高校—政府—社会”三方合作的培养路径。

二是高校国际化。动员本地高校、科研机构与国际知名高校和学术机构建立实质合作交流关系，提升国际化办学水平，集聚国内外高端教育资源，打造人才国际化培养、创新交流的合作平台、合作网络。

三是教师国际化。依托知名国际企业和海外合作院校，聘请著名专家、知名人士为兼职教授、名誉教授和客座教授。同时大力推进校企、校校国际化人才培养方面的师资合作，提升本地教师的国际化水平。

四是基地国际化。整合国内外优质资源，拓展“一带一路”沿线国家和地区来甬留学生及出国留学培养项目，建成覆盖主要合作区的人才国际化培训基地群，为全市加快推进国际化人才培养、不断提升国际化办学水平奠定基础。

（三）优化完善高校人才国际化培养的体系

一要加强师资队伍国际化建设。高校教师的专业能力以及职业素质对培养国际化专业人才的素质有着至关重要的作用。为了能够有效增强宁波市国际化专业人才质量，需要结合宁波市的实际情况，建立一支专业的教师团队，同时还要对教师团队的人员进行专业化的强化培养。鼓励教师赴海外进修，建立国家、学校和学院三级公派体系，促进教师赴海外开展进修、交流等活动，选派优秀青年教师和中青年骨干教师到政府部门或外经外贸企业进行培训学习和挂职锻炼，加强与企业的联系与互动，并将教师赴海外进修为评定高级职称的必要条件。推动外籍教师引进工作，在自身优势专业上引入高层次的师资力量，帮助培养创新性国际化人才。

二要推进构建立体化课程体系。构建以面向世界、面向发展的人才培养课程体系，是国际化人才培养的关键环节。特色的国际化课程体系，需要搭建国际化的平台和国际化的师资、教材以及国际化的教学方法。以“层次化课程体系设置”和“模块化课程体系设置”结合的课程体系为平台，为学生提供分层次、递进式、多方位的国际化课程的选择，鼓励各高校开设外教参与授课的专业课程，使用国外高校最新教材作为课堂教材，充实国际化的教学内容。建设更多的平台以全面提升学生的社会实践能力。

三要推进研究生培养国际合作。支持宁波高校提升中外合作办学层次，在已有的基础上，与更为优秀的海外学校展开合作，并在对宁波城市精准定位的基础上寻求硕士、博士方向的联合办学，多渠道引进国际化项目，多国家拓展国际化合作，尤其是加强与世界排名靠前的高校或研究机构建立了稳定的合作关系，积极推动高层次“2+2/3+1/4+1”的联合办学模式，在此基础上开展出国（境）交换学习、短期研修、实习实践或参加学术会议、学术竞赛与交流活动。创新建立相对灵活的教学管理制度，从学籍管理、学分认定和学分转换等方面积极支持学生海外交流学习。

（四）建立人才国际化培养工作机制

一是启动实施三类“高精尖缺”国际化人才培养培训工程。在高级人才培养方面，实施高层次科技领军国际化人才培训工程、高层次国际经营管理人才培训工程，培训期内开展集中培训、高级研修、岗位轮训、实地考察、案例研讨、在线学习等活动，每年1期，累计培训300～500人次；在科技创新层次人才培养方面，在机械制造与自动化（先进装备、汽车及零部件）、信息技术、新材料、生命科学和生物技术、环境工程、生态农业等相关产业，实施产业领军拔尖人才培养工程，滚动培训，每年培训500～1000人次；在技能、服务领域，以装备制造业、信息技术、交通运输、新材料、石油化工、金融保险、国际贸易/跨境电商等产业相关岗位，开展轮训工程，每年培训3000～5000人次，培养紧缺的国际化人才。

二是加强人才国际化培养顶层设计。高校人才培养自主权限，以及政府、机构和国际交流合作部门的政策支持，建议由市委组织部牵头，成立国际化人才培养工程领导小组，整合教育、人社、科技、经信等部门及各相关高校参与领导小组工作，健全校地工作联动与协调机制，统筹协调、分层推进高校国际化人才培养工作，明确国际化人才工作的制度规范、组织形态、任务目标和责任权限，协调推动各类国际化人才政策措施和相关科技人才工程的实施。建议采取政府主办与购买服务相结合的人才培训支持政策，推进国际化人才培养分类支持、精准保障。

陆晓楠

宁波促进高校决策咨询研究人才成长的对策研究

一、促进高校培养决策咨询研究人才具有重大意义

决策咨询是跨学科、多领域的咨询活动，为各级决策者提供技术预测和论证，为重要政策和重大措施的决策提供参考意见，起到决策参谋的作用。高校具有人才密集、知识密集、信息资源丰富和信息基础设施完备的优势，具备发展战略决策咨询、信息咨询、科技咨询、管理咨询及其他专业咨询的良好基础和巨大潜力。咨政建言是高校参与政府决策，提升政府决策效率，科学制定战略政策的重要渠道。高校拥有大量学科门类齐全的专家学者，具有软科学和多学科综合的优势，是吸收、研究国内外先进科技知识的“窗口”，创造并积累了大量高水平的科研成果。宁波市长期以来注重高校专家学者参与到政府决策咨询队伍中来，已经形成了具有一定规模的高校决策咨询人才。现阶段国内外经济形势变化，使得宁波市经济发展面临着众多的新机遇、新挑战和新问题，如何发挥提升宁波市决策咨询队伍质量，提升决策咨询建议效力具有重要的现实意义。

二、宁波高校决策咨询人才培养现状

2020 年全市共有高校 16 所，其中全日制本科高校 8 所，高职高专

院校7所，成人高校1所，另有浙江大学软件学院归口宁波市教育局管理。全市高校共有专任教师8976人，其中，高级职称3924人、博士3123人。课题组共调研了宁波大学、浙江万里学院、宁波工程学院、宁波诺丁汉大学、宁波浙大理工学院、宁波财经学院等六所高校。六所高校共有人文社科类专任教师2400余名，其中博士800余名，共有市级以上社科基地或智库60多个（见表1）。

表1　　宁波高校决策咨询人才调查表

高　校	人文社科类专任教师（人）	高级职称（人）	博士（人）	市级以上社科基地或智库（个）
宁波大学	660	473	198	21
浙江万里学院	358	164	100	18
宁波工程学院	277	102	93	8
宁波诺丁汉大学	208	—	186	2
宁波浙大理工学院	263	92	133	8
宁波财经学院	691	—	91	11

资料来源：宁波市教育局。

（一）研究人员基数较大，但专门从事资政研究的相对较少

根据调研的六所高校访谈结果，各高校人文社科专任教师占学校专任教师的比例在30%以上，个别高校超过50%，从事过决策咨询研究的人员为20%左右。根据宁波市领军拔尖人才社科群和宁波市社科院咨政群的数据来看，宁波市长期从事咨询决策研究人员在150～350人。并且有很大比例的人员主要是承担市级相关基地或部门的委托研究项目，个人从事的主要研究方向还是以学术型研究为主，决策咨询研究更多地为阶段性临时性的研究。

（二）获得课题立项支持不少，但参与重大政策较少

调研结果显示，各高校在省市社科基地或智库等建设中获得课题

立项的数量不少，但在社会上产生较大影响的决策咨询成果并不多。目前市级以上重大政策研究主要委托国内知名高校进行研究，或由相关政策研究部门直接制定，本地高校决策咨询人员参与前期研究较少。

（三）高校的资政研究基地较多，但地位不高且研究领域有交叉

宁波市各高校承担了一定数量的市级或省级研究基地，但调研结果显示，许多基地或智库虽然有各种不同的名称，但目前宁波高校的社科基地或智库大部分依附于学校二级学院，在人、财、物方面没有充分的自主权。各部门分别建设、分散管理，整体发展缺乏系统的统筹与规划，在人员编制、资金使用、校际合作等方面多有掣肘。研究人员在研究领域上有不同程度的交叉。基地申报的研究上体现了各高校或宁波经济的特点，但有时候会与研究人员本身从事的研究方向不匹配。

（四）决策咨询研究经费保障不足，高质量决策建议少

高校决策研究的经费保障不稳也是决策咨询人员培养的主要困境。相对现有纵向课题和横向课题，专门针对决策咨询研究的经费不足。国家社科基金经费在 20 万元左右、省社科规划经费 4 万元和 8 万元、市级社科课题 1.5 万元左右。而部分决策咨询研究如果要获得经费支持，必须得到省市相关部门采纳或领导肯定性批示。以成果形式立项资助，虽然能够保障财政资金使用的效率，但对研究前期投入支持不到位，一定程度上降低研究者参与的积极性。

同时，高校决策咨询人员大部分为兼职决策建议研究工作，存在所学专业与研究课题间的不匹配现象，研究人员与政府间沟通存在不通畅问题，决策建议稿与政策制定者需求之间、双方思路、研究人员的论文成果与咨政报告在写作风格上皆存在不一致，造成高校高质量

的决策建议稿成果不足。

（五）考核机制报送渠道不完善，决策咨询人员积极性不高

目前高校形成相对固化和单一的科研评价机制，整体评价体系是以学术为导向，对政策咨询的工作评价不高，政策咨询工作在学术圈内的地位也不高。虽然国家出台了许多“破五唯”的政策文件，但如何实现“破五唯”、如何实施代表作制度各高校均在探索过程中，还未形成可借鉴的模式和方法。在调研中，只有部分高校将决策建议稿列入到科研考核和职称晋升的体系中，大部分高校的决策咨询研究得不到学校应有的重视。这一定程度上打击了决策咨询研究者的积极性，制约了高校决策咨询人才创新能力的提升。

同时，高校教师虽然对部分政府决策具有一定的见解。但由于缺少了解政府需求以及呈报研究成果的渠道，成果报送渠道较为有限。目前，高校研究者主要通过市政府研究部门的决策参考专刊，或实务部门的渠道进行成果上报。但如果没有课题或项目要求，日常研究的成果缺乏递送的渠道。

三、推进宁波高校决策咨询研究人才成长的政策建议

（一）建立更加精准的决策咨询研究人才培养交流机制

一要采取更加精准的人才分类培养模式。决策咨询人才的研究能力培训应包括政策分析能力、报告撰写能力、政策建议构建能力等，特别是加强分析研究方法的使用和创新。针对不同层次决策咨询研究人才，要给予分层分类的人才培养方式。对决策咨询研究领军人才，应立足学术研究能力和政策建议能力的提升，进一步拓展传播、营销、整合等能力。对决策咨询研究青年人才，要建立常态化的培养机制，采取定向培养等方式，鼓励青年人才长期跟踪关注宁波经济社会的特

定领域，积累研究素材、掌握研究方法。逐步建立起以重点学术领军人物为核心、中青年学术科研骨干的决策咨询服务支撑体系。

二要推动人才在高校智库与党政机关之间的有序流动。在高校与党政部门之间建立“双向挂职机制”，鼓励并支持高校智库专家到党政部门、社会组织挂职任职，从事政策研究和咨询服务工作。让高校的学者走进田野开展实地调查，让党政部门管理人员进到高校智库，指导学府的智库人员了解政策决策机制，提高智库管理水平，鼓励党政部门人员从智库带回第一手资料，促进学界、政界和业界精英的人才交流。加大与专家学者直接面对面沟通、会商、约稿的力度，加强联系对接。

三要搭建研究与交流载体渠道。决策咨询人才的成长需要政府和社会搭建学术交流平台和合作研究平台，高层次的学术交流和合作平台为提高决策咨询研究人才能力奠定了很好的基础。积极探索开辟决策咨询研究成果转化的有效渠道，充分发挥决策咨询研究人才参与政府重大决策和战略的作用。建立与上级部门的联系渠道和人员交流，了解决策咨询需求，增强政策思维能力。

（二）优化完善高校决策咨询研究人才评价激励体系

一要建立明确的评价标准。引导高校构建决策咨询成果评价考核体系，制定政策决策类研究成果以及决策研究活动的评价标准，并将政策决策类研究成果评价标准与学术论文的评价标准相对应，改变过去政策决策类研究成果没有评价标准以及咨政成果不受重视的情况。制定针对研究团队和专家学者个人的激励方案，鼓励将专家学者的决策咨询贡献作为岗位考核、科研成果认定、职称晋升考量以及推荐申报高层次人才计划等工作的重要依据。

二要设立决策类研究成果的奖励机制，完善激励支持机制，配套专项经费，提升政策决策研究与咨询服务水平。构建以包括管理人员、科研辅助人员、行政人员在内的全体智库工作人员为对象的岗位差别化多层次激励体系，制定相应的具有可操作性的奖励办法。

三要激发高校优秀人才开展决策咨询研究的热情。引导高校教职人员从事决策咨询研究工作，确立决策咨询成果应用性为主的评价理念，倡导“把论文写在祖国的大地上”的基本立场，引导高校教师合理分配投注在教学、科研和智库工作上的精力，鼓励高校教师在决策咨询、文化传播等方面积极作为。建立以基础学科支撑决策咨询研究，以决策咨询研究推动基础研究和学术研究成果推介的良性循环。

（三）建立统一的决策建议稿递送渠道

由市决策咨询研究相关部门牵头，建立决策建议信息报送平台。强化报送平台的主渠道功能，调动专家学者报送决策咨询类信息的使命感、光荣感，把决策信息系统作为汇集各方智慧的大平台，鼓励专家学者通过平台积极建言献策，努力打造宁波决策咨询服务品牌。组建决策咨询类信息编辑团队，做好内参文风转换，打通从学术研究到决策咨政的“最后一公里”。加强对决策咨询类信息的政治把关和内容把关，建立完善审核把关机制，确保政治性、权威性、客观性、科学性和准确性相统一。强化专家学者观点的系统集成，变“单兵作战”为“智力集成”，力争多出大主意、好主意。

（四）加强高质量决策咨询成果的定制研究

聚焦宁波经济发展稳定中的重大问题，紧盯人民群众关心关注的热点问题，加强选题策划和分析研判，加强高质量决策咨询成果的定制研究。积极指导专家学者破解学术与咨政“两张皮”、理论与实际相脱节等问题，鼓励承担政府决策的重大课题，及时将重要研究成果转化为决策咨询专报，推动学术与咨政有机融合、相辅相成。通过有组织的决策研究和实体化的项目运作，激励专家学者集成攻关、建言献策，推动专家学者“头脑风暴”，力争形成综合性、高质量的决策咨询类信息。引导各类智库与党政部门加强协同合作，推动决策咨询人才参与党委和政府重大决策制度化、规范化，努力使研究成果更加贴近决策需求。

黄文军

宁波与相关城市人才安居政策比较研究

安居方能乐业。为了更好地吸引留住人才，近年来相关城市不断加大人才安居保障力度，通过健全人才安居政策体系、成立人才安居保障统一主体、丰富人才安居保障形式、加强要素资源供给等方式，为人才提供更加有力的安居支持。人才安居政策成为各地人才政策的重要创新点，也为人才安居乐业提供了更加切实有效的保障。

一、国内相关城市的人才安居政策比较

（一）深圳

一是政策更新实施力度大，体系完善。2010 年 5 月，深圳市委、市政府出台《关于实施人才安居工程的决定》，将住房保障对象从户籍低收入家庭扩大到人才和“夹心层”群体，并先后八次更新出台人才安居政策。2018 年出台政策明确将人才住房作为与市场商品住房、安居型商品房和公共租赁住房并列的四种类型住房之一，占住房供应总量的 20% 左右。二是推动住房制度改革，成立专职国企。2016 年 6 月，深圳市政府出资 1000 亿元成立国有独资企业——深圳市人才安居集团有限公司，专职负责深圳市人才住房投融资建设筹集和运营管理，开创了国内先例。截至 2020 年 10 月，累计筹建人才住房 12.2 万套，供

应公共住房约 4 万套，服务各类企业约 2000 家、人才及家属约 10 万人。三是优化人才安居保障方式。深圳人才安居以租为主，租售补相结合，对符合人才住房政策条件的各类人才，通过租赁或购买人才住房或领取人才住房货币补贴等方式，享受人才住房政策。

（二）南京

一是政策不断升级。2017 年 4 月，发布《南京市人才安居办法（试行）》，为人才提供包括住房在内的各方面服务和保障。依托人才安居办法，《南京市人才安居住房建设管理办法》《南京人才安居精准服务实施细则》等 10 余个配套文件相继出台，人才政策和服务越发精准。二是人才惠及面较全。《南京市人才安居办法（试行）》覆盖了 7 大类 14 个领域的战略性新兴产业和现代服务业规模以上重点企业，适用的人才对象涵盖了 ABCDEF 六类人才，做到了统筹兼顾。三是安居方式多样化。对高层次人才，提供共有产权房、人才公寓、购房补贴和租赁补贴的安居方式和购买商品住房的服务、住房公积金的支持等；对高校毕业生，提供大学生租赁补贴、公共租赁住房和共有产权房保障等；鼓励符合条件的高校和科研院所适当放宽利用自有存量土地建设人才公寓的规模；允许重大项目在项目地内自建人才公寓或就近就地规划建设部分共有产权房。此外，南京安居政策力度也逐年加大，目前为高层次人才提供每月 6000 ~ 7500 元的租赁补贴、170 万 ~ 300 万元的购房补贴，120 ~ 200 平方米的住房面积，为高校毕业生提供每月 600 ~ 1000 元三年的租赁补贴。

（三）杭州

一是注重对高层次人才的安居保障。2014 年 10 月，发布《杭州市高层次人才住房保障实施意见》，将高层次人才分为五个层次，并进行人才安居精准定策。给予 A 类人才最高 800 万元购房补贴，B、C、D

类人才分别提高至200万元、150万元、100万元。二是全面推行人才公租房货币化补贴模式。向新引进本科以上应届毕业生给予租房补贴，标准为本科1万元、硕士3万元、博士5万元。给予E类人才（博士毕业生）每月2500元租房补助，新就业大学毕业生及创业人员每月最高1080元公共租赁住房补贴。三是灵活扩大人才住房保障对象。允许符合杭州产业发展导向且急需紧缺的高层次人才不落户申请购房或租赁补贴。

（四）西安

一是注重政策统筹。为完成5年内引进和培养百万人才的目标，西安市构建以《西安市人才安居办法》为主体，包括《人才安居建设方案》《西安市共有产权住房建设管理实施细则（试行）》等一系列政策为基础的政策体系，确定了西安人才安居的整体制度设计，并明确政府筹建、用人主体自建和商品住房配建流程要求，为人才安居工程提供了坚强的制度保障。二是安居方式灵活多样。人才可选择购房补贴、租房补贴、安家费、人才公寓、人才租赁房和单位人才房、共有产权房等多种安居方式。三是构建多主体供给、多渠道保障的住房保障体系。坚持“政府主导、社会参与、多主体供给”的思路，从土地供应端增加人才房土地供应，规定全市20%的居住用地用于公共租赁住房建设，20%的居住用地用于限地价、限售价的“双限房”建设。并通过盘活存量房源、实施商品房配建、鼓励单位自建、成立人才安居集团等方式保障供给。

（五）成都

一是建立健全人才安居工作长效机制。建立租售补并举的人才安居政策体系。以《关于创新要素供给培育产业生态提升国家中心城市产业能级的人才安居工程的实施细则》为指引，配套制定《人才住房建设标准（试行）》《人才公寓租售管理办法》等系列文件，构建人才安居“1+N”政策体系。人才安居纳入《成都市住房保障五年规划（2017—2021）》，指导全市22个区（市）县根据实际，制定辖区的人才住房租售办法。建立人才安居工作专项协调机制，建立人才安居服务运行机制。二是多措并举满足人才安居需求。购房支持方面，在住房限购期间，重大招商引资项目和机关、企事业单位引进的高端人才购房可不受户籍、社保缴纳时限的限制。提供人才公寓、产业新城（工业园区）配套住房，鼓励企业自建人才公寓或倒班房，试点人才公寓“先租后售”和共有产权并行模式，向符合条件的高端人才以先租后售、共有产权和优惠出售三种方式提供人才公寓。

（六）武汉

一是保障对象聚焦留汉大学生。武汉的人才安居政策实施对象主要针对留汉大学生，通过数年的努力已逐步建立起“租购并举”的大学毕业生住房保障体系。其中，租赁房针对大学以上学历，且毕业未满6年的人群；安居房针对毕业5年内且就业创业满一年的大学生。二是安居房源筹集渠道多元。武汉市目前以这几种形式来筹集房源：政府统筹建设，通过政策规划，在开发区和新城区规划建设留汉大学生保障性住房；整合公租房源，在留汉大学生相对集中的区域，整合现有公租房资源，统筹用作大学生保障性住房；鼓励企业配建，企业作为留汉大学生保障性住房供给主体，鼓励其为员工配备住房，提高员工福利水平；在商品住房配建公租房，对商品住房中配套建设的公租房，对符合条件的留汉大学生配租。三是多管齐下降低大学生保障性住房建设成本。提出让大学毕业生以低于市场价20%买到安居房、以低于市场价20%租到租赁房（如属于合租的可低于市场价的30%）。其实现路径不是政府买单，更不是简单的补助补贴，而是通过创新推进房地产供给侧结构性改革，降低企业开发建设和制度性交易成本，降低大学毕业生租赁和购置成本。

二、宁波与同类城市人才安居政策比较

（一）政策力度比较

从实物配置来看，宁波的住房实物配置比较齐全，保障力度较大。但宁波人才租赁住房保障相对较弱，人才公共租赁住房申请条件和优惠还停留在较早水平。同时，对共有产权房、先租后售人才专项住房等新型实物保障方式探索创新有待加快。

——在市场商住房保障方面，杭州的 A 类人才在杭购买首套住房可免摇号，B、C、D、E 人才及符合条件的相应层次人才在杭购买首套住房，可在新建商品住宅公开摇号销售时按不高于 20% 的比例优先供应；南京提出市场售房人才优先，将每批次上市销售住房量的 20% ~ 30% 向人才优先供应；青岛明确在住房项目销售前划定 20% 的房源，向人才优先销售。武汉毕业 3 年内的普通高校大学生在新城区（含汉南区）创业就业，可不受购房限制在本区购买首套住房。宁波也出台了人才优先购房、不受限购影响等措施，政策力度基本均等。

——在人才租赁住房方面，相关城市主要采取公共租赁房和人才公寓相协同的保障形式，杭州对 B 到 E 类人才提供公共租赁房，其中 B 类免租金，C 类、D 类按评估价的 20% 支付租金，E 类按评估价的 40% 支付租金。西安向 E 类人才提供面积为 70 平方米的公租房，租金按照同地段、同类型商品住房市场租金 72% 确定，对高校毕业生提供户型面积 50 平方米以下的小户型大学生公租房。深圳对高层次人才提供免租房，可免租金租住建筑面积 80 ~ 200 平方米的住房。成都提出产业新城配建住房，高技能人才可按职住平衡原则申请，面积为 35 ~ 120 平方米，租金优惠。宁波以提供公共租赁房和人才公寓（人才驿站）为主，并给予租金优惠。

从货币补贴比较来看，宁波对于高层次人才和大学生的购房补贴力度仍有待加强，特别是对本科、研究生的来甬的一次性安居补贴政策尚未出台。

——购房补贴（安家补助）方面，顶尖人才的购房补贴深圳最高，为1000万元，宁波与杭州紧随其后，为800万元；除顶尖人才外的其他高层次人才，宁波的购房补贴范围为35万～160万元，力度不及杭州（200万～100万元）、南京（170万～200万元），但高于深圳（40万～70万元）。在大学生等基础人才的购房补贴上，宁波对毕业10年内的基础人才首次购买家庭唯一住房的，给予购房总额2%、最高8万元补贴，在全国首创并有较大影响力，每年受益人才超过2万人。

——租赁补贴方面，深圳、南京和武汉属于租房补贴力度的第一梯队。在深圳，符合条件的高层次人才，可享受每月最高1万元的租房补贴；在南京，符合条件的博士、硕士、学士按每人每月享受2000元、800元、600元最长36个月的住房租赁补贴；在武汉，大学毕业生以低于市场价20%租到租赁房（如属于合租的可低于市场价30%），租赁期限一般为3年，国内外全日制高校毕业生可申请一次性租房补贴。在宁波，应届全日制本科以上毕业生可以享受每年1万元的租房补贴，补贴期限最长三年。

从住房贷款优惠来看，宁波、杭州、南京对高层次人才购租房给予公积金贷款优惠。

宁波高级及以上层次人才首次购买唯一住房可提取住房公积金支付首付，贷款额度上浮50%；租赁普通住房的，允许提取本人及配偶的住房公积金支付房租。杭州高层次人才购买住房可提取住房公积金支付首付，也可提取本人及配偶住房公积金支付房租；南京A、B、C类高层次人才，提取住房公积金支付房租的标准放宽到标准的2倍，贷款限额最高可放宽到限额的4倍。深圳、杭州、广州创新境外（非户籍）人才住房公积金政策。深圳符合条件的外籍人才、获得境外永久（长期）居留权人才和港澳台人才，公积金方面可享受市民同等待遇；杭州符合条件的外国人才可缴纳公积金并享受相应待遇；广州对持绿卡的非户籍职工可享有户籍待遇。

（二）保障对象范围比较

从安居政策惠及面来看，各城市普遍注重对高层次人才、高校毕业生和技术（技能）人才的住房保障。宁波的人才住房保障对象既包括高层次人才，又包括基础人才和创业人才，但对技术（技能）人才的保障力度偏弱；深圳侧重于高层次人才，尤其是对杰出人才等顶尖人才的住房保障力度大；南京覆盖了高层次人才、高校毕业生和技术（技能型）人才；杭州侧重于高层次人才和外国人才，并注重保障本科以上毕业生；西安保障对象除了顶尖人才、领军人才和新毕业大学生外，还纳入了创新型人才和紧缺型人才、实用性人才和特殊技能人才；广州的保障对象范围相对较小，主要包括杰出专家、优秀专家和青年后备人才；武汉侧重于保障高校毕业生，主要为毕业3年内的普通高校毕业生（本科）和研究生；青岛的保障对象较广泛，主要针对全日制专科及以上学历或具有中级专业技术资格、高级技工及以上的技术（技能）人才、高校毕业生和高层次人才。

（三）政策实施效果比较

根据58同城、安居客2020年10月发布的《2020年城市人才安居吸引力报告》显示（见图1），在9个相关城市中，宁波的安居吸引力指数[①]为87.3，居第8位，仅高于青岛（87.0）；得分最高的是成都（99.8），深圳（93.5）和广州（91.6）分居第2、3位，杭州（91.0）位于第5位，宁波的安居吸引力与先进城市相比依然存在不少差距。

---

① 安居吸引力指数包括“城市的宜居程度”和“行业的发展程度”两大维度。

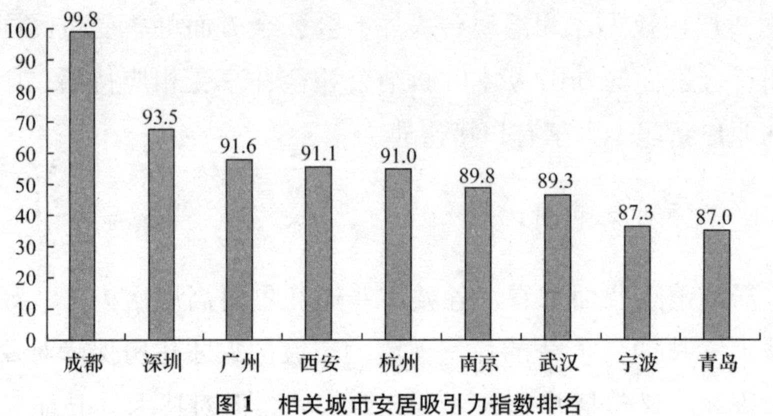

图1　相关城市安居吸引力指数排名

资料来源：58同城、安居客。

从收入房价比指数来看，宁波位于九个相关城市中游，排名前三位的分别是西安（93.6）、成都（90.8）和青岛（90.0），城市房价相较收入较为合理，宁波（86.9）排名第五位，位于武汉（89.9）之后，人才购房压力低于杭州、南京、广州和深圳（见图2）。

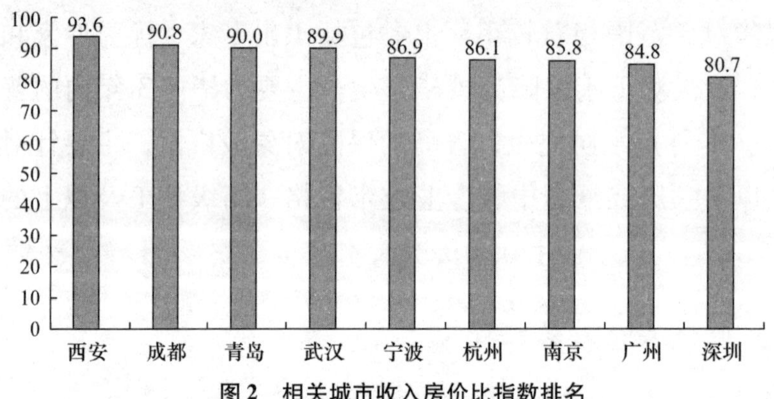

图2　相关城市收入房价比指数排名

资料来源：58同城、安居客。

从线上找房热度指数来看，在九个相关城市中，成都（97.4）为人才线上找房热度最高的城市，西安（91.9）、广州（89.1）分别排名第二、第三位。宁波的线上找房热度指数为87.5，在9个城市中排第四（见图3），超过深圳、杭州等一线城市，一定程度上折射出这几年宁波市对人才的吸引力较强，人才安居的发展潜力可观。

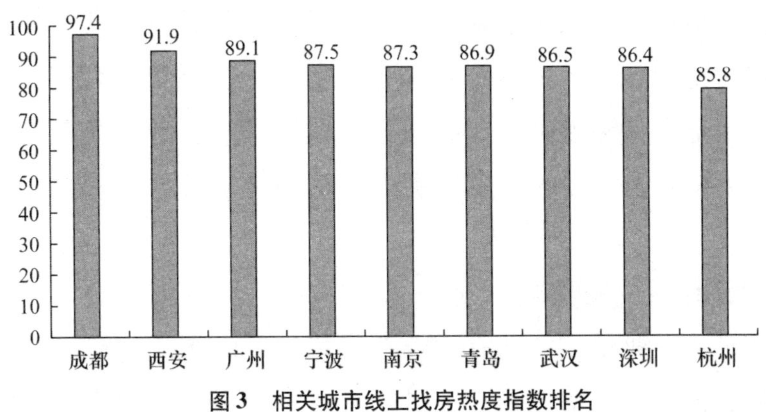

图 3　相关城市线上找房热度指数排名

资料来源：58 同城、安居客。

三、进一步完善宁波人才安居政策的建议

解决好人才的安居问题，保障人才安居乐业，是宁波市引进人才、留住人才、发展人才的重要支撑。通过与相关城市的政策比较，建议从以下方面完善宁波人才安居政策。

（一）加大人才住房建设和供应力度

1. 加大安居用地配置

市县两级政府应做好人才住房的中长期发展规划，保障人才住房的有效供应，在土地审批时优先供给人才专用房建设用地。每年新增居住用地中，各类保障性住房用地面积应不少于总用地面积的一定比例（如 60%），重点保障经济适用房、人才房、公租房建设。探索利用征地返还地、非农建设用地合作建设人才住房。人才住房建设用地应当尽量提高开发强度，在片区配套能力支撑前提下，取容积率上限。制定人才住房用地专项整备计划，加大土地整备力度，确保人才住房用地提前 1 年以上入库储备。

2. 适度扩大商品房的人才房配建比例

适度扩大招拍挂出让的其他商品住宅项目用地应配建人才住房比

例，探索竞地价与竞人才住房配建量相结合的招拍挂方式，进一步提高人才住房配建比例。鼓励已批未建工业用地调整为居住用地，可由企业按规定开发保障性住房，或按政策收回部分土地优先建设人才住房。针对不同收入水平的人才，重点加大90平方米以下小户型房源供给力度。

3. 盘活存量用地资源

盘活机关事业单位、国有企业存量用地，以人才住房专营机构为主，联合国企、事业单位等，通过人才住房项目开发建设，盘活存量用地。鼓励非住宅用房改造作为租赁住房，允许将符合条件的闲置厂房、办公用房、仓储用房和其他商业用房等非居住类型的现有房屋，经依法改造后，用于租赁居住。创新统租改造定制化住房供应，由人才住房专营机构牵头，根据人才住房装修标准及拟配租单位需求，对租赁住房进行装修改造，为特定的人才群体精准解决住房困难。

（二）加强人才安居保障机制创新

1. 强化多主体参与房源建设

探索成立市人才发展集团，统筹负责全市人才住房投融资建设筹集和运营管理，实现全市人才保障性住房供需统筹规划布局和建设分配。加强规划控制、土地、财税等政策支持，按照“以需定建，量力而为”的原则，优先使用中心城区存量人才专项住房建设用地，联合人才流入比较集中、住房需求比较迫切的科研院所试点集中新建人才专项住房，同时，通过在商品住房项目中配建人才专项住房，以及鼓励和引导产业园区、企业等社会力量参与人才专项住房建设，增加人才住房有效供给。

2. 加快人才租赁市场建设和发展

深化人才租赁市场试点，推进住房租赁市场发展。一是提高人才租赁优惠幅度。降低引进人才的租赁条件限制，从高技术人才和高层次人才放宽至中级技术人才和大学本科毕业生。市级层面建立人才租赁专项补贴，适度加大租赁补贴实施力度。二是完善住房租赁支持政策。加快完善长租房政策，逐步使租购住房在享受基本公共服务上具有同等权利，办理房屋租赁合同备案或出租登记的承租人，可按照规定享受义务教育、就业等公共服务。三是建立统一的租赁平台。加快租赁住房相关信息或数据的标准化、模块化建设，引入市场化租赁住房资源，通过系统平台建设，将有需求的人才和有房源的企业联系起来，解决人才多元化住房需求，提供信息的精准交互。

（三）加大人才安居金融改革创新力度

1. 拓宽资金筹措渠道

创新资金筹措方式，土地出让净收益按规定比例统筹的资金，可用于人才住房集中建设用地售出、项目周边配套设施建设，以及租赁型人才住房房源建设和筹集等。鼓励发行地方政府专项债券、运用 PPP 模式等参与人才住房建设和运营，探索推出住房租赁支持贷款、住房租赁抵押贷款以及利用住房公积金、险资或房地产信托投资基金（RE-ITs）等方式，多元化筹集人才安居房建设和运营管理资金。

2. 强化公积金政策支持

借鉴武汉、成都等地经验，探索将公积金政策覆盖范围扩大到在校大学生，助力提升留甬大学生比例。对缴纳一定年限住房公积金的大学生可提取公积金用于支付大学毕业生租赁房租金。在购置大学毕业生安居房时，可享受公积金和商业贷款“首套房”政策，并在推出大学毕业生安居房后再购买普通商品房时，仍享受公积金“首套房”政策。

（四）提升人才安居配套服务

1. 构建便利的生活服务圈

一是提升公共服务配套。人才住房项目尽可能安排在轨道交通周边区域，更好满足人才出行需求，同步配建教育、医疗、道路、公交场站等公共设施。在人才相对集中的区域，创造条件筹建专门的人才公寓定向供应，配备医院、学校等公共设施，规划设置商业服务设施、体育运动设施、众创空间等生活和功能性区域。二是营造高质量休闲生活场景。坚持新建人才住房与市政基础设施、城市商业设施同步规划、同步建设、同步交付，加强城市新兴商业业态布局，建设一批体验式潮牌消费休闲场所，以满足人才生活、社交、消费需要，创造融合公共服务、文化休闲、社会交往等多元服务功能的社区综合体，满足人才对美好生活的向往。三是推动社区服务更用心更用情。加强街道党工委、社区党委、社区工作站、社区居民委员会对业主大会、业主委员会和物业服务企业的指导监督，形成党委领导下的政府治理、专业服务和社区自治良性互动格局。加快完善物业管理法规政策体系，维护业主和租户合法权益，促进邻里和谐。

2. 探索数字化智能化新场景

一是增强智慧管理驱动力。借助宁波打造国家工业互联网示范城市，加快推进数字化在人才住房领域的集成应用，加快建设“智慧安防小区”，为创新人才住房监管方式增强智慧驱动力。二是打造智慧化人才社区。谋划建设青年人才智慧社区，优化物业服务机制，实施社区服务数字化应用示范工程，促进交通出行、物流等便民生活设施智慧化，提高青年生活居住舒适度。三是营造数字化公共服务场景。推进宁波与长三角地区、国际先进城市在医疗、教育资源合作，建设一批智慧化远程服务新场景，为人才提供远程接入、资源共享、在线咨询、处方医嘱、远程会诊等服务，提高数字化为生活带来的便捷程度。

朱伟勇　陈民恳

宁波自贸区人才创新发展的对策研究

2020年9月，浙江自贸区宁波片区（以下简称“宁波自贸区”）正式获批。宁波建设自贸区有利于抢抓自由贸易历史机遇，促进制造业转型升级，提升贸易便利化水平。宁波自贸区发展需要集聚一批符合产业创新、自由贸易需要的高素质人才，必须构建一套与自贸区创新发展相适应的人才专项政策体系，为自贸区发展提供更加有力的人才支撑。

一、宁波自贸区发展现状

宁波自贸区面积共计46平方千米，根据国务院颁布的《中国（浙江）自由贸易试验区扩展区域方案》表明，宁波片区将建设连接内外、多式联运、辐射力强、成链集群的国际航运枢纽，打造具有国际影响力的油气资源配置中心、国际供应链创新中心、全球新材料科创中心和智能制造高质量发展示范区。宁波自贸区围绕“一枢纽、三中心、一示范区”功能定位，打造成为引领新一轮对外开放的“试验田”和“排头兵”。宁波自贸区的人才政策主要聚焦在产业人才发展政策方面，产业上求集聚，聚焦“131”油气全产业链，提出了做大油气储备、做强油气贸易，打造国际油气资源配置中心。围绕新材料和智能制造，提出吸引全球技术、人才、资本等高端要素，推动高端装备、电子信息、工业互联网、“5G+”等产业集群成链发展，着力打造全球新材料科创中心和智能制造高质量发展示范区。在人才支持上，提出鼓励在国内外高水平大学取得本科及以上学历的外籍毕业生在片区创新创业。对投资创业外籍人才提供优质高效的居留和出入境服务，开启了宁波自贸区对外人才服务新篇章，为推进宁波自贸区高水平开放、高质量发展提供强有力的人才保障和智力支持。

二、宁波自贸区人才发展存在的问题

（一）人才资源尚不能满足自贸区发展需要

随着自贸区国际化程度的提升和产业发展的需要，宁波自贸区还存在人才短缺的现象，主要表现在以下两个方面。

第一，与自由贸易试验区发展相匹配的高端化、专业化、国际化的复合型人才缺乏。宁波自贸区专业人才和产业机构的匹配度失衡。金融、贸易、服务领域扩大开放后，许多过去不能做、不会做的新业务、新产品都在尝试推出，但是能够运营这些业务的人才却很缺乏。“由于自由贸易试验区建设是一个全新事物，且自由贸易试验区建设过程中重点推进的一些领域和项目原来也很少有涉及，致使当前懂理论、懂业务、会实操的复合型专业人才特别匮乏。”在实地调研中也发现，宁波自贸区缺乏既懂国际贸易规则又具有国际贸易实践管理经验，既懂外语又懂相关行业技术各类复合型人才。

第二，与自贸区战略定位相匹配的急需紧缺性人才不足。自贸区的战略定位聚焦在各自的优势产业发展上，通过高端产业聚集，形成可复制，可推广的自由贸易试验区发展模式。目前，宁波自贸区急需紧缺型人才不足，掣肘了高端产业聚集发展。在实地调研访谈中发现，目前宁波自贸区在重点推进的领域和产业上，如国际海事服务基地、新型国际贸易、港航物流等领域的高端人才本来就十分稀缺，以至于在引进上存在较大的困难，特别是在当前各自贸区抢人大战的大背景下，竞争更趋白热化。

（二）人才开发的支持政策有待优化和完善

随着宁波自贸区外资企业和国际化人才中介机构的增加，各类人才就职外企的机会也明显增多，企业主招聘海外高端人才也将更加方便和有保障。但人才进入自贸区以后，政府在人才引进和深入培养方面，就必须进一步完善人才政策扶持体系。以往的人才政策支持大多停留在对引进人才的住房、子女入学、配偶安置等层面，而在用工制度、专家选拔、政府奖励、项目聚才以及改善工作条件、生活待遇乃至生态环境、社会环境等方面仍存在较大的提升空间。随着自贸区企业国际化步伐的不断加快和国际业务的加速拓展，人才流动规模和涉及范围将不断扩大，自贸区的人才支持政策必须不断创新，紧跟时代的发展步伐，才能适应和契合自贸区发展的当务之急和长远规划。

（三）本地高校人才培养与自贸区需求对接不够

自贸区人才资源供求关系的不平衡不仅体现在数量上，更多的体现在质量和结构层次上。宁波自贸区的几大主体行业都是实践性、应用性、国际化很高的行业，而这些人才正是宁波市人才供应和储备的短板。进驻自贸区的企业通过政府的政策支持迅速在自贸区完成了注册，在实质运营阶段拓展业务时则需要更多年轻及专业人才，但很少有企业重视与宁波本地高校的对接，缺乏合作培养的既有通道和成熟模式，不仅制约了企业的发展，也影响自贸区整体功能和示范效应的实现。除了依靠人才引进以外，还必须通过开发培养高校人才资源等措施，以专业能力、综合素质以及国际交流能力为核心，实现各类“新人才”的“精准开发”。

（四）自贸区高端人才出入境不够便利

关于自由贸易试验区的外籍高端人才在出入境方面还存在着一定的障碍。在实地调研过程中，宁波自贸区某企业的人才代表表示：“在出入境方面还存在着很多不便之处，在办理永久居留证期间，也因为护照上交带来了出差住宿的不便等。希望跟粤港澳大湾区学习出入境的便利政策，例如深圳可以自行制定海外高层次人才分类目录，并可以享受相应的出入境便利政策。”

三、国内自由贸易试验区人才改革创新的比较借鉴

（一）上海自贸区

在人才方面，上海自贸区的政策创新任务有两个。一是深化科技创新体制机制改革，充分发挥自贸试验区和国家自主创新示范区政策叠加优势，全面推进知识产权、科研院所高等教育、人才流动、国际合作等领域的体制机制改革，建立积极灵活的创新人才发展制度，健全企业主体创新投入制度，建立健全财政资金支持形成的知识产权处置和收量机制，建立专利导航产业发展工作机制，构建市场导向的科技成果转移转化制度，完善符合创新规律的政府管理制度，推动形成创新要素自由流动的开放合作新局面，在投贷联动金融服务模式创新、技术类无形资产入股、发展新型产业技术研发组织等方面加大探索力度，加快建设具有全球影响力的科技创新中心。二是探索适应企业国际化发展需要的创新人才服务体系和国际人才流动通行制度。完善创新人才集聚和培育机制。支持中外合作人才培训项目发展，加大对海外人才的服务力度，提高境内外人员出入境、外籍人员签证和居留、就业许可、驾照申领等事项办理的便利化程度。

（二）广东自贸区

广东自贸区人才政策创新的相关任务有两个。一是进一步取消或放宽对港澳投资者的资质要求、股比限制、经营范围等准入限制，重点在金融服务、交通航运服务、商贸服务、专业服务、科技服务等领域取得突破。允许港澳服务提供者在自贸试验区设立独资国际船舶运输企业，经营国际海上船舶运输服务，允许港澳服务提供者在自贸试验区设立自费出国留学中介服务机构。支持在自贸试验区内设立港澳资旅行社（各限5家）经营内地居民出国（境）（不包括台湾地区）团队旅游业务，在自贸试验区内试行粤港澳认证及相关检测业务互认制度，实行“一次认证、一次检测、三地通行”，适度放开港澳认证机构进入自贸试验区开展认证检测业务，比照内地认证机构，检查机构和实验室，给予港澳服务提供者在内地设立的合资与独资认证机构、检查机构和实验室同等待遇，允许港澳服务提供者发展高端医疗服务，开展粤港澳医疗机构转诊合作试点。建设具有粤港澳特色的中医药产业基地。优化自贸试验区区域布局，规划特定区域，建设港澳现代服务业集聚发展区。二是结合国家关于外籍高层次人才认定以及入出境和工作生活待遇政策，研究制定自贸试验区港澳及外籍高层次人才认定办法，为高层次人才入出境、在华停居留提供便利，在项目申报、创新创业、评价激励、服务保障等方面给予特殊政策。探索通过特殊机制安排，推进粤港澳服务业人员职业资格互认，探索在自贸试验区工作、居住的港澳人士的社会保障与港澳有效衔接。创新粤港澳口岸通关模式，推进建设统一高效且与港澳联动的口岸监管机制，加快推进粤港、粤澳之间信息互换、监管互认、执法互助。三是积极发展国际船舶运输、国际船舶管理、国际船员服务、国际航运经纪等产业，支持港澳投资国际远洋、国际航空运输服务，允许在自贸试验区试点航空快件国际和台港澳中转集拼业务。

（三）天津自贸区

天津自贸区人才政策创新的相关任务：构筑服务区域发展的科技创新和人才高地。充分发挥自贸试验区和国家自主创新示范区政策叠加优势，将自贸试验区打造成具有创新示范和带动作用的区域性创新平台增强科技进步对经济增长的贡献度，坚持需求导向和产业化方向，推动科研机构、高校、企业协同创新。积极发展科技金融，依法合规开展知识产权转让，建立专利导航产业发展协同工作机制。根据区域特点和发展需求，针对区域创新发展中面临的突出问题，在自贸试验区内开展有针对性的政策试点，支持京津冀三地政府按规定共同出资，与国家新兴产业创业投资引导基金、国家科技成果转化引导基金形成合作机制。联合国内外知名股权投资机构共同成立创投基金，在自贸试验区先行先试。建立健全科技成果转化交易市场。推动教育部、天津市共建教育化综合改革试验区，支持引进境外优质教育资源，开展合作办学，按国际通行作出探索人才评价方法，实施更加积极的创新人才引进政策，强化激励，吸引领军科学家、企业家、归国创业人员等高端人才，建设国际化人才特区。为符合条件的外国籍高层次人才提供入境及居留便利，进一步简化签证等相关审批程序。

（四）福建自贸区

福建自贸区人才政策创新的任务：一是扩大对台服务贸易开放。探索在自贸试验区内推动两岸社会保险等方面对接，将台胞证号管理纳入公民统一社会信用代码管理范畴，方便台胞办理社会保险、理财业务等。吸引台湾专业人才在自贸试验区内行政企事业单位、科研院所等机构任职。二是商贸服务领域开放，允许台湾导游，领队经自贸试验区旅游主管部门培训认证后换发证件，在福州市、厦门市和平潭综合实验区执业，允许在自贸试验区内居住一年以上的持台湾方面身份证明文件的自然人报考导游资格证，并按规定申领导游证后在大陆执业。三是建筑业服务领域开放。允许取得大陆一级注册建筑师或一级注册结构工程师资格的台湾专业人士作为合伙人，按相应资质标准要求在自贸试验区内设立建筑工程设计事务所并提供相应服务。台湾服务提供者在自贸试验区内设立建设工程设计企业，其在台湾和大陆的业绩可共同作为个人业绩评定依据，但在台湾完成的业绩规模标准应符合大陆建设项目规模划分标准。四是工程技术服务领域开放。允许台湾服务提供者在自贸试验区内设立的建设工程设计企业聘用台湾注册建筑师、注册工程师，并将其作为本企业申请建设工程设计资质的主要专业技术人员，在资质审查时不考核其专业技术职称条件，只考核其学历、从事工程设计实践的年限、在台湾的注册资格、工程设计业绩及信誉。在台湾服务提供者在自贸试验区内设立的建设工程设计企业中出任主要技术人员且持有台湾方面身份证明文件的自然人，不受每人每年在大陆累计居住时间应当不少于6个月的限制。五是专业技术服务领域开放。允许台湾会计师在自贸试验区内设立的符合《代理记账管理办法》规定的中介机构从事代理记账业务。从事代理记账业务的台湾会计师应取得大陆会计从业资格，主管代理记账业务的负责人应当具有大陆会计师以上（含会计师）专业技术资格。六是促进两岸往来更加便利，推动人员往来便利化在自贸试验区实施更加便利的台湾居民人出境政策。对在自贸试验区内投资、就业的台湾企业高级管理人员、专家和技术人员，在项目申报、入出境等方面给予便利。为自贸试验区内台资企业外籍员工办理就业许可手续提供便利，放宽签证、居留许可有效期限。对自贸试验区内符合条件的外籍员工，提供入境、过境停居留便利。

四、高水平推进宁波自贸区人才政策创新的对策

（一）提高自由贸易试验区产业结构与人才结构匹配度

首先，构建市场作用充分发挥的人才供给机制。以市场机制为基础，通过价格杠杆调节人才过剩和短缺，使人才结构在动力上回归均衡，逐步建立市场化的人才引进机制，充分发挥市场猎头等机构引进高端人才的作用，发挥一人带动群体、带动产业的辐射效应，优化产业人才结构。自贸区人才管理部门及时发布人才需求目录，使引进的人才符合自贸区产业集聚发展需要。采用“引才”与“育才”相结合的方式，瞄准全球高端复合型人才和自贸区发展所需的急需紧缺型人才，通过各类引才政策引进人才。同时，发挥自由贸易试验区“人才工程”载体，大力培养自贸区现有的人才，采用挂职、轮训等方式培养本土人才。使人才结构与自贸区产业结构发展相匹配。

其次，创新自贸区招才引智模式。鼓励用人单位通过技术咨询、兼职挂职、科研成果作价入股等形式灵活引进高层次人才，在发展战略咨询、技术指导、科研攻关、成果转化等方面提供智力支持。实施宁波市产学研合作计划，积极引导和推动相关企业、高校、科研机构联合组建技术攻关团队，有效利用高校、科研院所研发设备等科技资源，实现科技资源共享与整合。充分发挥国内外知名人才中介组织和猎头机构的作用，提高人力资源服务专业化、市场化水平。

再次，在高校人才资源开发上“先行先试”。宁波自贸区形成的产业创新和聚集效应催生了人才需求的新趋势。高校作为人才开发培养的基地和摇篮，是宁波自贸区人才资源开发的最强推动力。高校培养和校企联合培养是宁波自贸区人才资源开发培养的重要组成部分。宁波市要积极协调以宁波大学为代表的宁波各高校与宁波地区其他高校，在专业设置、课程体系、教学方法、实习基地等方面进行优化创新，

以自贸区急需人才的培养和未来发展趋势为导向，对本校专门配置一批具备较强创新能力及丰富实践经验的师资力量特别是“企业导师”，依托本校相关学科的发展重点，邀请企业高管、研发骨干以及技术专家等成为高校的兼职教师，为学生尽快成为自贸区需要的应用型人才奠定基础。

又次，不断创新自贸区人才培养模式。实施宁波自贸区人才需求调查和圆桌会议交流机制，制定宁波自贸区人才战略和发展路线图，依据重点产业发展需求，制定人才引进清单，引导产业部门、高校共同开发课程、共同开展科研活动，实施高校优秀大学生到区城内企业实习计划，加大人才培养合作力度。鼓励大型企业、跨国公司、培训咨询机构、中介机构和境外专业社团在自贸区设立分支机构，引进人才培养项目，满足区域重点产业发展所需的人才培养要求。宁波自贸区可以制订并实施科技创新领军人才培养计划、博士后成长计划和创新型企业家培育计划等创新型人才引进培养项目，加大企业科技人才资助力度，加快培养和吸引一批从事新产品、新技术、新工艺研发，具有自主创新能力和国际竞争力的产业科技创新型人才，营造有利于科技创新人才和企业家在宁波自贸区创新创业的生态环境。

最后，积极构建国际通行自由出入境制度。自由贸易区试验区的战略定位：自由贸易试验区是全国改革开放的试验区和制度创新的试验田，因此，构建与国际接轨的自由出入境制度，是促进人才合理高效流动的最基本的保障制度。目前，我国香港地区的人才自由出入境制度给人才带来了更多的便利，加快国际通行的自由出入境制度建设，应结合宁波自由贸易试验区的情况和实际提上日程。对取得硕士及以上学位并在自贸区就业的外国留学生，可直接申请办理外国人就业手续和工作类居留许可。“外国人来华工作许可证”和“外国人居留证”一次受理完成。此外，宁波自贸区可与国际自由贸易区的国家签订自由出入协议，促进我国与多国的自由贸易往来，在签有协定的国家均可享受免签证入境的待遇。在构建国际通行自由出入境制度的同时，制定人才安全相关政策，确保自由出入境的人才安全和国家安全。

（二）建立国际化的高层次人才综合服务体系

首先，进一步落实专门针对自贸区人才的社会保障政策。鼓励宁波自贸区根据人才保障的具体需求，探索国际化的人才服务新举措，例如，鼓励宁波自贸区企业为高层次人才购买国际商业保险，以保障人才及其家属在医疗保障方面的需求；加强住房保障，充分利用现有的人才公寓资源等为人才解决住房之忧；妥善解决子女就学问题；增强交通出行便利；大力发展自由贸易试验区的人才资源服务业，倡导通过中外合作的人力资源产业园为国际化人才提供服务；实施高层次人才“一站式”服务，让人才少跑路等措施，优化人才发展环境。

其次，提升人才安居环境。一是设立优秀人才住房基金，在土地出让净收益资金，财政预算安排资金、出租人才住房及其配套设施所得收益等方面，明确用于人才住房比例，探索吸引社会资本及其他方式依法筹集人才住房资金。积极开展实物或资金、房贴券，按照“分层次，保无房”的原则，给予不同层次人才差异化住房待遇。二是完善顶尖人才安居办法，采取“一人一议”的方式解决住房问题，筹措一批符合顶尖人才工作需要、需求特点的住房、公寓，或提供每月租房补贴，对承担国家重大科技项目、中科院卓越创新中心、国家工程实验室、国家（重点）实验室、国家工程（技术）研究中心建设任务的研究团队，安排人才公寓、统筹住所资源，解决短期交流人员的临时住宿问题，修订人才公寓管理办法，采用实物配租，货币化补贴或代理经租等形式，采取过渡性住房措施帮助各类人才解决其暂时居作困难，人才公寓分配适当向科技创新人才倾斜。三是完善国际人才居住环境，打造便利的购物、住宅、生态环境，加大区域交通配套设施建设和信息基础设施建设力度。

再次，完善教育医疗保障。一是加快建设国际学校和中外合作办学机构（项目），推进教育国际化进程，自贸试验区内符合条件的外籍人才享受当地市民的子女教育待遇，支持建设国际学校或开设国际班，为外籍人才子女在本市中小学随班就读或入读国际学校提供便利。二是建立国际校企组织，建立国际学校学费指导价，教育及价格主管部门规范国际学校收费价格行为，建立国际医疗中心，为外籍人才提供预约诊疗和外语服务，开通不限号预约医疗专家、优先治疗等“绿色通道”。三是建立人才健康档案和补充医疗保险，优先为高层次人才配备家庭医生，提高待遇。推动有条件的医院和诊疗中心与国内外保险公司扩大合作，加入国际医疗保险直付网络系统。四是引进国际知名医疗机构，进一步完善涉外医疗保险结算网络，实施境外人就医使用国际商业医疗保险结算制度。对自贸区创新发展外籍生、外籍雇主以及受聘一定企业的外籍人才及其配偶、未成年子女提供一定医疗保障。

又次，完善生活保障配套服务。按照“产城融合、宜居宜创、开放共享、功能齐全”的标准，建设国际人才社区，打造外国人才小镇。允许宁波自贸试验区内符合条件的外籍人才申办市民卡和中资银行卡，并可享受市民卡相关待遇，办理中资银行存贷款等相关业务。对自贸试验区内符合条件的高层次人才，给予提高住房公积金贷款额度的政策优惠，提供参加企业集合年金方面的专门支持，并进一步优化住房公积金和社会保障基金缴费、提取、转接支付等相关服务。建立高层次人才服务联盟，推动建立专门机构和平台，为外来人才就业、创业、安居提供一站式服务。

最后，优化文化环境。一是融入文化艺术产业新概念，推动宁波文化，会展、旅游、商务等功能开发。推动传统文化交流，营造具有都市特色的文化体育氛围，积极举办节日庆典活动、国际赛事，支持本地艺术家和国际艺术家创作作品并进行首演，培育宁波文化艺术生态，积极发展宁波文化创意产业，吸引文化创意人才，培育宁波文化创意社群，营造宁波文化创意气氛。二是鼓励和支持科技人才投身创新，有效激发人才创业激情和活力。表彰宣传做出重大贡献的优秀创业集体和个人，形成尊重人才、尊重知识、大众创业、万众创新的良好发展环境。

（三）加快建设数字外贸人力资源服务产业园

以数字外贸人力资源服务产业园建设为抓手，鼓励先行先试，加快自贸区专项人才政策的陆续落地及不断优化。根据创建数字外贸人力资源服务产业园的总体要求，结合城市发展基础和“数字外贸”人才需求，抓好关键环节、突出重点任务，按照创新示范、融合互动和集聚发展的理念，加快部署重点领域的系列专项行动。要明确发展方向。对产业园的发展规划、产业定位、功能布局、运营模式、服务体系等进行充分论证，并制定明确的发展目标。要加大投入力度、加快基础建设。结合实际发挥各有关部门的积极性，加大对产业园土地、资金、人才等要素的投入，加强园区软硬件建设，为入驻企业营造优良的发展环境。要加强政策扶持。积极出台相关政策，将产业园建设纳入发展规划和重点项目，在政府购买公共服务等方面给予重点支持，对人力资源服务业给予更大力度的财政扶持；在机构引进人才、培育人才、对外拓展业务、品牌创建等方面给予大力扶持。

李　政

宁波加快推进龙头企业和单项冠军企业职称自主评价全覆盖的对策

加快推进龙头企业和单项冠军企业职称自主评价全覆盖，对于宁波市促进工程技术人员队伍发展，激发人才创新创业活力具有重要意义。为深入了解宁波市企业职称自主评价现状，课题组采取调研座谈、实地走访、问卷调查等方式，系统梳理总结了宁波市职称自主评价有关工作情况和经验做法基础，对制约企业开展职称自主评价的主要因素进行实证分析，针对性地提出具体对策建议。

一、加快推进龙头企业和单项冠军企业职称自主评价全覆盖的现实意义

（一）优化宁波引才留才用才环境的务实之策

工程技术人员职称制度，是评价工程技术人员业绩贡献的重要手段，是体现工程技术人员技术水平和创新能力的重要标志。开展工程技术职称企业自主评价，有利于破解人才评价社会化程度不高、用人主体自主权落实不够等突出问题，有利于加快政府职能转变、激发市场主体活力，有利于企业用岗位引人、用事业留人。问卷调查结果显示，关于企业开展职称自主评价的具体作用，企业负责人认为“有利

于企业人才引进、促进人才的培养和使用”的占 79.7%，排在各选项的首位，而且已开展自主评价的企业比尚未开展的企业高出 12.4 个百分点；在符合评定职称条件情况下对获取职称的意愿方面，工程技术人员希望获得职称的占 88.8%，不希望获得职称的仅占 1%。据统计，截至 2020 年底，已开展职称自主评价的企业平均有教授级高级工程师 1.8 人、高级工程师 43.7 人、工程师 116.1 人、助理工程师 217.5 人，而未开展职称自主评价的企业平均分别仅有 0.6 人、7 人、23.8 人、33.5 人。综上可见，工程技术人员普遍希望获得职称，企业开展职称自主评价有利于人才引进，能够促进人才集聚和持续成长。

（二）激发企业人才创新创业活力的必要举措

人才评价是发现人才、使用人才的大前提，更是激励人才、培养人才的重要手段。企业自主开展工程技术人员职称评价，有利于确立用人企业在人才评价中的主导地位，有利于更好地发挥人才评价的“指挥棒”作用，也有利于最大限度地释放和激发工程技术人员创新创造创业活力。在实地走访中发现，奥克斯集团有限公司、海天集团有限公司等已开展自主评价的企业，普遍把工程技术人员职称作为内部晋升的重要条件，有的还对获评职称人员给予一次性现金奖励，这不但激发了人才评聘职称的积极性，在企业内部形成了一种人人自我提升的良好氛围，还推动了科技研发成果持续增加。如自 2015 年奥克斯集团有限公司开展职称自主评价以来，科技专利授权量比前五年增长了近 7 倍，获国家科技进步奖 6 个、国家级科技项目 32 个。问卷调查中，企业负责人认为员工获得专业技术职务“对企业有很大积极作用的”占 89.1%，其中已开展自主评价的企业负责人认为有积极作用的达 100%；企业人力资源和技术部门负责人认为开展自主评价，“有利于推动企业科技发展与创新”“有利于企业长远发展”的都占 60% 以上。由此可见，企业开展职称自主评价，能够促进人才评价与培养、使用、激励等相衔接，使职称评价工作与重点产业发展紧密对接、深度融合，为人才发挥作用、施展才华提供更加广阔的天地。

（三）打破人才评价“四唯”倾向的有效途径

在调研已开展自主评价的企业过程中发现，工程技术职称评价体系更加突出业绩水平和实际贡献，普遍增加了科研项目、专利成果等评价指标的权重，有的还单列了产品开发、工艺革新、技改提案等评价指标，较好地克服了传统人才评价中“四唯”的倾向。问卷调查中，工程技术人员对本企业开展职称自主评价工作的满意度，表示“非常满意”“比较满意”的共占87.4%；尚未开展自主评价的企业中，工程技术人员对本企业“希望开展自主评价”的占74.6%；工程技术人员认为企业开展职称自主评价“会提高申报积极性”的占93.6%。从数据统计情况来看，2020年开展自主评价企业平均申报工程师30.1人、评定21.8人，未开展自主评价的企业平均申报工程师3.3人、评定2.5人，两者差距达到了9倍左右。由此可见，企业职称自主评价注重考核工程技术人员的履责绩效、创新成果、实际贡献，评价标准更加科学、精准、务实，避免了“一把尺子量到底”、过于学术化等问题。

二、宁波市开展企业职称自主评价的现状分析

（一）总体状况

一是职称自评工程师比重较高。2020年，全市企业新评定工程师2008人、助理工程师6289人。从抽样的23家已开展自主评价企业统计情况来看，近三年自主评定工程师1108人，占这些企业工程师总人数的43.4%。可见，企业开展职称自主评价，既推动了企业自身工程师数量的快速增加，也为扩大全市工程师队伍作出了重要贡献。

二是企业职称自评增长空间较大。截至2020年底，84家调研企业

共有工程技术人员 78790 人，具有职称的有 12300 人，占比仅 15.6%，其中高级职称的占 1.9%、工程师占 5.1%、助理工程师占 8.7%。已开展职称自评的 23 家企业，共有工程技术人员 59820 人，平均每家企业 2719.1 人，但有职称的占比仅为 13.9%。可见，宁波市企业职称自主评价具有较大的增长空间（见表 1、图 1）。

表 1　84 家龙头企业和单项冠军企业工程技术人员一览表

工程技术人员数量结构	人数（人）	已开展职称自主评价（23 家）			未开展职称自主评价（61 家）		
		平均（人/企业）	小计（人）	占比（%）	平均（人/企业）	小计（人）	占比（%）
教授级高级工程师	75	1.8	39	0.1	0.6	36	0.2
高级工程师	1386	43.7	962	1.6	7.0	424	2.2
工程师	4007	116.1	2554	4.3	23.8	1453	7.7
助理工程师	6832	217.5	4786	8	33.5	2046	10.8
无职称	66490	2340.0	51479	86.1	246.1	15011	79.1
合计	78790	2719.1	59820	100	311.0	18970	100

资料来源：本课题组调研。

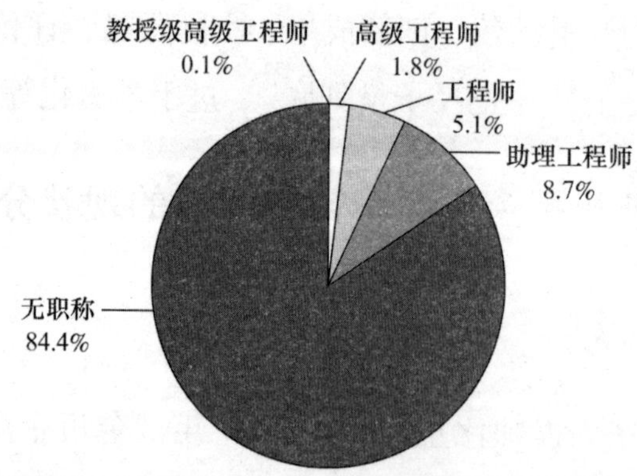

图 1　84 家龙头企业和单项冠军企业职称结构

资料来源：本课题组调研。

（二）实践经验

一是积极推行量化评价指标体系。2009 年海天集团开展中级职称自主评价试点，沿用并优化了原内部评审的积分制，建立了工程师职称量化评价指标体系。自主评价逐步推开后，企业普遍采用了量化评价的方式，研究制定切合企业实际、科学精准的量化赋分体系。例如，奥克斯集团建立了由综合能力素质、专业能力素养、代表性成果三部分共120分的量化考核赋分体系，申洲针织设立了基本条件、专业技术能力、工作业绩成果三部分指标的百分制评价标准。问卷调查显示，95.3%的企业采用了定量评价方式，其中60.4%的企业采用了定量与定性相结合的评价方式。

二是鼓励采用务实有效的评价方法。企业开展职称自主评价，更加注重实际业务能力的考评，更加重视运用能够考出真实水平的评价方式。例如，海天集团突出对工程技术人员完成具体项目的考评，还增加了运用计算机进行统一工艺操作的考试内容。不少企业采用了面试答辩、业绩展示等多种评价方式，如奥克斯集团运用了“述职汇报+面试答辩”的方式，通过面对面的交流更加深入地了解专业能力水平。问卷调查显示，关于开展企业职称自主评价的主要经验，认为是企业组织集中评审时“采用答辩式或路演式面试”的占49.1%。

三是探索开展行业企业高级职称联合评价。2016年海天集团参与制定了塑料机械行业高级工程师评定标准，并于2018年开始协助宁波塑机协会开展相关评定工作，至今已组织了3批次，共评定高级工程师77人。2020年，吉利汽车集团会同市人社局、杭州湾新区人力资源和社会保障局共同组建浙江省汽车行业高级工程师职务任职资格评审委员会，下设整车及零部件开发、动力系统开发、电子电器及智能化开发、生产制造及工艺等4个专业学科组，统一制定任职资格评审标准，面向全省开展评审工作。首批经初审符合条件参评的有407人，其中市外83人；评定高级工程师214人，通过率52.6%，开创了企业颁发高级职称证书的先河。

三、推进龙头企业和单项冠军企业职称自主评价全覆盖面临的困难

（一）实现全覆盖压力较大

一是离全覆盖目标尚有不小差距。全市现有181家行业龙头企业和单项冠军企业，主要分布在高端装备、汽车制造、关键基础件等产业领域。目前已开展职称自主评价的企业38家，占比为21%，尚未开展自主评价的企业有143家。对照五年全覆盖目标，推广压力较大。

二是不少企业负责人意愿不强。在访谈中，有的企业表示已有内部技术职务晋升体系，再开展工程师职称自主评价没有太大必要；有的企业认为自主评审工作量大，牵涉精力太多而不愿开展；有的企业担忧工程技术人员提升职称后，反而容易导致人才流失，因此不想开展。

三是部分企业工程技术人员数量偏少。据统计，61家未开展自主评价的企业平均有工程技术人员311.0人，同已开展自主评价企业的2719.1人/企业相比差距较大，其中少于100人的企业有28家，占比近50%。工程技术人员数量过少，使企业缺乏开展自主评价的“土壤”。在调研中，大多数企业认为，开展自主评价适合以内部专家为主，而未开展自主评价企业现有高级职称技术人员仅7.6人/企业，也制约了评审专家组的组建（见表1）。问卷调查显示，未开展工程师职称自主评价的主要原因，选择“工程技术人才数量不足，客观上难以开展自主评价”的占36%，排在第一位。

（二）企业职称自主评价体系建设有待进一步优化

一是制定科学的职称评价标准体系有难度。在访谈中，许多企业表示，制定科学的职称评价标准体系，是开展自主评价的前提条件，也是工作难点。问卷调查显示，关于开展职称自主评价的主要困难，

企业人力资源和技术部门负责人选“制定评价体系太复杂”的占46%，选“职称评价体系同企业内部任职资格评定体系难以融合”的占43.5%；关于企业职称自主评价标准存在的主要问题，认为“不同企业的标准差异较大、水平不一致”的占50%，认为“工程技术人员与高技能人才互通不够”的占37.7%。对于尚未开展职称自主评价的企业，希望在政府相关部门指导下制定评价标准的占48.7%。

二是扩大企业评价标准自主权尚有空间。在访谈中，一些企业人力资源部门负责人表示，职称自主评价破格力度还可以再大一些，学历专业等资格条件还可以适当放宽，申报年限还可以适当缩短。问卷调查显示，企业职称自主评价标准存在的主要问题，认为“政府规定的破格条件不具个性化，不利于人才脱颖而出”的占50%，认为“政府规定的专业学历等资格条件比较僵化”的占46.7%，认为“企业自定义的权限还不够大”的占44.3%。

三是改进企业自主评价方法有待探索。问卷调查显示，企业职称自主评价办法存在的主要问题，认为“量化评价办法还不够科学”的占58.7%，认为“评价流程、制度不够细化”的占52.7%，认为“人情因素对评价结果影响比较大”的占44.9%。有的企业反映，由于缺乏规范的评审流程和制度，若企业人力资源部门人员调整，容易出现工作断层，影响自主评价工作的延续性。

（三）企业职称自主评价配套政策保障措施还不够完善

一是激励政策不够有力。在访谈中，有些企业反映对职称自主评价相关政策不太了解，没有引起企业负责人的重视；有的企业还表示，工程技术人员获评职称，对企业没有多大效用。问卷调查也显示，未开展职称自主评价的主要原因，选“政府部门没有政策激励，企业和工程技术人才积极性不高”的占33.3%，排第二位。

二是评审专家、信息化保障措施尚需强化。在访谈中，一些企业的人力资源部门负责人反映，“为开展自主评审做了两年的准备”，“评审工作复杂，评审成本较高”。问卷调查显示，关于企业开展职称自主评价的主要困难，认为“组织实施耗费精力太多”的占46%；未开展工程师职称自主评价的主要原因，选择“开展职称自主评审工作量太大，企业不愿投入”的占18%；关于企业职称自主评价办法存在的主要问题，选择“信息化、数字化评价方式欠优化”的最多，占59.4%；关于企业开展职称自主评价碰到的主要困难，认为“评审专家比较缺乏”的占46.4%，排在第一位。

三是监管手段尚欠灵活。在访谈中，个别企业反映，有的地方参照职称评审平均通过率水平，对开展自主评价企业的通过率进行了“一刀切”，因行业龙头企业和单项冠军企业的工程技术人员总体素质较高，参加社会统一评审通过率反而要比自主评价高。对比84家企业调查情况，近三年企业自主评审工程师职称的通过率为67%，而未开展自主评审的企业通过率为81.3%（见表2）。

表2　近三年企业职称评价对比表

职称评审情况	已开展职称自主评价（23家）				未开展职称自主评价（61家）			
	平均（人/企业）	小计（人）	通过率（%）	占比（%）	平均（人/企业）	小计（人）	通过率（%）	占比（%）
2018—2020年高级职称申报	11.6	267	83.1		2.8	169	84.6	
2020年高级职称申报	6.2	142	76.1	53.2	0.9	54	75.9	32.0
2018—2020年工程师申报	71.9	1654	67.0		8.8	534	81.3	
2020年工程师申报	30.1	692	72.5	41.8	3.3	200	75.0	37.5
2018—2020年助理工程师申报	22.4	515	90.9		13.8	843	87.1	
2020年助理工程师申报	9.0	206	92.2	40.0	7.5	459	87.6	54.4

资料来源：本课题组调研。

四、加快推进龙头企业和单项冠军企业职称自主评价全覆盖的对策建议

（一）建立健全工程技术人员职称评价标准

一是研究开发按岗位性质分类的职称评价基本标准。将工程技术人员分为研究设计型、应用实践型和成果转化服务型3类分别予以职称评价。对照国家相关部门制定的评价标准，吸纳近些年企业自主评价试行标准的有益指标，开发符合研究设计型、应用实践型和成果转化服务型等岗位特点的分类职称评价基本标准。具体工作建议由市人社部门牵头，经信部门参与，可委托相关研究机构具体实施。

二是制定完善分行业、专业的职称评价通用标准。聚焦宁波产业集群布局和未来产业发展方向，面向工程技术人员集中度高的专业门类，制定更具针对性、操作性的职称评价通用标准。在总结近几年企业自主评价经验基础上，由行业协会牵头，行业龙头企业和单项冠军企业参与，共同制定相关专业评价标准，设置体现行业特色的评价模块、考核指标和评审标准。

三是建立评价标准动态更新调整机制。坚持边推广边总结边完善，每三年一轮对职称评价通用标准进行修订，允许企业顺应产业发展趋势，动态调整相应评价标准。聚焦战略性新兴产业，指导企业做好新兴职业领域人才评价标准开发，促进专业设置、评价标准与产业发展同步。

（二）探索建立科学、简便的量化评价体系

一是全面量化赋分评价指标。按职业道德、专业技术能力、专业工作业绩等版块，对各项评价指标分别予以赋分或者积分，充分反映

工程技术人员的实际工作能力和业绩水平。

二是科学分配指标分值权重。职称评价量化体系适宜采用百分制，建议职业道德、技术能力、工作业绩各指标分值分别在 10～20 分、20～40 分、40～60 分。

三是合理认定团队成员贡献。完善业绩指标中团队成员的评分标准，尊重认可团队所有参与者的实际贡献。对职称评价的业绩指标，采用加权计分，项目负责人加权值为 1，主要参与者加权值适宜在 0.4～0.7。获得省部级以上奖项的，团队主要成员都可当作标志性业绩。

（三）改进完善符合自主评价需求的多元评价办法

一是完善业内评价机制。鼓励企业组建专业分布合理的评审委员会，制定好具体评审办法。实行评审专家公开举荐制度，对不具备学历和资历规定但自评分达到规定分值的人员，可由 2 名本行业专家举荐参加评审。

二是丰富职称评价方式。结合不同行业专业特点，综合运用能力测评、面试答辩、实践操作、业绩展示等多种评价方式，提升职称评价的科学性和针对性。

三是引入市场评价和社会评价。充分发挥市场在人才评价中的基础作用，鼓励企业将开发产品销量、个人薪酬等纳入评价标准。积极推进企业职称社会化评价，对牵头制定职称评价通用标准的行业协会，支持其承接行业企业职称评审。

（四）积极调动企业和人才职称自评参与积极性

一方面，提高企业开展职称自主评价积极性。支持推动职称评价同人才评价、项目评审、机构评估有效衔接，同科研项目立项、平台基地建设、科技资金申请等挂钩，作为企业参评有关项目和荣誉的考核内容，调动企业积极性。加强职称评审工作信息化建设和评审专家库建设，提升评审效率。改变职称评审通过率“一刀切”的做法，允许通过率不设上限，对职称评审质量高的企业适度提高通过率。另一方面，提高工程技术人员申报积极性。合理设置职称评价条件和程序，简化申报手续和审核环节，让技术人员少跑腿、少填表、少准备资料。探索推进职称评价同企业岗位聘用、薪酬待遇等制度相衔接，引导企业设置激励措施，设立职称补贴或奖励，对获评职称人员给予一定奖励或月度补贴。

（五）推进企业职称自主评价有序扩面

一是制订职称自主评价全覆盖五年计划。按照五年内实现全覆盖的目标，制订分行业分专业分区域推进五年计划。充分发挥行业协会作用，加快职称评价标准制定，推动企业开展职称自主评价。

二是建立向行业企业延伸联评机制。探索开展职称联评试点，扩大职称自主评价企业数量。从已开展职称自评的企业中遴选示范性企业，牵头开展本区域同行业骨干企业的职称联合评审。

三是探索向其他领域企业拓展办法。选择自主评价成效较好的行业，由行业协会或龙头企业、单项冠军企业牵头，开展行业内设计研发、生产性服务业工程技术人员职称联合评审试点。选取工程技术人员较多的交通建设、农业生产等其他领域大型企业，稳步推进职称自主评价试点。

（六）扩大企业职称自主评价整体效应

一是建立职业技能等级认定与专业技术职称评审贯通机制。打通高技能人才与工程技术人员职业发展通道，实现职称制度与职业资格制度有效衔接。探索适应高技能人才的评价办法，对符合条件的高技能人才可参加专技人才职称评审，同时鼓励专业技术人才参加职业技能评价。

二是稳步推进高级职称自主评价试点。依托产业发展优势，积极向省人社部门争取制造业领域工程技术高级职称评审权。在已开展中级职称自主评价的龙头企业和单项冠军企业中，选择行业影响力较大、高层次人才较多的企业，进行改革试点。

三是探索建立企业职称评价与内部技术职务聘任有效衔接机制。鼓励企业将职称自主评价结果列入相应层次内部技术职务聘任的必要条件，推动实现职称评价结果与工程技术人才聘用、考核、晋升等用人制度的紧密衔接。

（七）加强企业职称自主评价有效监管

一是健全企业职称自主评价综合监管体系。坚持和完善企业职称自主评价公开制度，全程接受社会和员工监督。建立健全企业职称自主评价复审评估、重点抽查、投诉核查机制，确保企业自主评价“放而不乱”。

二是探索建立企业职称自主评价资质等级制度。组建企业职称自主评价质量评估小组，定期进行职称评价工作质量评估，评定企业职称自主评价资质等级，并实行动态调整、能升能降。优化职称评审比例调控，将资质等级与职称评审通过率挂钩，适当提高资质高等级企业的职称评审通过比例。

三是强化职称评审倒查追责和失信惩戒制度。明确评审委员会工作人员和评审专家责任，实行评审专家退出和追责制度。建立职称申报评审诚信档案，对申报评审中弄虚作假的，严格按规定给予取消资格、三年内不得申报等处理，并将有关情况记入档案，在项目申报、奖项评审、评先评优等方面实施联合惩戒。

马苗金

政策规划篇

中共宁波市委关于深入实施人才和创新“栽树工程”加快建设高水平创新型城市的决定①

（甬党发〔2020〕26 号）

中国共产党宁波市第十三届委员会第八次全体会议深入学习贯彻习近平总书记考察浙江、宁波重要讲话精神，全面落实省委十四届七次全会部署要求，紧密结合宁波实际，研究了人才强市、创新强市工作，作出如下决定。

一、加快建设高水平创新型城市，充分展现当好浙江建设“重要窗口”模范生的新作为

1. 扛起建设高水平创新型城市的使命担当

创新引领未来发展，创新决定城市未来。近年来，宁波市抢抓一系列战略机遇，持续推动科技创新和人才队伍建设，超常规推进“科技争投”，高能级平台加快落地，各类创新人才加快集聚，重大创新项目加快布局，创新创业生态不断优化，一大批“栽树工程”得到有效实施，为建设高水平创新型城市打下了坚实基础。当前，新一轮科技

① 来源于宁波市人民政府新闻办公室。为了尊重官方发布的权威性，本部分法规尽量保留了文件文字和格式的原貌，基本未做改动。下同。

革命和产业变革加速演进，疫情蔓延促使世界经济政治秩序重构，将带来科技创新格局的深刻变化。我国经济转入高质量发展新阶段，区域竞争与合作越来越聚焦科技创新提质赋能，城市优势塑造越来越基于创新驱动这一战略支点。面对新形势新要求，宁波市在领军型创新人才集聚、企业创新效能提升、关键核心技术自主可控、新兴产业培育、创新体制机制改革等方面还存在不少薄弱环节，变短板为潜力板、向创新要新动能比以往任何时候都更为重要和迫切。必须牢固树立谋创新就是谋发展主动权、抓创新就是抓城市竞争力的战略导向，奋力扬优势、补短板、促创新，努力建设高素质人才队伍，打造高水平创新型城市，为我省建设高水平创新型省份、我国建设世界科技强国作出更大贡献。

2. 建设高水平创新型城市的总体要求

以习近平新时代中国特色社会主义思想为指导，深入学习贯彻习近平总书记考察浙江、宁波重要讲话精神，坚定不移沿着“八八战略”指引的路子走下去，深入实施“六争攻坚”，持续推进人才和创新“栽树工程”，面向世界科技前沿、面向经济主战场、面向国家重大需求，以高素质人才引领高水平创新，以科技创新带动全面创新，以体制机制改革激发创新活力，打造高素质人才发展重要首选地、优势领域科技创新策源地、国际智能制造新高地、优质创新资源集成地、创新创业生态示范市，推动宁波科技创新综合实力跻身全国前列、特色领域产业创新达到国际一流、创新资源配置能力显著提升，为当好浙江建设“重要窗口”模范生提供强大支撑。

3. 建设高水平创新型城市的主要目标

到 2025 年，初步建成高水平创新型城市。主要目标是：

——高素质人才规模和质量大幅提升。顶尖人才、科技领军人才、企业家、高技能人才、青年创新人才等各类人才加快集聚，人才评价、流动、激励机制更加完善，具有全国竞争力的人才发展全链条政策体系基本确立，形成高素质人才引领高水平创新的生动局面。到2025年，新引进培育顶尖人才20名，新遴选支持领军型人才1000名、带动集聚创新创业人才10000名，新增高技能人才30万名、高技能人才占技能人才总数比例超过35%，新增支持培养青年英才500名，新增就业大学生80万名。

——新材料、工业互联网、关键核心基础件三大科创高地初步建成。在高端磁性材料、新型显示材料、半导体材料、新型高分子材料、高性能纤维材料、高端合金材料、柔性电子材料、海洋防护材料、石墨烯材料等领域形成创新优势，初步建成国际一流的新材料科创高地。在网络协同制造架构、工业操作系统、边缘智能、机器学习模型深度融合等方面实现行业并跑，加快建设全国标杆性的工业大脑，促进工业互联网赋能家电、汽车及零部件、石化等产业发展，整体提升智能制造水平。瞄准核心零部件、整机装备、系统集成发展新趋势，突破基础材料、设计、工艺、软件、检测验证等关键核心技术，巩固提升模具、轴承、电机、液压件及泵阀、气动元件、密封件、传动件、紧固件、铸锻件、粉末冶金件等关键基础领域的创新优势，促进精密数控机床、高性能机器人、高端注塑机等智能装备发展。

——高能级科创平台建设实现重大突破。甬江科创大走廊空间、功能、平台和政策体系全面优化，创新能力、创新强度、创新产出显著提升，成为我市全面创新改革主引擎和优势领域科创策源地。依托甬江科创大走廊建设，以中科院宁波材料所、甬江实验室、宁波大学等为龙头，力争在省级实验室和国家重点实验室、国家级创新中心、大科学装置、国家“双一流”学科和高校建设等方面取得新的突破。

——创新创业生态示范市建设取得显著成效。以企业为主体、开放协同、产学研深度融合的技术创新体系更趋完善，人才、科技与金融结合更为紧密，有利于创新的体制机制、政策体系和服务体系不断优化，人才、技术、资本、数据等创新要素流动更加顺畅，民生社会领域科技供给质量不断提升，创新创业文化氛围更加浓厚，全方位创新格局初步形成。

——重要指标率先实现“六倍增六提升”。基础研究经费占研发经费比重、PCT国际发明专利申请数、数字经济增加值、高新技术企业数、科技型中小企业数、顶尖人才和科技领军人才等方面实现倍增。R&D经费支出占GDP比重力争达到3.6%，规上工业企业R&D经费支出占营业收入比重力争达到2.5%，高新技术产业增加值占规上工业比重超过60%，每万名就业人员中研发人员达190人年以上，全社会劳动生产率达30万元/人，科技进步贡献率超过70%。

到2035年，建成高水平创新型城市，跻身全球重要创新城市行列，为高水平实现社会主义现代化奠定坚实基础。形成一批突破性标志性创新成果：建成国内领先国际一流的新材料、工业互联网、关键核心基础件科创高地，若干细分领域基础研究、高技术、特色产业链和产业集群取得重大突破，形成一批世界级的创新型企业、品牌和标准；建成素质优良、结构合理的创新型人才队伍，涌现一批战略科技人才、科技领军人才、创新型企业家和高技能人才，成为全球人才、技术、信息等要素集聚、流动的重要节点；以企业为主体、市场为导向，人才链创新链产业链资金链深度融合，开放协同、富有活力的全域创新格局加速形成；人才发展和科技创新的政策法规体系更加成熟定型，知识产权得到有效保护，创新创业服务高效便捷，市场配置创新资源决定性作用和集中力量办大事制度优势充分发挥，科技型智能化新生活成为民生福祉的鲜明标识。

二、加速开放揽才产业聚智，打造高素质人才发展重要首选地

4. 构建国际化高端人才蓄水池。大力实施顶尖人才倍增行动，以多种方式集聚“掌舵领航”的顶尖人才、关键人才，实行人财物和技

术路线全权负责制，加快建设"院士之家"，吸引更多院士助力宁波，成为长三角区域新材料、工业互联网、关键核心基础件顶尖人才密集城市。大力实施高端创新创业人才倍增行动，拓展外裔人才、海鸥人才等支持专项，创新人才举荐制、认定制等遴选模式，确保入选人才数量持续增长。加快建立竞争性人才使用机制，支持在甬高校院所、产业技术研究院等新型研发机构，面向全球遴选学术校长、学术院长、首席专家。实施人才国际化培养工程，创新本土人才国际化培育模式，优化人才国际交流服务管理。

5. 实施新时代产业人才培育工程。实施宁波帮"兴甬行动"、创二代"青蓝接力行动"、新生代"星火行动"，着力打造适应全球科技革命和产业变革的新时代企业家队伍。完善"亩均论英雄"评价机制，把人才密度、创新强度作为重要评价指标。实施重点产业人才引育专项，完善新材料、工业互联网、关键核心基础件等关键领域人才支持政策，在重大产业政策中专设人才队伍建设经费，鼓励高校设立数字经济、人工智能等前沿学科。开展千名新经济新业态领军人才、千名服务业领军人才、千名乡村振兴领军人才培育工程。实施文化产业人才培育行动，加强文化产业领域经营管理、创意设计等专业人才引进和培养。完善民营经济代表人士综合评价体系，建设一支高素质、有担当的民营经济代表人士队伍。加快打造工程师协同创新中心，推进工程师队伍建设。探索"技术高管""产业教授"制度，联合培养复合型产业人才。实施新时代"港城工匠"培育行动，推广"双元制"职业教育模式，畅通技能人才与专业技术人才互认通道，构建产教训融合、政企社协同、育选用贯通的高技能人才培育体系。大规模开展职业技能培训，职业院校培训收入可用于教师劳动报酬。到 2025 年，建成高水平职业教育基地 10 个。

6. 建设近悦远来的青年友好城。实施青年才俊"弄潮行动"，建立青年人才阶梯式支持机制，在市级重点人才引进培养计划中设立青年人才专项，持续提高青年人才入选比例，争取更多青年人才入选国家和省级人才计划。修订完善市杰出人才评定办法、科学技术奖励办法，加大青年人才支持力度。实施博士“海纳行动”，支持高校院所、企事业单位建设博士后工作站，提高博士后在站补助、科研资助、留甬补贴等标准。到2025年，新建博士后工作站100家，新增博士5000名。实施优秀学子“汇流行动”，组建百所高校毕业生就业联盟，新建百家大学生就业实践、创新创业平台，强化大学生实习应聘、就业创业全链条支持。探索组建人才安居集团，多渠道筹建人才安居专用房，推广青年人才驿站，推动市场主体建设租赁型青年人才房。创新举办宁波人才日、人才科技周等重大人才活动，全面打响“与宁波·共成长”品牌，打造青年创新创业活力之城。

7. 推进人才开放合作先行区建设。加快构建全球引才网络体系，在全球创新人才密集区、中东欧国家、“一带一路”沿线国家和地区，选聘一批引才大使，创建一批海外人才合作中心，新设一批人才联络服务站，布局一批离岸创新创业基地，加大引才荐才奖励力度。集聚用好海外人才资源，鼓励高校、科研机构、企业在海外布局国际人才创新合作网络。深度融入长三角人才一体化发展，全面对接上海人才创新资源，推动沪甬人才合作示范区建设。推进甬舟人才一体化发展，加快实现人才互认、平台互联、机制互动、服务互通，成为省域人才均衡发展先行示范区。加快浙江创新中心建设，打造服务全省、融入长三角的“人才飞地”，对入驻人才实行同城服务，构建区域人才合作“创新共同体”。鼓励引导人才到艰苦边远地区和基层一线建功立业，支持事业单位科研人员兼职创新、在职或离岗创办企业。

8. 争创人才发展体制机制新优势。探索建设人才管理改革试点示范区，充分赋予人才“引育留用”自主权，在薪酬分配、科研经费等方面先行先试重大人才政策和改革举措，形成可借鉴、可推广的人才发展模式。完善科研机构和企业科技人员流动机制，健全双向兼职的科技人才培养模式。建立健全社会化、市场化的人才评价机制，鼓励引导社会力量有序承接行业领域职称评审工作。到 2025 年，努力实现行业龙头企业和单项冠军企业职称自主评价全覆盖。赋予高校院所、产业技术研究院更大的人才引进认定自主权，在市级人才计划中单列支持名额。实行以增加知识价值为导向的人才激励机制，通过科学技术奖励、绩效奖励等途径，增加高端人才实质性收入。健全以信任为前提、包容审慎的高层次人才管理机制，对人才引育投入绩效实行总体考核、中长期考核。支持产业技术研究院等新型研发机构开展人才使用、管理和激励等创新政策试点，打通高校、科研院所与企业人才流动通道，大胆探索通过高校和重大科研平台留编引才方式，突破人才二元体制障碍。实施人力资源服务业高质量发展行动，提升国家级人力资源服务产业园能级，引进培育一批高端人才猎头等专业化服务机构，支持人力资源服务机构向“人才 + 项目 + 资本”全链式服务转型。

三、强化自主创新能力建设，打造优势领域科技创新策源地

9. 构建以甬江科创大走廊为核心的创新体系。把甬江科创大走廊作为宁波市全面创新改革的主引擎，聚焦新材料、工业互联网、关键核心基础件等创新重点，加快大走廊核心区建设，打造沿甬江两岸为主轴的创新带。完善大走廊空间规划和支持政策，健全重大科创项目布局市级统筹、重大科技基础设施开放共享和工作协调推进机制，集全市之力打造面向世界、引领未来、支撑产业的科创策源地。依托优势行业龙头企业和高能级研发机构，谋划建设一批特色创新节点。坚持系统性重构、创新性变革，整合提升各类开发区（园区）。加快宁波国家自主创新示范区建设，推进宁波国家高新区创新功能扩容提质，实现全国综合排名大幅跃升，为全市加快新旧动能转换提供服务支撑。

10. 补齐重点领域基础研究短板。优化市自然科学基金支持方向，设立重点基础学科研究专项，建立单独评价机制，灵活设置评价周期，进一步稳定基础科学研究队伍。发挥在甬高校、重点科研院所的创新源头作用，聚焦稀土永磁材料、增材制造、先进半导体、海洋新材料、智能元器件集成、大数据传输与分析、人机交互、新能源转换控制等领域开展前沿基础研究，加强原始创新探索。支持行业龙头企业开展应用基础研究，探索政府与企业设立自然科学联合基金。

11. 开展关键核心技术攻关行动。聚焦“246”万千亿级产业集群和重点产业链，按照自主掌握、有望实现进口替代、存在断供断链风险等技术分类，梳理相关领域重大研发需求，滚动编制关键核心技术攻关清单，支持推进技术（产品）国产替代。深入实施“科技创新2025”重大专项，加快研发一批关键核心技术，研制一批战略创新产品，形成一批高价值专利组合，积极争取国家重点研发计划、重大科技项目。启动实施变革性创新计划，围绕人工智能与融合应用、先进智能与智能装备、先进能源、柔性电子、第三代半导体材料、工业互联网、云与边缘计算、区块链等重点领域，开展关键技术攻关。完善平战结合的疫病防控和公共卫生科研攻关体系，在重大科技专项中加大对防治新冠肺炎等新发突发重大传染病的研发攻关支持力度，加强生物医药、医疗器械产品研发，提升应对重大公共卫生事件能力。

12. 加快建设高质量产业技术研究院。发挥中科院宁波材料所、北方材料科学与工程研究院等院所作用，支持北京航空航天大学宁波创新研究院、宁波工业互联网研究院、宁波智能技术研究院、上海交通大学宁波人工智能研究院、大连理工大学宁波研究院、西北工业大学宁波研究院、天津大学浙江研究院、诺丁汉大学卓越灯塔计划（宁波）创新研究院、北京大学宁波海洋药物研究院、宁波瑞凌节能环保创新与产业研究院等产业技术研究院建设，推动产业技术研究院与依托单位优势学科建立紧密合作关系。支持龙头企业牵头建设专业领域产业技术研究院，推进华为创新中心、宁波阿里中心等重要创新平台建设。面向新一代通信与网络、人工智能、生物技术、能源技术等前沿科学领域，支持国内外知名高校、科研机构、行业龙头企业等来甬设立研发机构。到2025年，累计建成各类产业技术研究院80家以上。

13. 构筑以甬江实验室为龙头的实验室体系。瞄准科技前沿、聚焦战略需求，构建国家重点实验室、省实验室、省级重点实验室和市级重点实验室梯次发展的实验室体系，强化源头创新供给。以跨领域、平台型、综合性为方向，面向新材料、智能自动化、未来制造等领域加快建设甬江实验室，谋划建设微纳加工平台、极端条件材料大科学装置，建成省实验室，争创国家实验室预备队、国家级重大科创平台。聚焦信息技术、智能装备、生命健康等领域，谋划建设工业互联网实验平台、人工智能先进算法和算力服务平台等重大科技基础设施（装置），争创国家技术创新中心（制造业创新中心、产业创新中心）。实施市级重点实验室优化提升行动，优化重点实验室建设方向和重点，鼓励行业龙头企业与高校院所、上下游企业组建联合实验室和实验室联盟。到2025年，培育市级以上重点实验室100家以上。

14. 实施高等教育“冲一流、强特色”提升计划。大力实施名校名院名所名人工程，鼓励与国外高水平技术大学合作共建特色学院。进一步统筹相关支持政策，支持宁波大学建设世界一流学科。推进宁波诺丁汉大学高水平中外合作大学建设，加快浙江大学宁波“五位一体”校区融合发展、整体提升，支持宁波职业技术学院等打造全国“双高”学校。做优做强特色学科，大力推动海洋生物技术及海洋工程、数字经济、新材料、生物医药等相关学科建设，鼓励在甬高校争创国家“双一流”或A类学科，支持跨校跨院整合提升一批优势特色学科。围绕“246”万千亿级产业集群建设和“3433”现代服务业倍增发展行动，统筹学科专业建设与产业转型需求，推进新工科建设，打造一批高质量的产业（行业）特色学院。实施“一校一策”绩效目标管理，加快构建以绩效为导向的高校资源配置机制。

15. 提高民生领域科技供给质量。加强农业科技创新政策扶持，强化现代种业、农产品精加工利用、农业生物智造、农业人工智能等领域科技支撑，高质量建设农业高新技术产业示范区。深入实施“两进两回”行动和农村工作指导员、科技特派员制度，到2025年，高质量构建“十百千”科技特派员技术服务体系。加强信息技术引领智慧城市建设，大力发展智慧交通、智慧健康、智慧金融、智慧教育、智慧养老和智慧水利，打造一批“未来社区”。深入推进科技惠民工程，实施公益类科技计划，重点支持人口健康、公共安全、生态环境、防灾减灾等领域共性关键技术攻关，推进临床医学研究中心发展，加强新技术服务推广应用。推动体育、文化、旅游与数字技术深度融合，鼓励企业加强面向普通用户的5G+、文化娱乐、电商零售等应用，培育新型消费模式和数字服务新产业。

四、推动产业链创新链深度融合，打造国际智能制造新高地

16. 建设全国制造业单项冠军之城。建立健全单项冠军培育机制，实施“关键核心技术—产品—企业—产业链—产业集群”和“关键核心技术—材料—零件—部件—整机—系统集成”的全链条培育路径。建立分类分级、动态跟踪管理的企业梯队培育清单，推进企业梯次升级。支持单项冠军企业围绕主营核心产品、核心技术，构建产业配套联盟，拓展延长产业链，带动产业链上下游企业发展。力争到2025年，国家级制造业单项冠军企业数量达到130家，单项冠军企业对制造业增长贡献度达40%以上，成为全国制造业单项冠军之城。

17. 培育壮大“科创企业森林”。实施高新技术企业和科技型中小企业培育行动，支持企业建设工程（技术）中心、企业研究院、重点实验室、院士工作站、博士后工作站等高水平研发机构，提升企业创

新能力，形成科技型中小企业—高新技术企业—创新型领军企业的创新企业梯队，定期发布宁波市高新技术企业创新百强名单。实施全社会研发投入专项行动，完善企业创新激励机制，推动一批企业和产品入选国家强基工程专项和各类“一条龙”应用计划项目。到2025年，实现规上工业企业研发活动、研发机构、发明专利基本覆盖。实施标准化与品牌建设行动，引导企业主动参与国际标准、国家标准、行业标准制定，大力推进对标达标提升，争创制造业领域中国质量奖。

18. 推进科技成果转移转化示范区建设。健全国家重大科技项目接续支持机制，主动对接国家有关部委，推动更多国家项目来甬开展产业化应用。完善应用重点自主创新产品推荐目录，健全装备首台套、材料首批次、版权首版次、部件首批次系列政策，落实政府采购优先使用自主创新产品政策。实施新技术新产品场景应用示范工程，加大对首次投放国内市场、具有核心知识产权但暂不具备市场竞争力的重大创新产品采购应用力度，推动产品、技术在应用中迭代升级。实施科技成果转化提升行动，加快建设科技大市场2.0版，推进与长三角地区技术市场融通发展。优化提升产业创新服务综合体、众创空间、孵化器、加速器，加快发展科技服务业，推动研发设计、科技文献、检验检测、技术交易、创业孵化、知识产权服务等科技服务机构做大做强。到2025年，创建市级以上孵化器40家以上，省市县三级产业创新服务综合体80家以上，打造标杆型产业创新服务综合体5家以上。

19. 建设强大有韧性的重点产业链。围绕“246”万千亿级产业集群建设和新兴产业发展方向，建立重点产业链培育清单，编制产业链培育实施方案，绘制重点产业链地图，打造一批标志性产业链，加快创建国家制造业高质量发展试验区。聚焦关键基础材料、核心基础零部件（元器件）、先进基础工艺、产业技术基础和工业基础软件等领域开展精准靶向攻关，提升产业基础能级。制定产业链招商目录，加强产业链精准招商，强化招商项目的研发投入导向，加快建设一批强链补链延链产业化项目、高新技术项目。健全产业链运行风险监测预警体系，强化产业链风险研判，围绕产业链断点、堵点建设产业链供应链备份系统。到2025年，形成若干具有比较优势和发展前景的细分领域产业链，重点打造10条以上国内领先、具有国际影响力的标志性产业链。

20. 实施数字经济赋能工程。推进集成电路产业基地等特色产业园建设，构建数字经济核心产业新平台。加快以宁波软件园为重点的特色园区建设，大力发展以工业互联网、工业软件、工控安全为代表的软件产业，创建特色型中国软件名城。推进智能制造升级行动，加强“5G + 工业互联网”试点示范，推动数字化车间、智能工厂等项目建设，积极培育智能制造系统解决方案供应商，加快建设工业互联网平台。推进城市大脑、新能源汽车充电桩（加氢站）和智能电网等新型基础设施建设，加快5G、区块链、人工智能、大数据等新一代信息技术融合应用，实现区县（市）城区、重点镇乡（街道）5G信号全覆盖和规模商用。实施新一代人工智能发展行动，率先在人机物智能协同、新一代人工智能应用、产业生态构建等方面形成示范效应，争创国家新一代人工智能创新发展试验区。鼓励企业利用新一代信息技术，加快商业模式创新。到2025年，数字经济核心产业增加值占GDP的比重达到10%以上。

五、推进开放协同创新，打造优质创新资源集成地

21. 组建高效率创新联合体。健全重大专项组织实施机制，鼓励行业龙头骨干企业牵头，联合国内外高校院所、科技型中小企业等创新主体，组建创新联合体，对标重点产业链发展方向，以课题制形式“揭榜挂帅”，共同承担关键核心技术攻关项目、产业化项目和产业战略咨询。探索采取定向委托、择优委托等方式，支持目标方向明确、组织程度较高、优势承担单位集中的重大创新项目。探索建立国际创

新合作目录，加强与海外创新重要组织、重点国家和节点城市的创新合作，争取建立国别合作创新园区。

22. 推进科技合作“走出去”。主动融入国家创新战略，对接长三角一体化、粤港澳大湾区建设，在上海、杭州、深圳等地自建或共建研发机构、孵化器等人才科技合作飞地，推进宁波企业与当地高校、科研院所、投资机构、孵化器等建立长效稳定合作机制。加强与“创新大国”“关键小国”以及“一带一路”沿线国家科技合作交流，布局建设中日国际科技合作中心，推进中芬、中乌等科技合作平台扩容提升，谋划建设中东欧国家科技创新研究中心。鼓励园区及有条件的企业建设海外孵化器、海外研发机构，支持企业开展以人才和技术为重点的海外并购。到 2025 年，支持建设海外孵化器不少于 5 家、新建人才科技合作飞地 10 家以上，与市外团队协同承担重大科技项目的比例超过 50%。

23. 创新校地院地合作模式。根据功能定位分类采取企业、民办非企业、“事业 + 企业化”等管理体制，实行院所具体负责、政府支持、市场驱动、企业参与的运营方式，健全校、院、地、企各方参与的议事协调机制，提高校地院地共建水平。围绕重点学科建设、人才培养、科研仪器设备共享，引导在甬高校院所、企业间加强互惠合作。发挥已落地的产业技术研究院桥梁作用，争取总部机构对研究院更多支持，在研究院建立重点实验室分中心、创新中心分部、博士后工作站、研究生院，共同承担省级以上科技创新任务。强化校院企技术成果沟通对接，定期举办科技成果推介会、企业需求对接会。支持国内外和本地名校建设各类交流合作平台，在更大范围内集聚创新资源。

24. 促进军民融合产业创新发展。加强与中国航天科工集团、中国兵器工业集团、北京航空航天大学等强企强校强院强所合作，争取航空航天装备、智慧海洋等产业化项目取得突破。筹划组建军民融合创新平台及若干创新中心，集聚军地创新资源。深化军民融合领域“最多跑一次”改革，建设多功能综合服务平台，常态化开展灵活多样的需求对接活动，鼓励优势民企参与国防科技工业建设。实施军民融合产业培育“倍增计划”，推动军民融合产业基地提升发展。

六、优化创新服务体系，打造创新创业生态示范市

25. 加强党对人才和创新工作的全面领导。坚持党管人才原则，坚持党对科技事业领导，强化“一把手”首要负责、直接谋划、亲自督办的创新工作领导体制，优化市县联动、部门协调的工作推进机制。统筹推进党政人才、人文社科人才、企业经营管理人才、专业技术人才、高技能人才、农村实用人才、社会工作人才队伍建设。完善党政领导科技进步和人才工作目标责任制，强化考核结果运用。积极参评省“科技创新鼎”，建设“科技大脑”。完善党政领导联系高层次人才制度，加强对各类人才的政治引领和政治吸纳，畅通人才参政议政、建言献策的渠道，着力集聚爱国敬业奉献的各方面优秀人才。加强新型智库建设，为重大政策研究、重大产业布局、重大平台建设、重大项目引进提供技术支持和智力支撑。加强创新领域干部队伍建设，选优配强创新工作力量。

26. 以科技体制改革释放创新活力。探索落实社会主义市场经济条件下关键核心技术攻关新型举国体制的宁波路径，推动创新主体联动、产业链协同开展重点领域关键技术攻关。完善科研管理机制，全面落实项目评审、人才评价、机构评估“三评”改革，破除唯论文、唯职称、唯学历、唯奖项“四唯”倾向，建立适应颠覆性创新的研发组织模式。深化科研成果管理制度改革，完善科技成果转移转化利益分配机制，赋予科研人员职务成果所有权或不低于10年的长期使用权。健全以转化应用为导向的科技成果评价机制，完善科技成果转化容错纠错机制，实行审慎包容监管。探索组建市科技投资集团，支持甬江实验室、大科学装置等重大科创平台建设，建立健全科技成果市场化退

出机制和国有科创资本循环投入机制，保障国有资本持续投向科技创新领域。完善产业技术研究院绩效评价制度，健全集“研发、转化、孵化、招商”功能于一体的发展模式，加快科技企业孵化和成果转化。

27. 推进新一轮科技争投行动。加大财政科技经费支持力度，确保财政科技和人才经费投入年均分别增长15%以上，重点支持关键核心技术攻关、重大科创平台、高端创新人才引进培养。全面落实研发费用税前加计扣除、高新技术企业所得税优惠政策，出台高新技术企业发展支持政策，优化企业研发投入后补助支持方式。加大创新创业金融支持力度，发挥天使基金、创投基金、产业基金作用，实施“投、贷、融、保”一揽子支持举措，推动政府引导性投资基金重点投向高成长性初创型企业，带动社会资本投向创新领域。扩大科技信贷风险池规模，建立人才信贷风险补偿资金池，完善科技信贷风险代偿机制，鼓励金融机构与地方合作建立服务人才的专营组织。推进知识产权质押融资增量扩面，支持保险机构开发推行企业研发损失、产品研发责任、知识产权融资保证、人才发展支持、软件首版次等险种，支持创新创业企业投保首台（套）重大技术装备保险、新材料首批次应用保险。建立人才创新创业融资需求与社会资本对接平台，引导企业借助多层次资本市场开展股权和债权融资，鼓励科技型企业在科创板等发行上市。利用好国家土地审批权下放试点契机，建立高新技术产业和企业等重大项目储备库，强化高新技术项目用地保障，优先保障重大科研基础设施、重点高新技术产业项目用地。

28. 完善知识产权大保护格局。严格专利、商标、商业秘密等知识产权的司法保护和行政执法，推动设立宁波知识产权法院，落实惩罚性赔偿制度。加强中国（宁波）知识产权保护中心建设，探索知识产权“快保护”机制，建立知识产权失信违法重点监管名单制度。强化知识产权多元治理，发挥市知识产权综合运用和保护第三方平台作用，健全调解、仲裁、行政裁决、行政复议、诉讼等有机衔接的知识产权纠纷预防化解机制。建设国家海外知识产权纠纷应对指导中心宁波分中心，完善海外知识产权风险预警和专利纠纷应对机制，支持企业开展海外专利布局，引导建立知识产权涉外维权联盟。加强网络空间知识产权治理，严厉打击知识产权犯罪行为。加快推进知识产权运营基金组建和运营，促进知识产权与创新资源、金融资本、产业发展的有效融合。推进知识产权交易平台、知识产权信息公共服务平台建设，培育一批专业化、规模化、品牌化的知识产权服务机构。进一步发挥品牌指导服务站作用，夯实基层品牌建设和知识产权工作基础。建立知识产权保护案例定期发布制度，推动全社会形成知识产权文化。

29. 打造人才创新创业服务升级版。深化“最多跑一次”改革，推进人才创新创业全周期、项目建设全过程等领域“一件事”改革，推动惠企惠才政策精准落地。实施国际一流营商环境攻坚行动，进一步降低创新创业制度性交易成本。健全亲清政商关系，促进民营经济高质量发展。加快构建“四横四纵”政府数字化转型体系，持续推进人才引育、科技创新等领域信息公开，努力实现“掌上办事”“掌上办公”全覆盖。建设宁波“人才大脑”，打造宁波人才之家等一站式人才服务综合体，实行人才专家服务“一码通”，选优配强助创专员、法务专员、财务专员等专业人才服务队伍，构建精准化人才服务体系。全面放宽落户政策，实施更加便利的外国人才出入境服务，为各层次人才提供精细、优质的户籍和停居留签证服务。持续优化人才生活“关键小事”协调解决机制，建设一批国际人才社区、国际学校，妥善解决高层次人才在安居、医疗、家属安置、子女入学等方面需求。

30. 激发全社会创新创业动力。深入实施全民科学文化素质行动计划，加强科学教育和科技普及，积极开展群众性科技创新活动，全面提高群众科学素养和创新意识。健全创新创业先进典型奖励激励机制，每年奖励一批重大科技成果获得者、典型创新人才和创新企业，加强创新成果、创新人物、创新经验宣传报道，激发全社会创新创业热情。

建立健全尽职容错免责机制，完善人才科技领域容错纠错实施细则，切实保护创新创业积极性。完善科研诚信体系和科技伦理治理体系，深化科技监督机制建设。大力弘扬“四知”宁波精神和企业家精神、工匠精神，营造全社会敢为人先、争创一流、精益求精、矢志创新的浓厚氛围。

（注：2020 年 7 月 8 日中国共产党宁波市第十三届委员会第八次全体会议通过）

宁波市金融支持人才创业创新实施意见（试行）[1]

（甬金管〔2021〕2 号）

根据《中共浙江省委关于建设高素质强大人才队伍打造高水平创新型省份的决定》（浙委发〔2020〕19 号）、《关于金融支持人才创业创新的若干举措》（杭银发〔2020〕68 号）和《中共宁波市委关于深入实施人才和创新“栽树工程”加快建设高水平创新型城市的决定》（甬党发〔2020〕26 号）有关精神，现就加大金融支持人才创业创新力度提出如下实施意见：

一、总体目标

围绕打造高素质人才发展重要首选地，引导整合放大金融政策资源优势，推动构建支持人才创业创新的多元投融资体系，持续加大对人才金融支持力度，努力实现“应贷尽贷、应保尽保、应投尽投、应担尽担”，为人才企业提供从初创期、成长期到发展壮大期的全周期金融支持，助推创业创新生态示范市建设，集聚各方面优秀人才与宁波共成长，为宁波实现“六个新突破”提供有力人才智力支撑。

① 来源于中国宁波网，2021 年 1 月 20 日。

二、支持对象

本实施意见所指人才包括：纳入宁波市人才分类目录的高级及以上层次人才，入选宁波市领军和拔尖人才培养工程的人才；通过市级引才计划资格审核的人才项目负责人；纳入各区县（市）、开发园区人才计划（人才工程）的人才。人才企业是指由上述人才担任法人或为实际控制人，且注册地在宁波大市范围内的企业。

三、优化银行信贷服务

（一）加强金融总量保障。人民银行宁波市中心支行优先安排低息政策性信贷额度，定向用于支持人才企业。鼓励金融机构借用政策性低息信贷，发放人才企业贷款的加点幅度不高于300个基点，放宽户均贷款金额限制。支持有条件的金融机构扩大双创、小微金融债发行规模，提高审批效率，募集资金定向支持人才企业融资。

（二）推进人才企业首贷户拓展。建立宁波市“人才企业无贷户名单”，支持金融机构开展人才企业首贷户拓展工作。对经金融监管部门认定后的人才企业首贷户信贷业务，按照1年期（含）以上首贷金额的1%，给予金融机构最高20万元的一次性补贴。鼓励金融机构建立专门的首贷拓展团队，实施人才企业首贷户拓展专项绩效奖励，激发管理团队和基层从业人员开展人才企业首贷户业务的积极性。

（三）探索投、贷、保、担联动。创新对初创期人才企业的信贷支持方式，探索科创型人才企业投、贷、保、担联动，支持商业银行与天使投资、创业投资、产业投资、融资担保、保险机构等开展合作，积极整合资金、信息和管理优势，通过债权、股权、增信相结合的方式，为初创期的科创型人才企业提供多元化融资支持。

（四）创新信贷产品。鼓励金融机构加大对人才及人才企业的信贷资金倾斜，单列专项信贷计划，开辟信贷审批“绿色通道”。推广订单、仓单、应收账款等供应链融资模式，扩大专利权、商标权、股权等无形资产质押融资规模。鼓励发展“科技贷”“创业贷”“海高贷”“消费贷”“人才通”等信贷产品，大力推广以“甬江引才工程”为依托的“奖励贷”“成长贷”“智慧贷”等产品。

（五）建立信贷风险补偿机制。设立总额1亿元的人才企业信贷风险池，对金融机构发放的单笔不超过500万元、单家累计不超过1000万元的人才企业中长期贷款，发生实际损失的，经审核后由“风险池”承担80%的损失。对符合首贷户认定条件的首贷金额，发生实际损失的，“风险池”承担比例可提高至90%。人才企业信贷风险池与融资担保代偿基金、制造业中长期贷款风险池联动，资金暂不实际到位，根据实际发生不良贷款予以配套。

四、加大直接融资支持

（六）引导促进股权投资。发挥市级各类政府性投资基金引导作用，将人才创业创新项目纳入各类社会资本子基金投资项目“白名单”予以优先支持，对由政府出资部分的投资收益进行适当让利，促进社会资本对人才企业进行股权投资。支持在中国证券投资基金业协会备案的私募股权基金参与宁波市非上市人才企业的股权投资，对其首次到位不低于200万元的投资，按首次到位投资额的3%给予基金公司累计最高100万元的一次性补贴，同一控制下的不同基金视为单家基金，鼓励基金公司通过多种形式激励管理团队。

（七）打造特色“人才板”。加快宁波股权交易中心“甬江引才工程”人才板、科技创新板等特色板块建设，重点支持人才企业进场挂牌。支持宁波股权交易中心加强与上海证券交易所、深圳证券交易所以及各类金融机构、新型融资中介服务机构合作，创新融资品种和服务模式，加大对中小人才企业的培育孵化力度。

（八）加强上市扶持。深入开展“凤凰行动”宁波计划，加强人才企业上市培育，加大上市资源对接，对申报科创板的人才企业在专利申报等方面开辟“绿色通道”，支持其尽快达到证监会制定的科创属性评价指标。支持上市人才企业通过增发新股、配股等实施股权再融资。

（九）鼓励多渠道发债融资。支持人才创业园、小微企业园区、双创孵化园区等人才创业平台发行双创债券，募集资金定向支持人才企业培育和发展。鼓励符合条件的人才企业在银行间市场、交易所市场发行债券，不断完善市县两级政策性担保体系和优质发债企业筛选机制，优先为人才企业发债提供增信服务。

五、创新人才保险支撑

（十）完善提升保险保障能力。支持人才企业投保首台（套）重大技术装备保险、新材料首批次应用保险、软件首版次保险，提高新产品、新技术质量和责任风险保障能力。鼓励保险机构针对人才企业开发小额贷款保证保险子产品，适度提高承保额度和风险容忍度。

（十一）鼓励开发推广特色险种。逐步推广企业研发费用损失保险、创业项目费用损失保险、产品研发责任保险、知识产权融资保证保险、人才发展支持保险等保险产品试点，在人才创业园、科技型产业园区、众创空间、创客服务中心等先行先试，鼓励区县（市）相关部门支持符合条件企业投保“科创保”等双创类保险项目。

六、完善其他金融支持

（十二）强化政策性担保融资增信功能。市政策性融资担保公司与合作银行在“微担通”下推出“人才企业贷款”子政策，人才企业通过“微担通”获取银行贷款的，相关担保费用由财政全额补助。

（十三）创新融资租赁服务。鼓励融资租赁公司开发“科技租赁”“租金＋股权”等融资产品，为人才企业采购新设备和补充流动资金提供多元融资渠道。融资租赁公司、金融租赁公司新增的人才企业生产设备直租或回租业务，按设备实际融资额的1%给予融资租赁公司一次性补贴，单笔补贴最高不超过5万元。

七、保障措施

（十四）建立政策落实协调机制。由市委人才办统筹指导，市地方金融监管局牵头，市经信局、市科技局、市财政局、人行市中心支行、宁波银保监局、宁波证监局等相关部门参与，协调推动金融支持人才创业创新政策落地落实。

（十五）推进产业关联畅通。围绕“246”万千亿级产业集群建设、“225”外贸双万亿行动、“3433”服务业倍增发展行动、“4566”乡村产业振兴行动和新兴产业发展方向，在产业政策中进一步发挥人才的领军作用，促进新技术产业化规模化应用。支持金融机构对享受相关产业政策的人才企业提供全方位、多元化的金融服务，促进人才链、产业链、资金链深度融合。

（十六）强化考核机制保障。市地方金融监管局要将金融机构支持人才创业创新工作情况纳入“融资畅通工程”等相关考核。人行市中心支行要在金融机构年度综合评价中设立评价指标，加大考核权重，并灵活运用再贷款再贴现、普惠小微信用贷款支持计划等货币政策工具，优先支持人才企业融资。宁波银保监局要将金融机构支持人才创业创新工作情况与年度监管评级挂钩，适当提高对人才企业融资的不良容忍度。宁波证监局要加强对券商机构、私募股权投资机构、区域性股权市场服务人才企业的业务指导。市财政局要将国有出资金融机构支持人才企业情况纳入绩效考核指标。各金融机构要建立完善适合人才企业特点的授信尽职免责机制。

（十七）优化特色金融服务。充分发挥市金融综合服务平台和金融顾问作用，组织开展金融支持人才企业系列对接活动。坚持整体智治，对符合条件的人才企业配置“人才企业金融服务码”，实现各金融支持政策“一码查”和人才企业金融服务“一件事”办理。

本实施意见由市地方金融监管局负责解释，自 2021 年 1 月 1 日起施行。

（注：2021 年 1 月 13 日宁波市地方金融监督管理局发布）

疫情防控期间关心关爱人才服务人才企业十二条举措[①]

（甬人才办发〔2020〕2号）

为积极应对新型冠状病毒感染肺炎疫情，全力做好疫情防控与人才服务工作，现就我市关心关爱人才、服务人才企业，制定以下十二条举措。

一、延长“3315系列计划”申报时间。“3315系列计划”的申报截止日期由2020年3月15日延长至4月15日，下步视情再作研究。申报公告中涉及的完成企业工商注册登记时间，同步延长至4月15日。线上申报网址：3315计划，http：//183.134.253.61：8080/zhrc/a/login？type=3315；3315资本引才计划，http：//183.134.253.61：8080/zhrc/a/login？type=3315ZB；泛3315计划，http：//183.134.253.61：8080/zhrc/a/login？type=3315F。

二、简化“3315系列计划”团队经费拨付方式。疫情防控期间，已入选的“3315系列计划”团队可通过网上提交资助经费申领材料，经费拨付前现场走访评估调整为视频会议评估方式，对符合条件的团队第一时间拨付资助经费。“3315系列计划”团队资助经费扶持期在原有基础上延长6个月。

---

① 来源于宁波市委人才工作领导小组办公室。

三、放宽人才购房补贴政策申报时限。对因疫情影响，人才超时未申报高层次人才购房补贴、基础人才购房补贴的，可顺延至此次疫情应急响应解除后6个月内办理。

四、放宽海外工程师工作地域要求。支持企业用好国外智力资源，对在疫情期间无法来甬但仍开展工作的海外工程师，提供相应证明材料后可视作在甬工作时间，满足条件的可享受海外工程师年薪资助政策。

五、放宽外国人工作许可延期业务办理时限。外国人办理工作许可延期业务，暂时取消“须在许可届满前30日提交”的要求，用人单位可在许可期限届满前在线提交申请。办理外国人工作许可证可“不见面审批”，通过“外国人来华工作管理系统”（http：//fwp. safea. gov. cn）在线提交《外国人来华工作许可“不见面审批”承诺书》，所有外国人工作许可事项全流程在线办理，暂无需到窗口提交任何纸质材料。以上办理事项恢复时间另行明确。

六、优化人才政策线上办理制度。疫情防控期间，依托宁波人才公共信息服务平台、高层次人才服务联盟等线上平台，采取“网上办”“邮寄办”“咨询办”等方式，受理人才政策兑现，所有资料通过网络平台进行填报，必须提供的纸质资料通过邮寄方式提交。

七、优化提升线上人才招聘服务。暂停举办全市所有现场招聘活动和跨地区劳务协作，进一步推进线上招聘服务功能，在2月底前免费举办线上招聘会55场，后续视情持续组织。在宁波人才网首页和中国宁波人才市场微信端设立“重点民生行业单位招聘专栏”，定期发布人才招聘需求，建立招聘专员服务制度。

八、启动“百家机构助力疫情防控紧缺用工行动”。组织发动全市100家人力资源服务机构，为疫情防控、生产生活必需以及其他涉及重要国计民生相关企业，提供免费的短期人力资源供需对接服务，为企业用工阶段性需求和全面恢复生产提供优质人力资源市场化配置服务。

九、强化人才企业金融支持。鼓励金融机构加强对人才企业的金融支持力度，通过上浮信贷额度、降低利率费率、简化审批手续等方式，提供人才贷、人才险、人才保等多元化金融服务。支持宁波人才银行对人才企业实行股权投资和信贷支持联动的投资模式，全方位支持人才企业发展壮大。

十、延长人才公寓、人才安居专用房租赁优惠期。疫情应急响应期间，对租赁市县两级人才公寓、人才安居专用房到期的人才，可予以延长租期3个月，续租期内仍可享受原租赁优惠政策。

十一、密切联系服务高层次人才。市县两级和人才密集的用人单位建立重点人才返甬来甬在甬联系服务制度，实施“一人一策”联系服务专案。市县两级高层次人才服务联盟、人才服务专员和用人单位，为高层次人才提供代跑、代办等服务。

十二、关爱疫情防控一线人才。在国务院政府特殊津贴专家、市突出贡献专家、领军拔尖人才等遴选评定中，优先选拔培养一批在疫情防控工作中表现突出、医德高尚、医术精湛、群众和同行公认的优秀人才。对在疫情防控一线作出突出贡献且符合有关条件的人才，纳入市专家服务管理范围，享受相关的政策待遇。对在疫情防控一线表现突出的医务工作者，在评聘高一级专业技术职务时给予倾斜、优先评定，经核准可相应放宽条件或破格申报。

附件：市县两级高层次人才服务联盟服务热线（略）

（注：2020年2月11日中共宁波市委人才工作领导小组办公室发布）

宁波市舟山市推进甬舟人才一体化发展行动方案（2020—2025）[①]

（浙委人办〔2020〕4 号）

各设区市党委人才办，宁波市、舟山市各县（市、区）党委、市直属各单位党委（党组）：

甬舟一体化发展是贯彻落实《长江三角洲区域一体化发展规划纲要》和省委、省政府总体决策的重要工作。推进甬舟一体化发展，首先要推进人才一体化发展。按照宁波市舟山市关于甬舟一体化部署要求，根据《浙江省大都市区建设行动计划》《浙江省大湾区建设行动计划》《宁波市大湾区建设行动方案（2018—2022）》《宁波市推进甬舟一体化发展行动方案》《舟山市推进甬舟一体化发展行动方案》，为加快推进甬舟人才一体化发展，特制定本行动方案。

一、总体要求

（一）指导思想

以习近平新时代中国特色社会主义思想为指导，全面贯彻党的十九大和十九届二中、三中、四中全会精神，全面落实浙江省大湾区大

① 来源于宁波市人民政府网站。

花园大通道大都市区行动计划，坚持新发展理念，坚持开放合作、改革创新，坚持需求导向、问题导向、实效导向，围绕“优势共享、合作共赢”，推进甬舟人才资源一体化开发、人才平台一体化建设、人才机制一体化创新和人才生态一体化构建，每年“谋划一批、推进一批、落地一批”人才合作项目，提升人才发展协同力、竞争力，打造区域人才发展合作示范样板，以人才一体化发展引领甬舟高质量一体化发展。

（二）基本原则

——坚持服务大局。紧扣“一体化”和“高质量”两大要求，突出“国际化”和“高端化”两大特点，全面服务和融入长三角一体化、全省“四大建设”和甬舟一体化发展，充分发挥人才对经济社会高质量发展的引领作用。

——强化一体推进。牢固树立一盘棋理念，推进人才一体化发展与两地基础互联互通、产业协同创新、生态环境共保联治、公共服务同城化一体谋划、一体推进。强化人才一体化发展与两地人才发展“十四五”规划、大湾区人才发展、长三角人才一体化一体谋划、一体推进。

——实现开放共赢。坚持开放协作、积极有序和差异发展，发挥宁波与舟山在产业创新、人才资源、科技平台等特色优势，通过紧密合作与优势互补，拉长补短，实现两地人才发展的高度融合、协同推进、互惠共赢。

——务求合作实效。立足宁波与舟山资源禀赋、人才结构、产业基础等实际，加强各领域各层次人才资源的一体化合作开发，着眼长远、把握节奏，保持定力、持续推进，一张蓝图绘到底，务求合作实效。

二、发展目标

到2025年，甬舟人才一体化发展取得实质性成效，一体化的高端人才引育、人才平台建设、人才体制机制和生态服务体系趋于完善，人才引领支撑经济社会高质量发展更加明显，成为区域人才发展合作的示范样板。

人才引育量质协同提升。实施“百千万”一体化人才开发工程，设立领军人才（专家、教授）工作室100个以上，开展技能人才培养交流合作6000名以上，两地集聚优秀青年人才90万名以上。组建重点产业联合专家咨询委员会5个以上。

人才平台建设协同推进。实施“双核引领、两区并进、多点联动”一体化平台建设，浙江创新中心、甬舟合作区两大核心平台基本成型，舟山省级海创园、国家级高新区两大创新园区成功创建，石化产业基地、海洋生物医药基地、航空航天产业园、人才飞地等多平台联动推进。

人才体制机制协同创新。建立健全人才流动互通、人才评价互认、人才利益互享“三互机制”，历练交流党政干部100名以上，双向交流培养教师、医生等专业技术人才1000名以上。

人才发展生态协同优化。实施人才市场、人才服务、人才活动“三个同城化”，在医保统筹结算、服务标准化、人才市场整合、重大活动联办等方面，形成一批可复制可推广的人才一体化建设经验，服务长三角人才一体化和高水平人才强省建设成果显著。

专栏1：甬舟人才一体化发展主要目标（两地合作）

序号	目标	具体内容	2020年目标	近期目标（截至2022年）	中期目标（截至2025年）
1	人才引育规模不断扩大	组建重点产业联合专家委员会（个）	2	3	5
2		领军人才（专家、教授）工作室（个）	10	50	100
3		开展技能人才培养交流合作（人）	1000	3000	6000
4		集聚优秀青年人才（万人）	15	45	90
5	一体化人才平台建设加快推进	浙江创新中心（人才飞地）	集聚高层次人才项目50个以上，其中舟山3个以上	集聚高层次人才项目100个以上，其中舟山10个以上	集聚高层次人才项目200个以上，其中舟山20个以上
6		甬舟合作区	实质性启动建设	集聚优秀人才300人以上	集聚优秀人才1000人以上
7		共同推进省级海创园建设	建立人才、项目和建设经验共享机制	新增省级海创园1个	新增省级海创园2个
8	人才一体化体制机制更加完善	党政干部历练交流（名）	20	60	100
9		互派交流、协同培养教师（名）	100	300	500
10		双向交流、合作培训卫生人才（名）	100	300	500

三、重点任务

（一）推进人才资源一体化开发

1. 加强产业高层次人才研发合作。组建绿色石化、海洋生物、电子信息等产业领域联合专家委员会 5 个，推动甬舟两地重点产业优势互补。制定专项柔性用智政策，支持企业和高校院所设立 100 个领军人才（专家、教授）工作室，以项目委托、外聘顾问、专题咨询等方式用活用好领军人才资源。支持“银龄”工程师服务舟山产业发展。组织两地高水平专家团队每年开展 2 次以上技术交流研讨、成果对接转化等活动，实施产业重大关键技术联合攻关项目 2 个以上。

2. 加强青年人才引育合作。联动推进宁波“甬智回归计划”和舟山“本土人才回归奖励计划”，逐步统筹两地大学生安居、就业和创业创新补贴标准，集聚更多高校毕业生在两地就业创业，提高两地高校毕业生留甬、留舟比例。加强两地高校学子互相交流，推动石化、海洋、生命健康等重点学科人才互培、资源互享、同一层次高校学分互认，建设特色学科，开展重大科研项目联合申报。共同打响青年友好城品牌，联合举办重大青年人才活动，每年针对性组织两地用人单位赴外开展大学生宣讲招聘活动 5 次以上，争取两地每年联动引进高校毕业生 15 万人以上。

专栏 2：甬舟两地高校青年人才合作培养项目

1. 甬舟绿色石化产教融合中心。推动浙江国际海运职业技术学院、宁波职业技术学院、浙江石化、镇海炼化等共同建设甬舟绿色石化产教融合中心，开展学生交换培养、教师挂职交流和教科研项目联合申报，为两地石化产业培养专业人才。

2. 区域性海洋科教中心。推动宁波大学海洋学院、宁波海洋研究院、宁波大学医学院等与浙江大学海洋学院、浙江海洋大学等建立青年人才合作交流机制，开展重点项目联合攻关、青年人才联合培养，谋划共建区域性海洋科教中心。

3. 高校特色学科群。支持甬舟两地高校院所加强合作，通过共建创新载体、联合申报科研项目和特色专业、互派交流高层次人才等方式，打造更具竞争力和影响力的特色学科群。

3. 加强教育卫生人才协同合作。开展两地名师、青年教师等交流互访、研讨互学。依托省“希望之光”计划，宁波选派优秀教育专家团队开展结对合作，支持舟山师资赴甬挂职交流，探索建立两地教师培养一体化工作机制，争取互派交流、协同培养教师500名。支持两地特色医院、优势学科开展人才培养和学术交流，联合实施基层全科医生培养项目，通过进修学习、培训讲座、学术会议等形式，促进两地卫生人才能力提升。推进舟山医院、舟山市妇儿医院、舟山市中医院、上海瑞金医院舟山分院等10家医疗机构加盟由宁波三级医院牵头组建的7个区域专科联盟，积极联合舟山相关临床专科共建新的区域专科联盟，支持舟山临床考生在宁波参加全国医师资格考试实践技能考核。加强两地应急救护资源共建共享，建立应急医疗救护人才协同开发机制。争取双向交流、合作培训卫生人才500名。

4. 加强优秀技能人才培养合作。推动舟山地区中等职业学校纳入宁波高职学校中高职一体化计划和中等职业学校（技工学校）技能大赛。根据舟山职业院校需求，探索建设产教融合实训基地、创新创业实践基地。创新打造“技能之星”职业技能竞赛全国性竞赛平台，重点选择宁波“246”产业和舟山绿色石化、现代航空、船舶海工、数字经济、生命健康等产业职业（工种），组织两地优秀技能人才参与技能比武。推动两地企业通过“订单班”、合作共建实习实训基地等校企合作方式，联合培养技能人才。到2025年，开展技能人才培养交流合作6000名。

（二）推进人才平台一体化建设

5. 合力建设两大核心平台。浙江创新中心：立足服务浙江省、融入长三角，推行“双层孵化、多方协同”的培育模式，建立舟山高端人才来甬创业创新“绿色通道”，对入驻的舟山高端人才项目给予同城待遇。加快搭建一批全球协作引才、科研设施网上预约共享、人力资源产业服务等公共服务平台。到2025年，集聚高层次人才项目200个以上，其中舟山来甬孵化项目20个以上。甬舟合作区：以六横、金塘等甬舟毗邻地区为重点，谋划建设甬舟合作区，打造甬舟一体化核心示范区。推动甬舟合作区人才开发与国土空间、产业发展规划和重大项目谋划同步开展、同步推进，更好发挥人才对合作区建设的引领作用。立足甬舟合作区内产业培育发展、开发建设管理等领域深层次合作需求，加快集聚高层次创业创新人才。对落地甬舟合作区的高层次人才项目，给予特殊支持政策。加快推进浙江自贸区宁波联动创新区建设。到2025年，甬舟合作区集聚优秀人才1000人以上。

专栏3：浙江创新中心对舟山人才项目特殊支持政策

1. 对入驻的高层次人才项目，无需更改企业注册地；
2. 高层次人才项目可享受原属地政策，并享受宁波同城服务；
3. 对入驻的高层次人才项目给予3年免租政策；
4. 建立舟山高层次人才项目落地“绿色通道”；
5. 享受中心提供的各项综合性园区配套服务。

6. 联动建设两大创新园区。省级人才创业园：发挥宁波余姚、中官路两大省级园区先行优势，建立常态化对接交流机制，加强管理运营、人才引进、项目扶持等方面深度合作和资源共享，支持舟山依托现代海洋产业创新服务综合体，加快建设海洋产业领域省级人才创业园。国家高新区：发挥宁波国家自主创新示范区带动作用，支持甬舟两地高新区围绕创新载体共建、科创资源共享、创新人才互动、管理团队互融等开展紧密合作，引导高新区人才计划、人才大赛优先支持两地人才项目，探索构建两地高新区产业协同发展机制。

7. 布局建设“人才飞地”。立足两地绿色石化、新材料等特色产业，依托浙江创新中心和宁波甬江科创大走廊等平台,，支持舟山市建设“人才飞地”，推动两地人才、科创等资源要素有效集成、高效配置，对入驻的人才项目给予同城待遇。鼓励舟山“人才飞地”高层次人才与宁波领军人才开展学术交流、科研合作、项目攻关。根据合作需求，到2025年，争取建设“人才飞地”不少于1个，集聚高层次人才100名以上。

8. 多点建设高能级产业创新平台。深入推进“栽树工程”，立足服务宁波舟山两地产业创新，建设绿色石化、海洋经济、航空航天等领域合作创新平台，协同开展人才引进培养、项目攻关。发挥宁波高能级产业技术研究院对舟山的辐射带动作用，支持中科院宁波材料所与舟山进行实质性洽谈，加快建设中科院宁波材料所（舟山）技术转移中心，探索共建海洋新材料应用创新平台，开展成果转化、人才培养和科技创新等深度合作。推动甬舟两地高校、科研院所科研仪器设备共建共享，完善科研仪器设备共享网络服务平台，建立互通信息、差异配置、共享使用机制，支持两地科技创新券互认互用，力争每年共享仪器设备500台次以上。

专栏4：甬舟产业创新平台建设重点领域

1. 绿色石化。以产业链协同创新为重点，推进建立甬舟两地石化产业合作、协同发展机制，用好浙江自贸区宁波联动创新区获批契机，有效辐射宁波石化产业，协同推进石化领域高层次人才培养，共同打造具有世界竞争力的石化产业基地。

2. 海洋生物医药。依托宁波海洋生物医药产业孵化集聚创新基地，与舟山共建海洋生物医药基地，推动海洋生物医药科技创新服务平台、科技成果转化服务平台、投融资服务平台及综合服务平台等“四位一体”公共服务体系建设，形成科学研究、技术开发、创业孵化、技术转移等于一体的区域创业创新服务体系。

3. 海洋新材料。依托中科院海洋重点实验室，搭建海洋防护材料、海洋结构材料、海洋工程材料和海工新材料服役性能数据库等方面创新平台，推动形成海洋新材料区域创业创新服务体系。

4. 航空航天。支持宁波航天智慧科技城、舟山航空产业园加强合作，谋划共同建设航空航天产业园，大力集聚航空航天领域高端人才和团队。

5. 产业技术研究院。发挥宁波68家产业技术研究院创新优势，加快集聚高层次科创人才，打造立足两地产业、服务科技创新的科创服务体系。

6. 孵化器。推动甬江科创大走廊辐射舟山，支持舟山市在宁波市设立飞地孵化器、托管型孵化器等创新创业载体，打造跨区域创新资源交流平台和长三角区域引领性科技创新策源地。

（三）推进人才机制一体化创新

9. 建立完善人才流动互通机制。加快甬舟人才交流合作，实现两地党政干部历练交流100名以上，双向交流教师、医生等专业技术人才1000名以上。建立区域人才信息互通平台，充分运用大数据技术，探索打通两地人才科技专家库，共享专家信息资源。搭建人才工作信息交流平台，加强高层次人才引进、培养、奖励等工作和政策联动，互通重大人才项目、人才工程进展和实施情况。支持甬舟人才专家互相参与两地项目研发、评审评估评价等创新活动，建立两地国家级学会服务站服务工作联动机制。建立两地海高会（高层次人才联谊会）活动联办机制，定期组织互访交流。

10. 建立完善人才评价互认机制。建立统一的人才一体化评价和互认机制，推动人才高端培训项目异地开发、资格证书互认，积极探索职业技能等级互认制度。两地职能部门根据人才分类目录，共同协商确定人才互认范围，属于范围内人才，由行政业务部门主导互认。适时推行分领域互认，两地行业协会部门统筹评估本行业、本领域人才发展水平，协商认定标准，逐步形成分领域全面互认。

11. 建立完善人才利益互享机制。推动海外孵化器、海外引才联络机构等开放共享，协同强化全球引才。发挥宁波建设中国—中东欧国家经贸合作示范区优势，联动建设海外引才联络服务基地，打造海外引才通道。建立人才协同引进机制，共建海外人才联络站，共同引进海外高层次人才，服务两地产业发展需要，对引进的人才、项目，争取纳入省对两地市人才工作考核评价。建立“共建、共管、共享”机制，争取上级支持，探索人才项目和企业在甬舟两地落地的产业税收地方留成部分收入分成政策，推动实现人才项目信息和揽才网络渠道共享。

（四）推进人才生态一体化构建

12. 人才市场同城化。支持两地人才市场、科技大市场等专业服务机构加强合作，发挥宁波国家级人力资源产业园优势，协同舟山筹建人力资源产业园。在宁波（舟山）科技大市场设立舟山（宁波）专区，共同举办人力资源服务供需、科技成果转移转化对接会。打破地域分割、人才分类传统管理模式，整合两地人才市场、劳动力市场和毕业生就业市场等资源，加快推动人才市场互联互通，建立两地人才市场合作联盟，通过联合举办大型人才招聘会，共同发布区域年度人才市场报告，打造协同、开放、高效的区域人才市场体系。

13. 人才服务同城化。建立两地人才服务同城化待遇共享机制，推进人才在就医就学、交通出行、旅游观光、疗养休养等方面实现同城化待遇。加快实现两地异地门诊直接结算范围统筹区域全覆盖，持续扩大异地就医医疗费用直接结算范围，推进定点医院纳入省级异地就医联网平台，鼓励基层定点医疗机构纳入异地定点联网结算范围。加快推动甬舟两地公交卡实现“一卡通”。统筹推进两地人才落户安居，探索人才在当地社保缴纳年限互认，视同两地缴纳年限。支持宁波外籍人员子女学校招生范围覆盖舟山人才子女，为两地外籍人才子女就学提供保障。充分利用好健康养生和特色旅游等优势资源，推动两地人才疗休养基地、院士之家、人才之家等共享共用。

14. 人才活动同城化。探索共同举办重大人才活动，打响甬舟人才一体化引才品牌。充分发挥宁波人才日、中国浙江·宁波人才科技周、宁波高层次人才智力引进洽谈会、中国机器人峰会和舟山群岛新区全球海洋经济创业大赛、浙江自贸试验区海洋经济国际青年学者论坛等两地重大人才活动的平台作用，支持两地共同设计相关活动板块、共享参会人才信息，每年举办相关专场活动 3 场以上。充分利用两地海内外人才资源，组团赴外开展招才引智活动，每年联合举办院士专家、海外人才“甬舟行”等引才活动 3 场以上。

四、保障措施

15. 强化组织领导。将甬舟人才一体化发展工作纳入甬舟一体化联合办公室统筹协调范围，具体由两地市委人才办协调推进，成立甬舟人才一体化发展办公室，选派专人集中办公，推进甬舟人才一体化发展重大规划、政策和年度任务，确定重大合作事项，加强常态化交流。

16. 强化支撑保障。协调推进两地加大资金保障力度，适时筹划设立甬舟人才一体化发展专项基金，加大对人才重点领域、重点专项、重大平台合作发展的支持力度。谋划打造一批具有一体化引领示范意义的标志性人才工程，加强土地、规划、技术、政策等支撑保障，实现人才优先发展。

17. 强化规划衔接。积极向上对接，争取国家、省级有关部门在重点领域人才一体化开发、人才一体化承载平台建设、人才体制机制改革、人才一体化生态体系构建等方面加大支持。强化与甬舟一体化发展重大规划衔接，推动人才一体化融入浙江自贸区宁波联动创新区、甬舟合作区等重大平台规划建设。

18. 强化评估督查。组织专业力量定期对重大产业人才项目、人才体制机制创新发展等进行监测评估分析。逐年明确重点任务时间表、线路图，进一步压实工作责任。加强对两地各有关部门推动落实执行情况的督导检查，确保各项任务落实见效。

附件：2020 年甬舟人才一体化工作任务清单（略）

（注：2020 年 4 月 13 日中共浙江省委人才工作领导小组办公室、中共宁波市委、中共舟山市委联合发布）

宁波市数字经济人才发展三年行动计划（2020—2022年）[①]

（甬经信组〔2020〕122号）

发展数字经济是“一号工程”，人才是第一资源。为深入贯彻落实国家、省、市关于加快数字经济发展的重要精神，有效发挥人才对数字经济发展的关键支撑作用，围绕数字经济发展需求发展人才，根据《宁波市智能经济中长期发展规划（2016—2025年）》（甬政办发〔2017〕55号）和《关于深入实施人才和创新“栽树工程”加快建设高水平创新型城市的决定》（甬党发〔2020〕26号）等文件精神，特制定《宁波市数字经济人才发展三年行动计划（2020—2022年）》。

一、发展基础与面临形势

（一）发展基础

宁波数字经济核心产业快速增长，已引进培养了一大批适合宁波数字经济发展需要的数字战略管理人才、数字研发分析人才、数字技能制造人才和数字营销运营人才。宁波软件园、宁波研发园、省级集成电路产业基地、宁波工业互联网研究院等人才集聚高端平台相继建

① 来源于宁波市人民政府网站。

立，有效推进了数字经济人才集聚。截至 2019 年底，全市数字经济核心产业从业人员超 21.4 万人，从总量上来看，全市数字经济人才约 10 万人，其中，直接从事数字研发分析和数字技能制造的人才超过 60%，从事数字战略管理的人才占 10% 左右，数字经济人才中具有本科以上学历的占 50% 以上。

专栏 1：数字经济人才分类界定

1. 数字战略管理人才，主要是指数字化转型领导者、数字化商业模型战略引导者、数字化解决方案规划者、数字战略顾问等。

2. 数字研发分析人才，主要是指互联网、区块链、大数据、人工智能等领域的产品经理、软件开发人员、视觉分析者、算法工程师、系统工程师、硬件工程师等。

3. 数字技能制造人才，主要是指工业 4.0 实践专家、先进制造工程师、机器人与自动化工程师等。

4. 数字营销运营人才，是指从事数字产品运营、质量测试、数字技术支持、营销自动化的专家、社交媒体营销专员、电子商务营销人员等。

同时，宁波数字经济人才发展也面临着一些问题。数字经济总量规模尚小，核心产业规模只占全省 10% 左右，数字经济人才集聚产业承载空间有限；数字经济集聚的高层次人才偏少，硕士以上学历人才、高级职称和高技能人才占比均不到 10%，数字战略管理人才较为缺乏；支撑数字经济发展的研发创新机构（园区）能级有待提升，许多都还处于初步建立阶段，需要加快发展。

（二）面临形势

当前，我国正处于经济结构转型升级与新一轮科技革命和产业变革突破爆发的历史交汇期，新旧经济发展动能转换期，数字经济正在经历高速增长、快速创新，并广泛渗透到其他经济领域，据《中国数字经济发展与就业白皮书（2019年）》显示，2018年，我国数字经济规模达到31.3万亿元，占GDP比重为34.8%，成为推动高质量发展的重要力量。宁波正在加快打造“246”万千亿级产业集群，其中电子信息、软件与新兴服务被列入4大五千亿级产业集群，数字经济以前所未有的速度飞速发展，并对数字人才提出了新的更高的发展要求。宁波市数字经济企业对高层次人才需求明显。对数字营销运营人员、数字研发人员需求量都非常高，需要有针对性地加快推动数字经济人才开发。

二、指导思想、基本原则与发展目标

（一）指导思想

以习近平新时代中国特色社会主义思想为指导，深入贯彻落实中央、省委关于深化人才发展体制机制改革的意见精神，围绕省、市数字经济“一号工程”发展要求，坚持党管人才原则，加快推进人才强市战略，以开放揽才、产业聚智为导向，以服务和推动数字经济创新发展为主线，以集聚各类高端创新要素为核心，以改革创新与开放合作为动力，以实施重大人才计划和培育开发工程为抓手，以打造数字经济人才重大发展平台为重点，深化数字经济人才发展体制机制改革，做好数字经济人才引、育、用、留全链条要求，为宁波数字经济持续快速发展提供有力支撑，助力宁波当好浙江建设“重要窗口”模范生。

（二）基本原则

——聚焦重点，高端引领。围绕宁波市数字经济发展需求，特别是“246”万千亿级产业集群中的电子信息产业、软件与新兴服务业发展要求，以数字战略管理人才、数字营销与运营人才、数字研发分析人才和数字技能制造人才为重点，大力引进培养数字经济高端人才。建设高水平、高效能的数字创新人才发展平台，充分发挥数字经济人才在推动数字经济发展和全市人才开发中的高端引领作用。

——开放聚才，市场主体。充分利用国际国内两个市场、两种资源，提升人才工作开放度，吸纳海内外高层次数字经济人才向宁波市集聚。充分发挥市场在数字经济人才配置中的决定性作用，着力构建“政府宏观引导、市场合理配置、企业主体开发、社会广泛参与”的人才开发格局。

——补齐短板，精准施策。对照先进、拉高标杆，摸清数字经济企业的人才底数和需求，结合“246”万千亿级产业集群规划的目标，找准数字经济人才发展的短板和缺口，有针对性地采取对策举措，精准施策，持续发力，不断提升人才工作和数字经济发展的契合度，持续提高人才工作科学化水平。

——深化改革，协同创新。深化数字经济人才发展体制机制改革，向数字企业主体放权，为数字经济人才松绑，充分调动用人主体和人才两方面积极性。适应数字产业化、产业数字化、城市数字化趋势，推动数字经济和工业经济互相融合、互为支撑，加强科技、教育、产业等领域的协同，不断提升数字经济人才工作合力和水平。

（三）发展目标

通过三年的努力，到2022年，把宁波建设成为数字经济人才高度集聚、创新活力迸发，对数字经济发展带动作用明显的数字经济人才集聚高地。具体目标为：

——数字经济人才规模持续扩大。到2022年，全市数字经济人才总量显著增长，数字经济核心产业中的各类数字经济人才总量超过18万人。数字经济人才在全部工业企业从业人员数量中的占比明显提高。

——数字经济人才结构明显优化。到 2022 年，数字经济人才结构明显优化，集聚一批数字经济顶尖人才，数字战略管理人才超过 2 万名，物联网、集成电路、大数据、人工智能、区块链等数字研发设计人才超过 8 万人，数字营销和运营人才超过 3 万人。培育数字技能制造人员 5 万人以上。其中“数字工匠”1 万人以上。具有国际视野的数字“甬商”200 人以上。

——数字经济人才平台能级提升。到 2022 年，宁波软件园、宁波研发园、集成电路基地等平台能级进一步提升，工业互联网研究院、甬江科创大走廊、前湾新区等数字经济平台加快发展，新引进共建数字经济领域创新研发机构 10 个以上。数字经济企业中省级以上企业研究院新增数量超过 15 家，省级以上企业实验室达到 10 家。

——数字经济人才效能逐步增强。到 2022 年，数字经济人才效能发挥更加明显，按省统计口径，全市数字经济核心产业总量达到 5000 亿元左右，其中核心产业增加值达到 1800 亿元左右，人才引领作用更加突出。

——数字经济人才环境不断优化。到 2022 年，形成更加完备的数字经济人才发展政策体系，建成统一规范的数字经济人力资源市场，举办各类高端数字经济论坛和研讨会 200 场以上，数字经济人才创业创新服务环境、生活保障、社会氛围持续改善。

三、主要任务

（一）实施五大数字经济人才引进集聚行动

1. 数字经济高端人才引进行动。推动市“顶尖人才计划”、“甬江引才工程”等重大人才开发计划向数字经济人才倾斜，提高数字经济人才入选数量。支持成立宁波数字经济发展专家咨询委员会，鼓励数字经济顶尖人才柔性服务宁波数字经济发展。鼓励海内外顶尖人才来甬开展数字经济领域的基础研究、应用研发、成果转化等创新创业活动。到2022年，全职新引进数字经济领域顶尖人才1人以上，入选国家重点人才计划的数字经济人才3人以上，新引进高层次数字经济人才和团队分别达到100人和30个以上。

2. 数字“三新人才”引进集聚行动。依托千名新经济新业态领军人才培育工程，重点围绕物联网、集成电路、区块链、人工智能、5G、大数据、虚拟现实等为代表的新一代信息技术，鼓励本地高校创办数字技术相关学院，加快相关学科建设。强化扶持力度，制定专项引进培育政策，聚集一批工业互联网、集成电路、物联网、区块链数字经济新技术、新模式、新业态等方面的人才。优化人才服务体系，对新引进的新模式新业态人才给予安家补助、购房补助、生活安居补助等政策支持，为引进的新模式新业态技术人才落户和子女入学等提供便利，优化人才资源配置和发展环境。积极营造良好的氛围环境，对新模式新业态发展创造宽松环境，降低市场准入，探索新牌照、新标准的制定发放，鼓励数字经济领域的创业创新。

专栏2：数字经济“新技术、新模式、新业态”人才引进集聚行动

1. 引进集聚区块链人才：加快集聚区块链创新人才，鼓励本地高校创办区块链学院并实际招生开班，加快区块链相关学科建设，建设区块链底层技术和实际应用技术研究机构，优化区块链人才服务体系。

2. 引进集聚5G人才：加快集聚一批5G领域创新团队，以及网络规划设计、设备维护、业务编排、业务体验和优化、行业解决方案等专业技术人才。深化产教融合，加快建设以5G通信、VR/AR等技术为主干的特色专业。

3. 引进集聚人工智能人才：围绕智能石化、智能网联汽车、智能光电、自主智能装备、智能家电等人工智能五大特色产业链条，根据人工智能技术攻关、人工智能产业培育、智能应用场景建设需要，强化人工智能团队、人才的引进和培育，培养一批人工智能“极客”人才。

4. 引进集聚物联网人才：紧密结合宁波工业物联网产业基础，在数据采集、智能传感、网络架构、嵌入式系统等方面，加强物联网学科建设和人员培训；以市内主要物联网企业为载体，加快物联网人才的引进，聚集一批物联网人才。

5. 引进集聚集成电路人才：根据宁波市国家级特色工艺集成电路产业基地和集成电路专有材料产业基地建设需求，加快市内高校集成电路学科建设，强化与国内外集成电路产业集聚区和集成电路科研先进科研院所的联系，推进更多集成电路人才落户宁波。

3. “数字创客”引进集聚行动。依托良好的数字经济发展环境，在工业机器人、智能终端产品、智能控制系统研制等领域，培育一批“数字创客”人才。支持高校、科研院所以及制造业龙头企业的实验室、工程技术中心、研发中心等向更多“数字创客”开放，鼓励创客运用数字新技术，抢抓产业化发展先机，大力发展“先进制造 +”、“互联网 +”、共享经济、平台经济新模式新业态。支持培养一批互联网“极客”人才，鼓励数字经济领域的创业创新，营造良好氛围环境。到2022年，全市集聚“数字创客”达到5000名以上。

4. “数字工匠”专项开发行动。着力培育一批适应数字产业化和产业数字化需要的“数字工匠”，将5G、3D制造、人工智能、大数据等数字技术应用于设计、制造、服务等各个环节，推动传统工业与互联网融合创新、转型升级。在新能源汽车、智能终端、智能家居等产业领域建设大规模“数字工匠”队伍，积极推动将“数字工匠”纳入专项人才引进计划和高技能人才培养范围，提高“数字工匠”在“港城工匠”、技能大师等技能人才入选比例。到 2022 年，全市集聚“数字工匠”超过 1 万人。

专栏 3：“数字工匠”专项开发行动

强化“数字工匠”引进、培养、选拔、认证工作。扩大市内数字职业技术教育规模，积极开展校企合作，有针对性培养“数字工匠”。强化利用“互联网 +”，大力推广普及先进科技，提供切实可行的培养“大通道”，积极引导更多在岗工人、社会青年、爱好者自学成才，成长为“数字工匠”。建立“数字工匠”人才库，适时开展各种大赛，为高科技人才成长提供平台和舞台。推进建设“创新文化”“工匠精神”与“数字经济”融合发展的新平台，加快引进培育“数字工匠”。

5. 数字“甬企名家”专项开发行动。加快培育一批数字经济领域的高素质企业家，大力实施企业“名家”战略，深入开展“双百双高企业总裁培训工程”，提升企业家应对数字变革的能力。实施新甬商精英培育工程和创二代企业家培育工程，提升青年企业家在经营管理、质量品牌、市场拓展等方面的综合能力。积极发展职业经理人市场，集聚一批具有职业素养、市场意识、精于管理、善于经营的职业经理人团队，在规上企业推进建立首席数字官制度。到 2022 年，力争培养具有国际视野的数字经济“甬商”名家 200 名以上。

（二）实施四项数字经济人才培育培养工程

1. 数字经济人才产教融合培育工程。加快推进面向数字经济的新学科建设，积极发展数字领域新兴专业，促进数字经济相关学科与其他专业学科间的交叉融合，扩大区块链、人工智能、物联网、大数据、云计算等数字人才培养规模。进一步落实高校专业设置自主权，鼓励高校设立数字经济、人工智能等前沿学科。支持宁波大学、宁波诺丁汉大学、宁波工程学院、浙江纺织服装职业技术学院等高校开展数字经济人才订单式定向培养。鼓励数字经济龙头企业以独资、合资、合作等方式依法参与举办职业教育、高等教育，鼓励以引企驻校、引校进企、校企一体等方式，与学校共建共享生产性实训基地。到 2022 年，全市数字经济产教融合培育试点高校达到 10 所以上，在甬高校数字经济相关专业毕业生留甬比例明显提升。

2. 数字经济领军人才培养工程。依托省高层次人才特殊支持计划，市领军和拔尖人才培养工程，加大数字经济领军人才培养力度。健全领军和拔尖人才培养机制，以数字经济基础学科、重点应用学科和重大科研项目、重大科技攻关项目为依托，加强数字经济人才产学研交流，强化产学研联合培养。实施数字经济人才知识更新工程、继续教育工程，围绕数字经济核心产业需求，分领域开展人才培养，每年定期举办数字经济专业人才高级研修班，重点培养一批数字经济领域紧缺的领军人才。到 2022 年，数字经济领域新入选市领军和拔尖人才工程的人才达到 200 名以上。

3. 数字青年人才培养培训专项工程。加大对数字青年人才的教育培养力度。扩大在甬高校数字经济相关专业的本科生、研究生招生规模。支持各在甬高校开放提供数字化设备，向有创意灵感、创业意愿的青年人才开放，建设一批数字领域创意转化场所。加强对青年人才数字化技术的教育培训，实施青年数字化水平提升专项行动。实施数字青年人才举荐制，在宁波市各类青年人才培养专项计划中，加大数字领域青年人才入选比例。积极开展各类数字青年人才的遴选活动，推动涌现一批优秀青年数字人才。

4. 数字经济企业人才培养开发工程。发挥数字经济企业引才用才主体作用，鼓励数字经济企业以更大力度支持做好引才、用才、育才、留才工作。完善高校、科研院所内的计算机、信息与通信工程等数字经济相关专业科研人才到企业创业创新办法，鼓励科研人员离岗创业。支持数字经济企业建设企业研究院等内部孵化平台，发挥骨干企业引领作用，整合产业链上下游环节，加强技术研发与应用合作，提升数字产业发展创新力和国际竞争力。搭建数字经济企业人才创新交流平台，引导宁波数字经济企业加强与国内外著名专业中介机构交流与合作，对企业通过中介机构引进数字经济高层次人才给予补贴。

（三）加快建设三大数字经济人才作用发挥平台

1. 大力提升宁波软件园等园区型平台能级。围绕创建特色型中国软件名城的发展目标，大力发展以工业互联网、工业软件、工控安全为代表的软件产业。积极鼓励各区县（市）错位发展，聚焦物联网、智能终端5G、3D制造、区块链、人工智能、大数据等新业态新模式，打造一批特色软件产业分园。突出国家级特色工艺集成电路产业基地和集成电路专有材料产业基地建设要求，加快北仑、鄞州和余姚集成电路产业基地建设。加快提升宁波杭州湾新区智能终端产业园、百度云智基地、金融科技（区块链）产业园、宁波民和文化产业园、宁波腾讯云产业基地、国家云制造示范基地、宁波微电子创新产业园等数字经济产业园区能级和水平。到2022年，宁波软件园入驻软件企业超过150家，汇聚数字经济高端人才超500名，打造20个以上软件创新公共服务平台。

2. 加快引进建设数字经济高水平产业技术研究院。实施数字经济领域产业技术研究院提升发展行动，加快推进宁波工业互联网研究院、浙江清华长三角研究院宁波分院、中科院微电子所宁波北仑微电子应用研究院、宁波人工智能产业研究院、智能制造产业研究院、宁波工业物联网大数据创新中心、北斗大数据中心等研究和服务机构提升发展，坚持差异化发展路径，提升机构研发创新能力。支持数字经济领域产业技术研究院以实体制、联盟制等多元化形式整合行业创新资源，联合开展关键共性技术攻关。加快建设数字经济领域工程师协同创新中心，推进数字经济领域工程师队伍建设。到 2022 年，新引进共建数字经济领域高水平科研院所 3 家以上，新增数字经济领域国家级企业技术中心、国家工程（技术）研究中心以及国家重点企业研究院累计建设 15 家以上。

3. 加快建设数字经济人才“双创”孵化平台。推动建设数字科技园众创空间、镇海 329 软件设计众创空间、西电筋斗云等数字经济众创空间，突出专业化发展导向。完善以众创空间、孵化器为核心，创业企业、科研机构、金融机构、中介服务机构、资本市场和其他创业资源有机结合的创新创业服务网络。鼓励行业龙头企业围绕做大做强主业、延伸产业链条，开放企业技术链、供应链、物流链、渠道链，整合培训、金融等相关服务，打造集孵化器和加速器于一体的创客空间。到 2022 年，全市建设数字经济专业化众创空间 10 个以上。

专栏 4：数字经济人才集聚平台类型及部分平台

1. 数字经济园区（基地）型平台：宁波软件园、鄞州集成电路产业基地、北仑集成电路产业基地、宁波杭州湾新区智能终端产业园、百度云智基地、宁波微电子创新产业园、北仑华科城智能制造产业孵化园等。

2. 数字经济创新研发机构型平台：宁波工业互联网研究院、宁波人工智能产业研究院、宁波市智能制造技术研究院、宁波工业物联网大数据创新中心、浙江大学机器人研究院等。

3. 数字经济“双创”孵化型平台：数字科技园众创空间、镇海 329 软件设计众创空间、宁海环球中心乐业空间、西电筋斗云众创空间、环创中心息壤小镇等。

（四）创新体制机制留住数字经济人才

1. 创新数字经济人才成长评价机制。加大数字经济人才职称改革力度，打破原有条框束缚，根据新情况新形势，加快建立体现数字经济人才职业特点和成长规律的分类评价标准体系。积极推动在数字战略管理、数字研发分析、数字技能制造和数字营销运营等领域增设职称系列。注重考核数字经济人才的创新成果，增加技术创新、专利、成果转化、技术推广等评价指标的权重。支持数字经济企业开展人才自主评价，深化企业和行业协会、学会等社会组织职称、资格自主评价以及技能人才自主评价的“两个自主”评价机制。

2. 健全数字技术创新成果转化激励机制。牢牢抓住数字产业化和产业数字化的发展机遇，加大数字经济成果转化支持力度。加快推动高校、科研院所数字技术科研成果所有权改革试点，鼓励研发创新人才开展科技成果转化。鼓励新设立数字经济发展基金，借助原有产业基金，加大数字技术创新成果转化的领投力度，引导社会资本投资数字创新初创企业。充分发挥国家保险创新综合试验区优势，开发更多符合数字技术创新成果转化需要的保险产品，支持数字经济企业申请国家首台（套）重大技术装备补贴。积极推动数字技术创新成果纳入政府采购目录，鼓励数字技术领域创业创新。

3. 优化数字经济人才服务体系。鼓励发展数字化人力资源市场服务机构。持续推进和深化商事制度改革，放宽市场准入条件，大力发展“互联网+”人力资源服务业和基于数字技术的人力资源服务新机构、新业态，加快线下业务向线上转移，线上业务向精准匹配、智能服务转型。引导和鼓励人力资源服务企业加强数字化管理服务系统研发，提升数字化服务水平。优化完善数字经济高层次人才的子女就学、医疗、安居等服务体系，依托高层次人才服务联盟，提升数字经济人才服务精准性。

四、保障措施

（一）加强统筹协调

始终坚持党管人才原则，在市委人才工作领导小组的统一领导下，落实以市经信局和市委人才办为牵头部门的统筹协调制度。各项目标任务的牵头部门要及时制定分解落实方案和重大工程、重大政策的具体实施办法。数字经济企业、行业协会要积极参与规划实施的各项工作，共同推动规划的组织实施。

（二）营造良好氛围

加大数字经济人才宣传推广力度，及时总结典型经验、做法和成效。加大在各类人才奖励、表彰活动中对数字经济人才的占比和支持力度，提高全市对数字经济人才发展的知晓度和认同度。加强舆情分析，注重舆论引导，创新宣传形式，增强宣传实效，营造全社会关心、支持、参与数字经济人才发展的良好氛围。

（三）完善统计体系

加强数字经济人才的信息统计工作，建立完善宁波市数字经济人才数据库。加强数字经济人才调查研究，及时掌握全市数字经济人才的结构类型和主要缺口，将数字经济人才纳入宁波人才开发指引、宁波紧缺人才指数等发布范围，形成科学合理的信息引导。

（四）加强督查考核

加强对规划实施的指导、协调、评估和监督检查，组织开展中期评估、年度评估，适时进行动态调整，建立规划实施情况的定期报告制度和考核制度，确保规划落实到位。明确规划实施的考评指标体系、考评主体及具体考核办法，把规划实施工作考核纳入区县（市）党委、政府和市直相关单位的考核范围。

（注：2020 年 8 月 27 日宁波市经济和信息化局、宁波市委人才工作领导小组办公室联合发布）

宁波市新材料产业人才发展三年行动计划（2020—2022年）[①]

（甬经信组〔2020〕121号）

为贯彻落实《宁波市“246”万千亿级产业集群培育工程实施意见》（甬党发〔2019〕38号）和《关于深入实施人才和创新“栽树工程”加快建设高水平创新型城市的决定》（甬党发〔2020〕26号）精神，完善我市新材料产业人才引培体系，创新人才发展体制机制，进一步提高新材料产业人才整体素质，为宁波打造高素质人才发展重要首选地和制造业高质量发展提供保障，特制定本行动计划。

一、宁波新材料产业人才发展现状

（一）新材料产业发展现状

宁波是全国首批建设的七个新材料产业国家高技术产业基地之一，拥有磁性材料、化工新材料等5个国家级产业化基地。2019年，全市新材料产业完成增加值342.5亿元，增加值增速为6.9%，占全市规上工业增加值的8.5%。细分领域特色优势突出，在稀土磁性材料领域，宁波是国内主要的钕铁硼永磁材料生产基地和贸易中心，生产总量占

① 来源于宁波市人民政府网站。

全国的三分之一。在高端金属合金领域，宁波是目前全国重要的铜加工材和粉末冶金材料制造基地，其中高精度锌白铜带占国内市场的70%。在化工新材料领域，完成了从重要化工原材料到三大高分子材料的全产业链布局，研发了非光气法聚碳酸酯、高强高模聚乙烯纤维等产品。石墨烯材料创新研发和产业化均位居全国前列，在海洋防腐材料、锂离子电池和超级电容领域的产业化应用取得重大突破。电子信息材料领域，溅射靶材和光学膜材料实现了对美、日同类产品的替代。

（二）新材料产业人才现状

人才队伍稳步壮大。截至目前，全市新材料产业从业人员约6.5万人，其中按岗位性质分，管理人员约0.8万人，研发人员约0.7万人，技能人员约2.2万人；按学历结构分，本科及以上从业人员约1万人，专科及高职约2万人。此外，宁波新材料产业集聚培育了一批高层次人才，拥有中科院院士2人，国家、省重点人才计划120人，有162名新材料领域海外高层次人才和32个高端创业创新团队入选我市“3315计划”，分别占全市入选总数的36%和23.1%。

培育能力稳步提升。形成了以中科院宁波材料所为龙头，以宁波大学、宁波诺丁汉大学、宁波工程学院、浙大宁波理工学院、宁大科技学院以及宁波职业技术学院等院校为支撑的人才培育体系。目前宁波新材料相关专业本科在校生约有4000人，硕士以上在校生约1600人，每年毕业生约有1500人。其中，中科院宁波材料所拥有6个研究生培养点，2个博士后流动站，在学研究生1050人，在站博士后约120人；宁波大学拥有省重点一级学科（材料科学与工程）1个，本科在校生300人左右，研究生350人左右。中科院与宁波工程学院共建材料学院，建设材料学、材料物理与化学、材料加工工程等3个二级学科；中科院与诺丁汉大学共建新材料研究院，引进国际创新团队，推进新材料学科建设。

创新能力不断增强。拥有 5 家部委重点实验室、工程实验室和工程研究中心，7 家国家级企业技术中心和 60 余家省级以上企业研究开发中心，成立了石墨烯、磁性材料两个省级制造业创新中心以及国家新材料产业测试评价平台区域中心，拥有清华长三角研究院宁波分院等各类创新载体，引进共建中星中东欧新材料研究院、乌克兰国家科学院材料问题研究所中国分所等一批国际合作机构，推进资源互补和产学研协同创新，形成了以科研院所为引领、龙头企业为中坚力量、孵化器为成果转移载体的新材料产业创新体系。

我市在新材料产业人才引培方面取得了一些成效，但还存在许多问题。一是人才供给不能满足企业需求。新材料产业作为高附加值的知识密集型产业，本地高校、科研院所及引进人才的整体数量较少，导致新材料企业的科研岗位、高层次科研人才缺口明显。二是细分领域专业人才储备不足。新材料包含磁性材料、高端金属、石墨烯、电子信息材料等多个细分领域，各领域专业性较强，但我市尚未形成对细分领域专业人才的精细化、规范化、全面化引进，企业引才用才成本高。三是新材料产业人才发展环境有待优化。技术型人才和技能人才的继续教育平台较少，企业技术型人才与宁波材料所等科研机构的互动不够充分，人才评价机制尚未完全建立，新材料产业人才生活环境、职业发展环境还需进一步优化。

（三）面临的形势

从国际情况看，金融危机以来，发达国家纷纷启动“再工业化”战略，将新材料作为回归实体经济、抢占新一轮国际科技经济竞争制高点的重要基础，不断加大对新材料产业的支持力度，由新材料产业带动而产生的新产品和新技术市场不断扩大，各国在制定国家科技发展规划时都将新材料作为最重要的领域之一。面对当前新材料产业发展竞争激烈的国际形势，新材料产业顶尖人才的争夺和培养也越发重要。从国内看，我国的新材料产业起步较晚，与发达国家相比，在产业规模、技术装备、创新能力和开发技术上还有差距，我国新材料产业目前受困于基础工业材料生产规模大，高附加值产品规模小，竞争力弱的局面。传统材料企业逐步重视新材料产品的研发，对科研人才，技术人才的需求不断扩大，人才成为促进新材料产业发展的重要着力点。从全市来看，宁波作为全国首批建设的七个新材料产业国家高技术产业基地之一，具备良好的新材料产业发展基础。但与此同时，北京、天津、上海、广东、江苏等地均依靠自身产业积累和优势在积极谋划新材料产业发展，未来宁波将面临更严峻的人才竞争环境。

二、发展思路及目标

（一）指导思想

深入学习贯彻中央、省委关于深化人才发展体制机制改革的意见要求，紧紧围绕市委、市政府关于“246”万千亿级产业集群培育的重大战略和建设新材料科创高地目标定位，抢抓人才流动机遇期，牢固确立人才引领发展的战略地位，强化开放揽才、产业聚智的工作导向，以集聚高端创新要素为核心，以实施创新人才引进、技能人才培养为抓手，以建设新材料产业特色人才集聚平台为突破，深化新材料产业人才政策体制机制改革，激发人才创业创新活力、优化人才发展环境，为五千亿级新材料产业集群建设和制造业高质量发展提供有力人才支撑，助力宁波当好浙江建设“重要窗口”模范生。

（二）基本原则

——坚持高端引领，强化创新。创新是引领发展的第一动力，人才是创新的第一资源，创新驱动的实质是人才驱动。集聚造就一批具有创新引领力的新材料产业高层次领军人才，厚植宁波新材料产业优势，畅通从人才强到科技强再到经济强的传导链条，加快实现新材料产业发展。

——坚持市场主导，政府引导。充分发挥市场在人才资源配置中的决定性作用，更好发挥政府服务作用，加快转变政府职能，围绕人才集聚、培养、流动、评价、激励等环节，突出市场发现、市场认可、市场评价的主导作用，以市场化方法统筹人才的服务工作，实现人才工作方法的优化升级。

——坚持内部培育，外部引进。立足内部挖掘，盘活人才存量，加强现有新材料产业人才的教育培养，创新培养方式方法，提高人才培养的针对性和实效性。注重外部引进，扩大人才增量，加快引进紧缺急需人才，选拔各类优秀人才，优化人才队伍整体结构。

——坚持制度创新，活跃人才。坚持释放制度新红利，在创新中打造人才发展新引擎，更大力度推进人才制度创新，积极破除人才发展的体制机制障碍，营造活跃的人才发展氛围，率先形成具有竞争力的人才制度优势。

（三）发展目标

到2022年，努力造就一批新材料产业细分领域的一流科技创新创业领军人才，培养高水平创新团队，成为全国新材料产业领域人才集聚高地。具体目标为：

——人才总量持续增长。到2022年，全市新材料产业从业人员总量达到9.5万人，其中，企业经营管理人才1.1万人、专业技术人才1.5万人、技能人才3万人。

——高层次人才加快集聚。到2022年，力争新引进院士2名以上，新增国家和省重点人才计划新材料产业领域人才分别达到30人和40人以上；“3315”计划新引进新材料产业领域领军人才75名、创业创新团队15个以上。

——人才平台能级有力提升。到2022年，在新材料产业领域力争建成省级制造业创新中心4家以上，新增国家级企业技术中心4家以上，引进、创建6家以上高水平研究院（所）；国科大宁波材料学院、新材料产业联合研究院、宁波国千产业联合研究院等一批高端创新平台基本建成。

三、主要任务

按照新材料产业人才引培需求与新材料产业发展相衔接的要求，实现人才队伍建设与新材料产业发展需求保持动态一致，务实创新，突出创新人才引进、创新平台集聚、技能人才培养等重点，坚持引育结合、量质并举，更大力度创新人才发展政策。

（一）聚焦细分领域，加强高层次人才引培

一是先进基础材料领域的创新人才。聚焦高端金属合金材料、先进高分子材料、化工新材料、高性能复合材料及树脂等一批先进基础材料领域，以轻质、高强、耐腐蚀、绿色为发展方向，突出引领性、前瞻性和共用性研究，突破工程化关键技术，引进和培养一批高性能金属材料、先进高分子及合成材料、高性能纤维及复合材料、特种功能材料等新型结构材料研发创新人才和工程技术骨干人才。加大对市内新材料领域重点院校、重点科研机构等领域人才培养力度。

二是关键战略材料领域的领军人才。聚焦高性能磁性材料、高性能功能膜材料、生物医用材料、新能源材料、海洋新材料、电子信息材料等一批关键战略材料领域，围绕宁波在磁性材料生产原创性专利不足、生物医用材料产品附加值低、高性能功能膜材料、电子信息材料等产业链向下游高端延伸不够等发展短板，积极引进能够解决关键技术和突破制约短板的领军人才。依托“甬江引才工程”计划，大力

实施领军人才引进，加大对国家有突出贡献的中青年专家、国家级领军人才人选、百千万人才工程国家级人选等人才的引进力度，着手培育、组建一批国家级团队。

三是高端前沿材料领域的顶尖人才。聚焦先进碳材料、石墨烯、智能材料、3D打印等新材料技术制高点，积极引进能够解决石墨烯基热界面、石墨烯基导电、合金材料等石墨烯材料下游应用技术、材料数字化建模与仿真技术等领域顶尖人才。瞄准海内外高端前沿材料领域顶尖人才，精心策划，一人一策，柔性引进国际一流前沿材料领域科学家、工程技术专家等，指导和参与我市新材料研究、重大项目建设和产业化发展。

（二）坚持需求导向，加强基础性人才培养

一是加大青年人才培养力度。以重点学科建设、重大科研项目、重大科技攻关项目为依托，针对培养人选的专业结构，组建专业学科组，强化产学研联合培养。以中科院宁波材料所、诺丁汉大学宁波新材料研究院等各类人才培养机构为载体，紧抓新材料重点领域的急需人才培养。积极与国内外知名高校围绕新材料产业合作办校，设立宁波分院。依托宁波院士工作站、博士后科研工作站、企业专家工作站、学会服务站等科技人才培养载体，加快培养宁波制造业发展急需的高科技人才。

二是加大新材料产业技能人才培训。深化新材料产业技能人才培养力度，支持宁波大学等市内高校增加新材料专业，合理设置课程和教学内容，推进部分新材料普通本科向应用技术型转型。依托宁波职业技术学院等一批职业院校和特色职高学校，为宁波广大的新材料产业职业工人提供再教育平台，围绕各自优势学科，设立特色专业，开展专业性课程，实施“知识＋技能”培养办法，培养面向实际操作的新材料产业实用型技术技能人才。支持宁波市新材料产业高技能人才

培训，有效推进新材料产业高技能人才业务素质和专业技能提升。

三是强化管理人才队伍培养。持续实施以新材料产业领军拔尖人才、企业家人才等“高精尖缺”人才为重点的精英企业家培育工程，全面提升宁波新材料产业企业家管理水平。培养可持续发展的新材料产业职业经理认识队伍，建立和完善新材料产业职业经理人选聘制度，运用科学的测评办法选拔职业经理人。强化创新团队培养，对新材料产业创新团队进行开放式培养，鼓励与国内外同行进行交流，加强科研院所、高等院校同国内外研发机构多种形式的合作。

（三）强化载体建设，推进全领域人才集聚

一是发挥大院大所人才带动作用。依托中科院材料所、北京航空航天大学等高校院所材料领域基础研究，推动北航宁波创新研究院、大连理工大学宁波研究院等落地建设，支持国科大宁波材料工程学院、中科院宁波材料所杭州湾研究院、诺丁汉大学宁波新材料研究院等建设。加快大院名校研发创新资源集聚，推进产教融合发展，充分发挥大院大所人才的带动作用，吸纳和培养更多新材料领域高层次人才。

二是强化科创平台人才支撑作用。对接国家科技发展战略和重大创新平台布局，布局建设海洋新材料、先进高分子材料、先进合金材料等甬江实验室，争创国家重点实验室。支持浙江省石墨烯制造业创新中心、浙江省磁性材料制造业创新中心、高端金属合金材料创新中心等一批创新中心建设。建设宁波激智创新材料研究院等一批企业工程中心（企业技术研究院）。鼓励加大科技研发投入，发挥人才的自主创新能力，强化平台建设对新材料产业人才的合理引进、合理流动和合理使用。

三是发挥产业园区人才集聚作用。积极推进新材料科技城建设，汇聚全球优势资源，构建新材料企业总部基地，集聚新材料行业龙头企业，汇聚全球顶尖人才。依托石化产业集聚区、鄞州微电子产业园、

北仑芯港小镇、江北膜幻动力小镇、宁海生物产业园、前湾新区新能源产业园等一批产业园区、特色小镇建设，加快先进高分子材料、集成电路、光学膜等电子信息材料、生物医用材料、锂离子电池材料等细分领域产业发展，加快创新型企业和高新技术企业培育，搭建人才与现代产业融合发展的载体，着力集聚一批新材料领域高端人才项目。

（四）深化体制机制，加强新材料产业人才留用

一是深化人才双向流通机制。畅通新材料领域高校院所和企业研究院之间人才双向流动的通道，完善科研人员在企业与事业单位之间流动时人事关系、保障待遇的转移接续政策，尊重单位和科研人员的自主权，促进科研成果向现实生产力转化，提升科技创新能力。支持高校、科研院所等事业单位科研人员、博士后在履行所聘岗位职责前提下，经所在单位同意，可在岗创业或者到企业兼职从事科技成果转化、技术攻关等。允许高校、科研院所设立一定比例流动岗位，吸引有创新实践经验的企业科研人才兼职。

二是深化人才评价激励机制。充分发挥“市杰出人才”、“优秀高技能人才”等选拔培养工程的激励效应，充分激发新材料领域高端人才的创新动力。落实企业科研人员通过科技成果转化取得的股权奖励，允许在规定年限内分期缴纳个人所得税，探索新材料领域高层次人才股权奖励制度。在新型研发机构、大型骨干企业、高新技术企业等开展职称自主评价试点，建立激励创新和科技成果转化的职称评审导向，将技术创新和创造、高新技术成果转化、发明专利转化等方面取得的成绩及所创造的经济效益和社会效益等因素作为职称评审的重要条件。

三是优化人才服务机制。针对新材料产业需要引进的各类人才，建设统一的人才政策和知识产权保护服务平台，拓展人才政策咨询渠道，强化公益性、专业性的知识产权法律服务保障。完善金融服务、职称评定、创业环境、办公条件、居住用房、医疗保障、子女就学等

方面服务，为新材料产业人才创业创新营造优厚的环境。加强新材料产业青年人才在甬工作保障，降低落户门槛，加大住房、生活、创业等各方面扶持力度，构建对青年人才落户、安居、就业及创业的全流程扶持链条。

四、保障措施

（一）加强统筹协调

坚持党管人才原则，完善党委统一领导，有关部门各司其职、密切配合，用人单位主体作用充分发挥，社会力量广泛参与的人才工作格局，形成统分结合、上下联动、协调高效、整体推进的人才工作运行机制。各相关部门要切实发挥部门职能，着力做好人才引进的配套服务工作，狠抓落实，依照规划制定的目标，层层分解指标，依照职责分工，提出具体措施完成既定目标。

（二）强化宣传引导

加大我市承办的各类新材料产业国际论坛、国家级赛事等的宣传力度，提升新材料行业内高端人才的关注度。利用多种渠道宣传我市新材料产业人才引进政策，服务体系和新材料企业创业创新平台的建设成果，加大我市新材料产业发展的知名度，形成吸引人才流入的闪光点。广泛宣传大国工匠、能工巧匠、拔尖创新人才和优秀企业家等的突出成就，树立模范和典型。大力营造技能宝贵、创造伟大的良好氛围，积极培育新材料产业能工巧匠的人才发展环境。

（三）优化服务环境

强化对新材料产业人才队伍建设的认识，加快转变政府职能，深化人才管理体制机制改革，形成对人才鼓励创新、宽容失败的良好机制。发挥好企业公共服务平台、人才组织等各类涉企和人才服务平台的公共服务功能，形成有利于新材料产业人才创业创新的良好条件，加强人才精准服务、优化人才发展环境。

（四）强化监督考核

建立人才工作考核和奖惩机制，对于各项新材料产业人才政策的执行和计划实施，层层分解，分别落实责任单位和责任人，并进行年度考核。根据考核结果，对各责任单位和责任人进行奖惩。

（注：2020 年 8 月 27 日宁波市经济和信息化局、宁波市委人才工作领导小组办公室联合发布）

宁波市创新平台管理实施细则[①]

（甬新领办〔2020〕3号）

第一章　总则

第一条　根据市政府《关于推进战略性新兴产业倍增发展的实施意见》（甬政办发〔2017〕75号）、《关于进一步强化科技创新推进国家创新型城市建设的意见》（甬党发〔2017〕3号）精神，为加快我市创新平台建设，建立完善我市创新体系，特制定本细则。

第二条　本办法所指“创新平台”包括省级及以上产业创新中心、省级及以上双创示范基地、省级及以上工程研究中心、国家企业技术中心、国家地方联合工程研究中心（工程实验室）、国家工程研究中心等。

第三条　国家企业技术中心建设分为认定和评价两个阶段。认定原则上每年进行一次，评价原则上每两年进行一次。

第二章　申报条件

第四条　宁波市企业（单位）申报各类创新平台应满足申报当年相关文件明确规定的基本条件，且近三年内无重大违法违规记录和严重失信记录。

① 来源于宁波市发展和改革委员会网站。

第三章　申报程序

第五条　宁波市各类创新平台申报由国家发展和改革委员会或浙江省发展和改革委员会下发通知，宁波市发展和改革委员会组织，各区县（市）发展改革部门推荐，具体程序如下：

（一）推荐申报。各区县（市）发展改革部门会同有关部门按照当年申报要求组织当地符合条件的企业（单位）进行上报。

（二）材料审查。市发展改革委依据申报要求和管理办法，对上报材料进行初审，会同有关部门进行联合审查。

（三）专家评审。如有必要，市发展改革委组织专家对符合申报要求的申报企业（单位）进行评审。评审过程中，可要求申报企业（单位）就有关问题进行说明，必要时可征求相关部门和地方的意见。

（四）推荐上报。根据专家评审结果，由市发展改革委联合相关部门正式行文上报国家发展改革委或省发展改革委。

（五）上级发文。最终申报结果以国家发展改革委或省发展改革委下发的通知为准，对通过申报的企业（单位）除享受国家相应奖励外，宁波市还将给予一定的资金补助奖励。

第四章　政策享受

第六条　成功列入国家级产业创新中心，采取“一事一议”方式予以支持。

第七条　成功列入省级及以上工程研究中心、国家双创示范基地、国家地方联合工程中心（工程实验室）等可一次性享受最高不超过100万元的补助。

第八条　成功列入国家企业技术中心认定名单的企业（单位），可一次性享受最高不超过100万元的补助，第一个评价年度达到一定标准的，再给予相应补助，后续评价不再补助：

评价得分在 90 分以上（含 90 分）的，再给予最高不超过 500 万元补助；

评价得分在 90 分以下、85 分以上（含 85 分）的，再给予最高不超过 300 万元补助；

评价得分在 85 分以下、80 分以上（含 80 分）的，再给予最高不超过 200 万元补助；

评价得分在 80 分以下、75 分以上（含 75 分）的，再给予最高不超过 100 万元补助。

第九条　同一法人单位的同一平台或类似平台已享受过其他市级财政扶持资金的，不再享受本专项资金扶持。

第五章　资金拨付

第十条　收到国家发展改革委、省发展改革委认定（评价）通知后，由市发展改革委会同市财政局下发通知，对各类创新平台下达补助资金。

第六章　监督管理

第十一条　宁波市创新平台补助资金应当用于研究经费支出、研发设备采购等创新平台的建设，不得挪作它用。

第十二条　市发展改革委做好指导、统筹、管理工作，各区县（市）发展改革部门做好辖区内创新平台的日常监管工作。

第十三条　市发改委会同市财政局做好专项资金绩效评价工作，评价结果作为以后年度安排资金的重要依据。

第七章　附　则

第十四条　本细则自发布之日起施行，政策期限为2020—2022年，具体由市发展改革委、市财政局负责解释。

（注：2020年4月20日宁波市加快培育和发展战略性新兴产业领导小组办公室发布）

宁波市院士工作站、院士科技创新中心建设与管理办法[①]

（甬科协〔2020〕43号）

第一章　总则

第一条　为深入贯彻《关于进一步弘扬科学家精神加强作风和学风建设的意见》（以下简称《意见》）（中办发〔2019〕35号）等文件精神，进一步推进和规范院士工作站（以下简称“工作站”）建设与管理，促进高层次产学研合作，充分发挥院士及其团队对宁波自主创新的支撑和带动作用，推进人才强市建设，特制定本办法。

第二条　工作站是以企事业单位为主体，以科技创新和产业发展需求为导向，以产学研合作为纽带，依托院士专家高端智力资源，为建站单位科技创新提供智力支撑的重要平台。

第三条　企事业单位可以依托“院士之家·青英荟”与院士专家开展科创合作，建立院士科技创新中心（以下简称“科创中心”），作为院士工作站的雏形进行培育；合作成效显著，并符合《意见》规定条件的，可升级认定为工作站。

第四条　本办法所涉及的院士，原则上以《宁波市人才分类目录》里“顶尖人才”类别内所包含的国内外院士为认定标准。

---

① 来源于宁波市科学技术协会网站。

第五条　工作站以建站单位命名，称为×××（建设单位名称）院士工作站。科技创新中心亦以建设单位命名，称为×××（建设单位名称）院士科技创新中心。

第六条　工作站（科创中心）主要工作内容：

1. 围绕建设单位及其行业全局性、长远性、战略性的重大问题开展决策咨询；

2. 围绕建设单位发展亟需解决的重大关键技术难题，组织院士及其团队与企事业单位开展联合攻关；

3. 引进院士及其团队的技术成果，在建设单位或相关企事业单位实施成果转化和产业化；

4. 组织院士及其团队与建设单位或相关企事业单位共建人才培养基地，引进、培养高层次创新人才，开展学术和技术交流活动；

5. 发挥工作站（科创中心）的人才、技术、信息等资源优势，带动和引领工作站（科创中心）所在区域和行业的发展。

第二章　申报条件

第七条　工作站（科创中心）的建设单位主要是高新技术企业或行业骨干企业，有条件的科研院所、高等院校、医院等也可建立工作站（科创中心）。

第八条　申请建设工作站（科创中心）单位应具备的条件：

1. 在宁波市注册，具有独立法人资格，生产经营或事业发展状况良好，能为院士及其团队进站（中心）工作提供必要的科研、生活条件；

2. 建立工作站的，需与院士签订建站协议（国内两院非外籍院士需符合《意见》规定的条件），并与院士及其团队有实质性的项目合作；建立科创中心的，需与院士签订建中心协议，并与院士及其团队有实质性的项目合作；

3. 与院士及其团队合作方向符合宁波产业政策导向，能够引领高新技术产业发展或促进传统产业转型升级；

4. 有较强研发能力，配有水平较高、结构合理的研发团队及相应配套研发设施；

5. 有专人联系对接工作站（科创中心）建设，有固定工作场所和稳定经费支持，能够保障院士及其团队进站（中心）工作，并已形成较完善的管理制度和服务规范。

第九条 与院士及其团队已建立长期合作关系，或建有省级以上工程（技术）研究中心、重点（工程）实验室、博士后科研工作站等创新平台和承担国家或省级重点科技创新项目的单位，可优先推荐申报工作站（科创中心）。

第三章 认定程序

第十条 工作站（科创中心）认定遵循“公开、公平、公正、择优”的原则，全年进行申报受理。

第十一条 工作站（科创中心）由符合条件的企事业单位自愿申报，经所在地组织（人才办）、科协等部门初审通过后，报市科协统一受理。市科协对申报单位进行资格审查，提出审查意见。资格审查主要是对申报材料的合规性进行审核，必要时可通过实地走访、工作调研等方式，对申报材料中所涉及的相关内容进行核实。

第十二条 工作站（科创中心）认定名单由市科协审定，送市委组织部（市委人才办）、市财政局备案，每年定期发文公布。

第四章 考核管理

第十三条 建设单位是工作站（科创中心）建设与管理主体，负责本单位工作站（科创中心）的日常管理，落实专项科研经费和运行经费，确保工作站（科创中心）健康运行。工作站（科创中心）每年要制定年度工作计划并对运行情况和绩效进行总结。

第十四条 工作站（科创中心）实行绩效考核、动态管理。考核评估工作由市科协牵头组织实施，考评结果送市委组织部（市委人才办）、市财政局备案。

第十五条 认定为工作站（科创中心）满 1 年后进行验收考核，考核合格的，发放建设补助经费；考核不合格的，暂缓发放建设补助经费，至下一年考核合格后进行补发；连续两年考核不合格的，取消建设补助资格和“院士工作站（科创中心）”称号。

第十六条 工作站（科创中心）验收考核合格后，每年开展绩效考核，考核分优秀、合格、不合格三个等次。考核优秀的，给予绩效奖励；考核不合格的，提出警告，要求限期整改；连续两年考核不合格或三年内两次考核不合格的，取消“院士工作站（科创中心）”称号。

第五章 政策支持

第十七条 认定为市级工作站并经验收考核合格后，根据建站院士类型分别给予不同补助，其中由国内两院非外籍院士建立的工作站给予不超过 50 万元的建设补助经费；国内两院外籍院士及海外院士建立的工作站给予不超过 30 万元的建设补助经费，且同一个院士领衔建站最多不得超过 2 家；同一工作站每增加 1 名新来甬院士开展新合作项目，再补助工作经费 20 万元。

第十八条 认定为科创中心并经验收考核合格后，给予不超过 30 万元的建设补助经费；已经建过工作站且享受过建站补助的院士，原则上只允许建立 1 家科创中心；未建过工作站的院士，领衔建科创中心最多不得超过 2 家；同一科创中心每增加 1 名新来甬院士开展新合作项目，再补助工作经费 10 万元。两院非外籍院士建立的科创中心经培育，升级认定为工作站的，按第十七条标准给予补足。

第十九条　被认定为省级工作站的，市级财政一次性给予不超过40万元的补助经费；省级工作站3年周期性绩效考核优秀的，根据省里有关文件精神酌情给予相应补助；被评为国家级工作站的，市级财政再给予不超过80万元的补助经费。

第二十条　实行过程性激励，工作站（科创中心）验收考核合格后3年内，对当年度绩效考核优秀的（优秀比例原则不超过考核对象总数的30%），给予不超过20万元绩效补助经费。

第二十一条　市级财政补助主要用于工作站（科创中心）的条件改善、人才培养、项目研究及其相关费用，建设单位应该单独核算，专款专用，不得挪用。各区县（市）及有关单位要制定相应保障政策，加大对工作站（科创中心）经费投入力度。

第六章　保障措施

第二十二条　相关部门对工作站（科创中心）承担的科研课题、重大项目和创新平台建设在经费上给予倾斜和支持。特别是对建站（中心）单位与院士专家联合申报，符合本地产业发展要求，对产业转型升级、科技进步具有重要价值，涉及本市重点发展领域、战略性新兴产业亟待解决的关键技术、共性技术的项目，在同等条件下，优先推荐为国家、省级、市级重点科技或产业支持项目，在立项审批等方面给予优先考虑。

第二十三条　加大对工作站（科创中心）的人才政策支持力度，帮助工作站（科创中心）引进急需人才，组建结构合理的创新团队，在人才评优和选拔时予以优先考虑。

第二十四条　充分发挥工作站（科创中心）的智力集聚与引领作用，积极邀请院士专家参与全市重大经济社会发展规划、政策和项目的咨询论证工作。

第七章 附 则

第二十五条 本办法实施前认定的工作站，按照认定时的政策享受相应建站补助和3年周期性考核补助，符合《意见》规定条件的给予保留工作站；不符合《意见》规定条件的工作站，根据与院士合作的实际情况，可转为科创中心重新进行培育（不再享受首次建设的补助），两者均纳入本办法第二十条规定的过程性激励范围内。

第二十六条 本办法自2021年1月1日起施行，实施期限为3年。原《关于印发〈宁波市院士工作站建设与管理办法〉的通知》（甬组通〔2018〕29号）、《关于印发〈宁波市院士工作站绩效考核办法（试行）〉的通知》（甬组通〔2013〕67号）同时废止。

第二十七条 本办法由市委组织部（市委人才办）、市财政局和市科协负责解释。

（注：2020年11月3日中共宁波市委组织部、宁波市财政局、宁波市科学技术协会联合发布）

关于进一步放开我市落户条件的通知[①]

（甬政办发〔2020〕51号）

各区县（市）人民政府，市直及部省属驻甬各单位：

为优化完善我市户口迁移政策，进一步吸引更多的各类人才来甬就业创业，加快推动宁波高质量发展，经市政府同意，现将进一步放开我市落户条件有关事项通知如下：

一、放宽居住就业落户条件

在我市合法稳定就业，申请落户时按规定缴纳我市社会保险，且本人或配偶在市区城镇地区有合法稳定住所、在我市申领《浙江省居住证》的，可申请在合法稳定住所处落户。

在我市就业并缴纳社会保险满2年且在市区城镇地区租住在同一镇（街道）满2年的，本人、配偶和未成年子女凭在我市申领的《浙江省居住证》《宁波市城镇房屋租赁备案证明》等材料，按照“一房一户”原则，可申请落户房屋所在镇（街道）设立的社区集体户。户口已在市区城镇地区的（市内无合法稳定住所的除外），不得将户口迁入社区集体户。

---

① 来源于宁波市人民政府。

二、放开投资创业落户条件

在我市投资办企业、个人就业创业，申请落户时按规定缴纳税款或缴纳我市社会保险，并且取得商业用房或办公用房合法所有权、在我市申领《浙江省居住证》的，可申请将本人、配偶、未成年子女户口迁入到商业用房或办公用房所在地的社区集体户。户口已在市区城镇地区的（市内无合法稳定住所的除外），不得将户口迁入社区集体户。

户口登记在宁波市区的退休人员，本人、配偶和未成年子女在市内城镇地区内无合法稳定住所，且退休前在我市合法稳定就业并缴纳社会保险的，可申请在商业用房或办公用房所在地社区集体户落户。

三、放宽人才落户条件

符合《宁波市人才分类目录》（甬人才发〔2018〕5 号）的高级及以上层次人才，有合法稳定住所的，其配偶、未婚子女和符合投靠条件的双方父母可随迁至其合法稳定住所处；无合法稳定住所的，可将户口迁至“人才专户 A 类家庭户”，允许其配偶、未婚子女和符合投靠条件的双方父母迁入。

硕士、全日制普通高校本科毕业 15 年内的人员、中级专业技术人员、技师及紧缺人才，在宁波合法稳定就业并按规定缴纳社会保险，有合法稳定住所的，其配偶、未婚子女和符合投靠条件的双方父母可随迁至其合法稳定住所处；无合法稳定住所的，可将户口迁至“人才专户 B 类家庭户”，允许其配偶、未婚子女迁入。

四、便利长三角地区人员落户

根据“长三角区域一体化发展”要求，在我市合法稳定就业并按规定缴纳社会保险的，在上海、浙江、江苏、安徽“三省一市”缴纳的社会保险在申请落户时可累计纳入我市缴纳年限。

现户口登记在上海、浙江、江苏、安徽“三省一市”内，在我市城镇地区有合法稳定住所的，可申请将本人和共同居住生活的配偶、子女、父母户口迁至其合法稳定住所处。

五、其他规定

落户条件中有规定需缴纳我市社会保险的，申请落户当月社会保险参保状态应当为“正常缴费”。

本通知所指“合法稳定住所”的解释，按照《宁波市人民政府办公厅关于印发宁波市区户口迁移实施细则（试行）的通知》（甬政办发〔2018〕16号）第三十六条执行。

余姚市、慈溪市、宁海县、象山县全面取消落户限制，落户政策与本通知有差异的，按照“有利于申请人落户”的原则执行。

本通知自2020年9月11日起施行，由宁波市公安局负责牵头组织实施。

（注：2020年8月10日宁波市人民政府办公厅发布）